마케팅 레볼루션

마케팅 레볼루션

초판 인쇄 2020년 7월 27일
초판 발행 2020년 7월 31일

지은이 김병곤 · 금명기
교정교열 정난진
펴낸이 이찬규
펴낸곳 북코리아
등록번호 제03-01240호
주소 [13209] 경기도 성남시 중원구 사기막골로 45번길 14,
우림2차 A동 1007호
전화 02-704-7840
팩스 02-704-7848
이메일 sunhaksa@korea.com
홈페이지 www.북코리아.kr

ISBN 978-89-6324-707-6(93320)
값 17,000원

마케팅 레볼루션

MARKETING

SNS 홍보 기술을 활용한 마케팅 전략

REVOLUTION

김병곤·금명기 지음

북코리아

서문
마케팅 혁명은 지금 당신으로부터 시작된다

우리는 소비 없이는 단 하루도 살 수 없습니다. 지금 당장 여러분이 입고 있는 옷을 보세요. 여러분이 직접 목화밭에 나가서 목화를 따다가 씨앗을 분리하고 실을 뽑아 천을 짜서 재봉틀로 만든 옷이 아닙니다. 그저 옷을 제작한 사람, 아니 옷을 유통한 사람에게 돈을 주고 샀을 뿐입니다. 옷 하나를 만들기 위해 투여된 다른 누군가의 노동에 대가를 지급한 것이죠. 어디 옷뿐입니까? 여러분이 아침에 먹은 토스트와 우유는 또 어떤가요? 이른 아침 밀밭에 나가 직접 팔을 걷어붙이고 여러분이 먹을 만큼 밀을 손수 추수하여 방앗간도 거치지 않고 곧장 집으로 가져와 직접 연자맷돌을 굴려 곱게 빻아서 이스트와 소금, 물을 넣고 잘 반죽하여 반나절 숙성시켰다가 꺼내어 달구어진 오븐에 넣고 구워낸 빵이 아닙니다. 보나 마나 가벼운 마음으로 동네 빵집에 들러 아침에 갓 구워진 빵을 샀을 뿐입니다. 돌아오는 길에 신선한 우유와 달걀을 사는 것도 잊지 않았겠죠. 여러분은 우유를 짜는 데 아무런 노동을 들이지 않았습니다. 여러분이 마신 우유를 생산해낸 젖소에게 때에 맞춰 여물을 준 적도, 양동이를 들고 앉아서 젖을 직접 짠 적도 없습니다. 그저 돈을 주고 샀을 뿐이죠.

소비 없이 우리는 단 하루도 살아갈 수 없다.
(출처: pixabay.com)

필자를 비롯하여 지금 이 글을 읽는 모든 독자는 하나의 거대한 체인처럼 소비와 소비가 맞물려 있는 현대 소비사회에서 살아갑니다. 과거 19세기까지 서구를 지배했던 인간관은 이성적이고 합리적인 인간이었습니다. 동물과 인간을 가르는 첫 번째 기준이 바로 인간의 이성이었죠. 동물은 본능과 감정에 따라 행동하지만, 인간은 이성과 합리성에 근거하여 행동하는 존재입니다. '이성'이 근대성의 키워드가 된 것도 그런 연유에서입니다. 『국부론』의 저자이자 경제학의 아버지로 추앙받고 있는 애덤 스미스 역시 인간이 '개인의 이익'이라는 합리적인 의사결정을 통해 경제활동에 임하고 모든 사람이 일사불란하게 자신의 이익을 위해 뛸 때, 이른바 '보이지 않는 손invisible hand'이 거대한 시장경제를 굴러가게 한다고 주장했습니다. 그런 인간을 경제적 인간homo economicus이라고 하는데, 이런 합리적인 인간관은 20세기 중반 케인스가 등장할 때까지 세계 경제학을 주도했습니다.

하지만 자세히 들여다보면 인간은 합리적으로 소비하지만은 않습니다. 프랑스의 현대철학자 장 보드리야르Jean Baudrillard는 자신의 저서 『소비의 사회』에서 소비가 사용가치에 의해 이뤄진다는 기존 경제학 이론을 비틀어 현대인이 행복이나 현대성, 사회적 지위를 얻기 위해 소비한다고 주장했습니다. 소비 형태를 가만히 들여다보면, 인간은 효용성에 따라 예측 가능한 소비를 지향하지 않는 것 같습니다. 인간은 때로 감정에 휘둘리거나 남에게 보여주기 위해, 아니면 남과 다른 정서를 갖고자 소비를 선택하니까요. "현대사회에서 소비되는 것은 생산물이 아니라 기호다." 따라서 소비의 사회로 접어들면서 '나는 생각한다. 고로 존재한다'라는 데카르트의 명제는 '나는 소비한다. 고로 존재한다'로 바뀌어 있는지도 모를 일이죠.

온라인 마케팅 혁명을 말하면서 필자가 왜 이렇게 장황한 말들을 늘어놓는지 의아하게 생각하는 분들이 계실 것입니다. 사실 우리가 마케팅이라고 여기는 것들은 대부분 '소비자의 변덕을 어떻게 구매행위로 유도할 것인가?'라는 질문에 수렴하기 때문입니다. 간단히 말해서, 마케팅은 소비자로 하여금 물건이나 서비스를 사도록 유도하는 과정 전부를 가리킵니다. 소비는 단순히 소비에 그치지 않습니다. 생산된 제품이 시장에서 판매되고, 거기서 매출이 일어나고, 매출에서 이윤이 발생하며, 이윤이 다시 새로운 생산의 동력이 되는 구조가 시장을 지탱하고, 사회를 유지하며, 우리의 삶을 구성합니다. 우리는 이를 인간의 순환계로도 설명할 수 있습니다. 심장의 대동맥을 타고 나온 피는 힘차게 몸 구석구석 모세혈관을 타고 돌다가 다시 정맥을 타고 심장으로 돌아와야 합니다. 중간에 피가 혈관을 이탈하거나 피부조직에 스며드는 것을 '출혈'이라고 부릅니다. 시장도 마찬가지죠. 생산과 소비를 통해 돈이 유통되지 않으면 시장은 사라지고 사회는 붕괴됩니다. 그래서 돈을 통화通貨, 영어로 '흐름'이라는 뜻의 커런시currency라고 부르는 것입니다.

이처럼 마케팅은 시장을 움직이는 심장과 같습니다. 제빵사는 유통업자가 있어 판매를 걱정하지 않습니다. 농부는 밀을 재배하면서 판로를 걱정하지 않죠. 다양한 지역의 중간상인과 총판, 도매상, 소매상이 거미줄처럼 연결되어 빠르게 밀가루와 빵을 유통시킵니다. 최근 그 거미줄은 단순히 소비자에게서 그치지 않습니다. 소비자는 다시 경험과 참여를 통해 거미줄을 생산자에게 연결시킵니다. 이 거미줄을 '유통망'이라고 부르며, 거미줄을 짜는 사람을 '마케터'

마케팅은 유통의 거미줄을 엮는 과정과 같다.

(출처: pixabay.com)

라고 합니다. 현대인은 마케터가 짜놓은 유통망이라는 거미줄 위에서 살아가는 존재들입니다. 그 누구도 이 거미줄을 벗어나서는 단 하루도 살 수 없습니다. 그런 의미에서 마케터는 모두 네트워커이기도 합니다.

이 책은 이처럼 21세기를 살아가는 현대인에게 생존의 근거를 제공해주는 그물망 같은 마케팅의 핵심 원리들을 담고 있습니다. 과거 전통적인 마케팅에서부터 이른바 '마케팅 혁명'이라 불리는 온라인 마케팅과 블로그 마케팅, SNS 마케팅, 빅데이터 마케팅, 바이럴 마케팅, 인공지능 마케팅, 가상현실/증강현실 마케팅, 홀로그램 마케팅, 그리고 네트워크 마케팅에 이르기까지 굵직한 주제들을 꼼꼼히 설명하려고 노력했습니다. 1부는 온라인 마케팅을 5개의 장으로 나누어 설명했고, 2부는 네트워크 마케팅을 5개 장에 나누어 담았습니다. 최근 SNS 마케팅과 빅데이터 마케팅이 네트워크 마케팅을 만나면서 유통망에 올라 있는 누구에게나 새로운 창업 기회를 제공할 수 있는 길이 열리면서 이 비즈니스에서 새로운 가능성을 보는 분들이 많아졌습니다. 유통 과정을 획기적으로 줄여 일정 마진을 소비자에게 되돌려주는 네트워크 마케팅을 21세기 마지막 유통 혁명이라고 부르는 데는 그만한 이유가 있습니다. 일부 대중의 곡해나 사회적 오해와 달리 네트워크 마케팅이 전자 구전을 통해 온라인 마케팅에 새로운 활력을 주고 있습니다. 그래서 네트워크 마케팅은 이미 북미 지역을 비롯한 유통의 선진국으로 불리는 여러 나라에서 학문의 영역으로 자리 잡으며 활발히 연구되고 있습니다.

이 책은 벌써 5년 전부터 구상되었습니다. 저는 오랫동안 대학에서 경영학을 가르치면서 세계적인 저널에 관련 논문들을 정력적으로 써왔고, 4차 산업혁명과 관련한 저술 활동을 해왔습니다. 온라인 마케팅 수업을 진행하면서 주변을 살폈지만, 최근 마케팅의 큰 발전상을 그대로 담고 있는 최신 교과서가 없어 여러 번 고민했습니다. 대부분 너무 과거의 사례들을 담고 있어 최신 경향을 반영하지 못하는 것들뿐이었습니다. 학부생을 대상으로 하는 전문적인 책으로 접근하자니 학생들이 숱한 이론들과 원리의 미로 속을 헤매다가 자칫 마케팅에 흥미를 잃을 것 같아 조심스러웠고, 반대로 대중적인 책으로 수업을 진행하자니 한 학기 동안 알맹이 없이 그저 수박 겉핥기식으로 끝내버릴 것 같아 걱정스러웠습니다. 학문과 흥미, 이론과 실제, 원리와 적용이라는 두 가지 축 사이를 끊임없이 오가는 진자처럼 마케팅의 이상과 현실을 모두 담아내는 다이내믹한 책이 필요했습니다. 저자들은 기획 테이블과 시장 바닥을 모두 보여줄 수 있는 책을 찾아 헤매다가 결국 작년부터 '없다면 우리가 한 번 써보자'라는 만용을 부려보기로 마음먹었습니다.

오랜 연구 주제라 하더라도 한 권의 책을 세상에 내놓는다는 것은 그 자체로 매우 지난하고 고단한 작업입니다. 저자들이 의기투합하여 함께 머리를 맞대고 여러 달 브레인스토밍을 거쳐 원고의 틀을 정했고, 이어 여러 달 동안 뼈를 깎는 집필 과정이 이어졌습니다. 책을 한 권이라도 출판해본 사람이라면 창작의 고통은 따로 말하지 않아도 아마 잘 아실 것입니다. 책 속에 정확한 정보를 넣고자 산더미 같은 관련된 서적들을 뒤지고, 최신 정보를 얻고자 3년 이내에 발표된 국내외 논문들과 통계 자료들을 읽었습니다. 어렵게 쓰는 것보다 쉽게 쓰는 것이 언제나 더 어려운 법입니다. 이전에 학술서와 대중서를 포함하여 여러 권의 책을 낸 저자들이지만, 이번 책은 어려운 전문지식을 누구나 재미있고 쉽게 읽을 수 있는 대중적인 필체로 풀어 쓰느라 더없이 힘들었던 것 같습니다. 책의 내용은 각 주제를 설명하고 그와 관련한 마케팅 사례, 실전 마케팅 전략까지 포괄적으로 담고 있습니다. 이 한 권으로 온라인 마케팅과 네트워크 마케팅의 이론과 실제를 모두 이해하고 활용하실 수 있을 것이라 자신합니다.

올초 코로나 바이러스가 창궐하여 세상을 지배하면서 경제계에 뜻밖의 징후들이 일어나고 있습니다. 탄탄할 것 같았던 선진국들의 경제 지표들은 2020년 초반 휘몰아친 팬데믹의 공포 속에 맥을 못 추고 있습니다. 모든 이동과 경제활동을 중단하는 락다운 실시와 함께 대부분 국가의 기간산업이 멈췄고, 세계 GDP가 곤두박질치면서 먹고 사고 이동하는 가장 기본적인 일상조차 불가능하게 되었습니다. 흥미로운 것은 이런 와중에도 꾸준히 성장을 거듭하고 있는 경제 분야가 있다는 것입니다. 온라인 배송과 유통이 증가하면서 e-커머스와 유통업, SNS를 이용한 물류의 이동은 더욱 호황을 누리고 있습니다. 몇몇 업체들은 작년의 적자를 메우고 올 1분기 흑자로 전환하기도 했습니다. 덩달아 온라인 플랫폼과 접목된 네트워크 마케팅 역시 지속적인 성장을 기록하고 있습니다. 특히 건강보조식품을 주력으로 하는 독특한 비즈니스 모델로 인해 향후 포스트 코로나 시대에 더 많은 사업의 기회가 주어질 것으로 보입니다. 코로나 사태 이후 경제 상황이 물류와 유통을 중심으로 어떻게 재편될지 예상할 수 있는 대목입니다.

돈이 되지 않는 주제임에도 선뜻 출판을 허락해주신 북코리아 출판사 이찬규 사장님과 편집부 직원들의 노고는 잊을 수 없을 것 같습니다. 무엇보다 이 책을 읽고 21세기 마케팅 혁명의 흐름을 꿰

뚫고, 각자 있는 곳에서 새로운 비즈니스의 돌파구를 찾을 독자들에게 깊은 감사와 존경의 마음을 전합니다. 부디 이 책이 혁명적 탈출구가 되어 지지부진했던 매출이 오르고, 어딘지 모르게 부족했던 홍보가 '핫'해지기를 기원합니다. 더불어 다양한 마케팅 전략 속에서 자신의 비즈니스에 맞는 적절한 접근법을 찾아 매출과 수익 증대에 큰 성과가 있기를 바랍니다.

새로운 미래 100년을 준비하며
상경학관 건강마케팅 아카데미에서
저자 김병곤, 금명기

추천사-마케팅 역사의 새로운 이정표

최근 SNS 마케팅과 빅데이터 마케팅이 네트워크 마케팅을 만나 유통망에 올라 있는 누구에게나 새로운 창업 기회가 열리면서 글로벌 유통혁명의 프론티어로 등장한 네트워크 비즈니스가 새로운 보석 산으로 떠오르고 있습니다. 더불어 지상 최후의 성공 사다리로 미래 100년을 준비하는 신인류 삶의 성공 방정식으로 그 가능성이 점점 높아지고 있습니다.

유통 과정을 획기적으로 줄여 일정 마진을 소비자에게 되돌려주는 네트워크 마케팅을 21세기 마지막 유통 혁명이라고 부르는 데는 분명한 이유가 있습니다. 일부 대중의 오해나 사회적 편견과 달리, 네트워크 마케팅이 전자 구전을 통해 온라인 마케팅에 새로운 활력을 주고 있는 것이 사실입니다.

유통 혁명의 핵심 트렌드로 급부상한 웰니스 산업의 미래 성장 잠재력은 다른 어떤 산업보다 높습니다. 네트워크 마케팅은 이미 오래전부터 북미 지역을 비롯한 유통의 선진국으로 불리는 여러 나라에서 마케팅 학문 영역으로 자리 잡으며 활발히 연구되고 있어 네트워크 마케터는 미래의 직업군으로 크게 각광받고 있는 분야입니다.

특히 세계 3대 인명사전 '마르퀴즈 후즈후Marquis Who's Who'에 등재되었으며, 영국 국제인명센터IBC에 세계 100인의 전문가와 정보과학자로 선정된 바 있는 저자가 네트워크 마케팅에 대해 다년간 학문적 차원에서 집중적으로 조사하고 연구하여 출간하게 된 『마케팅 레볼루션』이라는 제목의 이 책은 마케팅 역사의 새로운 이정표로 자리매김할 것으로 평가됩니다.

스마트 기술을 이용한 마케팅 이론과 실제 비즈니스에 적용하는 방법을 오롯이 담아낸, 학계와 업계에서 기다리던 책이 필요한 시점에 드디어 세상에 나오게 되면서 마케팅 관련 분야 독자들의 큰 관심과 환영을 받을 것으로 확신합니다.

이 책은 온라인 마케팅과 네트워크 마케팅의 이론과 실제를 모두 이해하고 활용할 수 있는 책으로 마케팅을 공부하는 학도들과 현장에서 비즈니스 활동을 하는 실무자, 그리고 네트워크 사업을 진행하고 있는 네트워크 사업자들에게 큰 도움이 될 것이라고 믿으며, 기꺼이 이 책을 여러분에게 추천하고자 합니다.

박진희 유니시티 인터내셔널 파운더스클럽 글로벌 앰버서더

추천사-친절한 네트워크 마케팅 사용 설명서

"우리는 소비 없이는 단 하루도 살 수 없습니다."

이 책의 첫 줄은 이렇게 시작됩니다. 이 주장에 대해 반론을 제기할 사람이 있을까요? 아마도 거의 없지 않을까 싶습니다. 기업에서는 사소한 것 하나라도 놓치지 않고 소비자에게 알리고 연결하기 위해 다양한 마케팅 커뮤니케이션 활동을 전개하고 있습니다. 이 책에서는 마케팅 기술 혁명과 네트워크 마케팅이라는 뜨거운 주제를 마치 제품사용 설명서처럼 친절하게 소개합니다. 더욱이 첫 문장처럼 누구나 공감할 만한 보편적인 마케팅 주제를 선정해서 너무도 쉽게 설명하고 있는데, 이 점은 이 책이 지닌 특별한 미덕입니다.

마케팅의 정의와 역사, 온라인 마케팅이 가져온 혁명, 바이럴 마케팅, 블로그 마케팅, SNS 마케팅, 그물망의 세계, 유통의 역사, 네트워크가 가지는 구전의 위력, 네트워크 마케팅 업체의 속사정, 네트워크 마케팅의 실제…. 이론은 흥미롭고 사례는 매력적입니다. 새 차를 뽑아도 일주일은 지나야 운전자의 몸에 익숙해지는데, 이 책은 1시간만 읽어도 마케팅이 독자의 몸에 스며들 것입니다.

거미줄(네트워크)이 유통망이라면 마케터란 거미줄을 짜는 사람이라고 정의하는 저자의 주장은 너무 참신해서 정보과학자로서의 지혜가 물씬 풍겨납니다. 저자는 서문을 마무리하며 이 책에서 짜릿한 충격을 받아 지지부진하던 매출이 오르고 홍보가 '핫'해지기를 기원했습니다. 이 책을 다 읽은 독자께서는 스마트 시대의 똑똑한 거미(마케터)가 되어 있을 것입니다. 우리 모두가 연결되는 시대에 이 책에 연결하십시오. 지금 바로!

김병희 한국광고학회 제24대 회장, 서원대학교 광고홍보학과 교수

추천사-첨단 마케팅 기술의 핵심을 짚어내다

요즘은 그야말로 각양각색의 마케팅 기법이 넘쳐나는 시대입니다. 기업은 작은 것 하나라도 놓치지 않고 소비자에게 메시지를 전달하기 위해 마치 전쟁에 임하듯 오늘도 전력을 다하고 있습니다. 입소문을 내고 구매 전환율을 높이기 위한 SNS 마케팅과 블로그 마케팅이 호황을 누리고 있습니다.

이 책은 오늘날 이러한 첨단 마케팅 기술의 현주소를 따라가고 핵심을 짚은 멋진 책입니다. e-커머스로부터 온라인 마케팅, 구전 마케팅, 네트워크 마케팅에 이르기까지 최근 활발하게 활용되고 있는 분야들을 개념부터 자세하게 기술하고 있고 잠시라도 몰입해서 읽는다면 전략에 대한 통찰도 얻을 수 있는 책입니다. 결코 무겁지 않지만 작은 부분 하나라도 소홀하게 다루지 않으려는 노력이 엿보입니다.

작년에 출간한 자전적 에세이 『퓨처드림』과 블록체인기술에 관한 학술 저서 『4차 산업혁명의 종결: 블록체인과 암호화폐』 등에 이어 이번에 『마케팅 레볼루션』을 출간한다는 것은 저자의 남다른 열정과 평소 꾸준한 노력과 관심 때문에 가능한 일이라 생각됩니다. 이러한 끝없는 노력으로 탄생한 학문적 원칙들과 실무적 필요성을 충족시킬 수 있는 내용들로 꽉 차 있는 이 책을 독자의 입장에서 감히 여러분에게 일독을 권합니다. 감사합니다.

윤일기 남서울대학교 광고홍보학과 교수

목차

1부

마케팅 기술 대혁명

Marketing Technique Revolution

1장
온라인 마케팅 전략
마케팅 역사의 새 이정표

πάντα ῥεῖ

모든 것은 흐른다.

– 헤라클레이토스 –

"사람들은 각각 저마다 능력에 따라 힘을 다해 원하는 것을 얻는다. 고로 지금 물건 값이 싸다는 것은 장차 비싸질 조짐이며, 반대로 지금 값이 비싸다는 것은 장차 싸질 조짐이다. 각자 맡은 바 생업에 힘쓰고 즐겁게 일하는 것이 마치 물이 높은 곳에서 낮은 곳으로 흐르는 것과 같아서 물건은 밤낮 쉴 새 없이 요구하지 않아도 모여들고, 따로 구하지 않아도 백성이 척척 만들어내니 이야말로 어찌 도와 부합하지 않는 것이며 자연 법칙의 증거가 아니겠는가?"[1]

마치 '보이지 않는 손'을 주장한 애덤 스미스의 『국부론』에나 나

1 人各任其能 竭其力 以得所欲 故物賤之徵貴 貴之徵賤 各勸其業 樂其事 若水之趨下 日夜無休時 不召而自來 不求而民出之 豈非道之所符 而自然之驗邪.

올법한 이 문장들은 사마천이 쓴 『사기』 「화식열전貨殖列傳」에 등장하는 내용이다. 화식열전에서 '화貨'는 재산을, '식殖'은 재산이 불어남을 의미한다. 사마천은 자신의 책 『사기』의 끝부분인 「열전」에서 춘추시대 말기부터 한나라 초까지 상공업으로 막대한 부를 쌓은 사람들의 생애와 상술들을 상세히 소개하고 있다. 가만히 읽어보면, 오늘날 마케팅의 핵심이라고 불러도 손색없는 내용들이 가득하다. 사마천은 "물건과 돈은 흐르는 물처럼 원활하게 유통시켜야 한다"라고 말하며, 상업에서 물건을 좋은 값에 팔고 적정한 이윤을 남기기 위해서는 지켜야 할 원칙 네 가지가 있다고 꼽았다. 첫째는 시대의 변화를 꿰뚫어볼 수 있는 지혜가 있어야 하고, 둘째는 남에게 자신이 가진 것을 베풀 줄 아는 인격이 있어야 하며, 셋째는 중요한 시기에 결단을 내릴 수 있는 용기가 있어야 하고, 넷째는 자신이 가진 것을 지킬 수 있는 강단, 즉 배포가 있어야 한다. 다시 말해, 지智, 인仁, 용勇, 강强, 이 네 가지가 사마천이 말한 마케팅 철학이다. 이 마케팅 철학이 세상 모든 재화를 물 흐르듯 움직이게 한다고 말한다.

저자는 대학에서 경영학을 가르치면서 사마천이 꼽은 이 네 가지 마케팅 철학을 늘 염두에 둔다. 아무리 상술이 좋고 언변이 뛰어난들 시대의 변화를 읽을 수 있는 철학이 없다면 잠깐의 재물은 사상누각에 불과할 것이다. 큰 재산을 일구고 많은 직원을 거느렸다 한들 자신이 가진 것을 주변에 나누고 베풀 줄 아는 인격을 갖추지 못했다면 오늘날 우리나라 몇몇 재벌 총수들처럼 사람들의 손가락질을 받을 것이다. 그리고 이 모든 것을 갖추었다 한들 물러날 때와 나아갈 때, 그리고 결단해야 할 때와 기다려야 할 때를 알고, 세상이 무너져도 꼭 지켜야 할 원칙을 고수하는 강단이 없다면 거친 탁류에 목적 없이 부유하는 버드나무 잎과 같이 시대의 조류에 자신의 운명을 맡기는 신세일 것이다.

놀라운 점은 마케팅의 핵심에 대해 서구의 수많은 경영가들 역시 사마천과 비슷한 철학과 정의를 내려왔다는 사실이다. 이 장에서는 21세기 온라인 마케팅을 통해 만물을 흐르게 하는 전략들을 살펴볼 것이다.

온라인 마케팅의 탄생

일찍이 '마케팅의 아버지' 필립 코틀러Philip Kotler는 마케팅을 "기업이 고객을 위해 가치를 창출하고 강력한 고객관계를 구축하여 고객에게 가치를 얻는 과정"이라고 정의했다. '마케팅 구루' 피터 드러커Peter Drucker는 "마케팅의 목적은 소비자의 충족되지 못한 욕구를 발견하고 그것을 충족시킬 방법을 마련하여 판매를 필수불가결하게 만드는 것"이라고 정의했다. 위대한 마케팅의 거인들이 제시한 정의는 마케팅의 역사와 함께 변화를 거듭했다. 미국마케팅협회AMA의 시대별 정의들을 살펴보면, 마케팅의 정의가 어떠한 변화를 겪었는지 좀 더 잘 알 수 있다.

"시간이 흐르면서 마케팅의 정의는 이렇게 변해왔다"

마케팅 역사와 함께 변해온 마케팅의 정의

1935년	마케팅은 생산자에서 소비자로 가는 재화와 서비스의 흐름을 관장하는 비즈니스 활동의 수행이다.
1985년	마케팅은 개인과 조직의 목적을 만족시키는 교환을 창출하기 위해 아이디어와 재화 및 서비스의 유통, 촉진, 가격 결정, 구상을 계획하고 실행하는 과정이다.
2004년	마케팅은 고객에게 가치를 창출하고, 커뮤니케이션하며, 전달하기 위한, 그리고 조직과 그 이해관계자에게 이익을 주는 방식으로 고객관리를 처리하기 위한 조직적인 기능이자 프로세스의 집합이다.
2007년	마케팅은 소비자와 고객, 동업자, 그리고 넓게는 사회를 위한 가치를 갖는 제공물을 창출하고, 커뮤니케이션하며, 전달하고, 교환하기 위한 활동이자 일련의 제도, 그리고 프로세스다.

마케팅의 역사

사실 20세기 초반까지는 이러한 마케팅의 정의조차 존재하지 않았다. 현대에서 말하는 마케팅 개념은 산업혁명 시대부터 18세기, 19세기가 다 지날 때까지도 무르익지 않았다. 물론 '마케팅'이라 불릴 만한 맹아적 개념이 없었던 것은 아니다. 산업혁명으로 과학기술의 혁신이 일어나고, 소비자에게 물건을 직접 만드는 것보다 구매하는 것이 더 쉬워지기 시작하면서 자연스럽게 원시적 영업이 출현했다. 대량생산은 증가하는 소비자의 요구에 부응하기 위해 유사한 노력을 기울이는 많은 동종 기업들을 증식하도록 만들었다. 여기에 대중매체뿐 아니라 교통과 물류를 위한 인프라가 자리를 잡으면서 재화의 이동이 용이해지고 빨라졌다. 이제 언제 어디서나 누구라도 상

대량생산

대량생산은 마케팅 개념이 탄생하는 데 필수적인 조건으로 꼽힌다. 포드가 생산 표준화와 컨베이어 시스템을 조합하여 저가의 자동차 '모델-T'를 생산하면서 현대 산업사회의 시작을 알렸다. 이른바 '포드 시스템(Ford system)'이라 불리는 이동식 조립 방식(assembly line)은 대량생산을 가능하게 했고, 단순한 작업 과정과 값싼 인건비로 제조 단가가 드라마틱하게 낮아지면서 생산이 소비보다 많아지게 되었다. 시장에서 물건이 부족하던 시대에서 소비자가 부족한 시대로 바뀐 것이다. 이제 기업들은 한정된 수요를 두고 쟁탈전을 벌이는 시장 경쟁에 들어섰다. 대량생산이 경쟁을 낳았고, 경쟁이 마케팅을 낳았다.

점에서 자신이 원하는 물건을 고를 수 있는 시대가 된 것이다. 이런 상황은 생산자가 고객이 필요로 하는 제품을 더 나은 방법으로 개발할 필요성과 더불어 자사 상품을 소비자에게 알리는 더욱 정교한 방법을 찾도록 만들었다.

마케팅을 이끈 동력은 바로 경쟁이었다. 무한경쟁 시대인 21세기의 관점에서 경쟁은 그다지 새로울 것이 없는 상황이지만, 당시만 하더라도 '시장 경쟁'이라는 말조차 생소하던 때였다. 물론 이전에도 경쟁이 아예 없었던 것은 아니었지만, 과거의 경쟁은 곡물과 광물, 기타 상업적 생필품에 한정되었고, 이마저도 일부 지역에 제한되어 있었다. 중세 유럽에서 발달한 길드는 산업혁명이 태동한 때만 하더라도 시장을 거의 독점적으로 유지하고 있었다. 그러던 것이 20세기 초반이 되면서 제조업 분야의 경쟁이 치열해지면서 생산자라면 누구나 시장 경쟁에 내몰리기 시작했다. 마케팅을 통해 제품의 판매를 늘려야 할 필요성은 한 기업의 경쟁력을 갖추는 데 필수적인 부분이 되었고, 경쟁은 모든 산업 내 생산량과 시장점유율을 증가시킬 필요를 가져왔다. 마케팅은 유통 방식뿐만 아니라 소비자와 소통하는 방식을 강조하기 시작했고, 소비자에게 자신의 상품과 서비스가 다른 회사의 상품보다 낫다고 설득하는 도구가 되었다.

"마케팅은 시장 경쟁에서 시작되었다"

"1990년대 초에 포드자동차가 표준화된 이동식 조립 방식을 도입하여 자동차를 대량생산하던 시기에도 생산력의 증대는 수요를 걱정하지 않았다. 과거 대비 엄청나게 저렴해진 값싼 자동차에 대한 수요는 무궁무진했고, 생산은 바로 수요로 이어질 수 있었다. 하지만 현대에는 상황이 크게 다르다. 국가 간 경쟁이 치열해지고 기술 수준의 평준화가 이루어져 해외 수요를 창출하는 것이 쉽지 않다. 또 옷장에 새 것과 다름없는 옷들이 쌓여 있을 때, 단지 싸게 만들어 판다고 새로운 옷을 사지는 않을 것이다. 5년 된 자동차가 소음이 좀 커지고 광택이 무뎌졌다고 해서 조금 싸진 새 차를 바로 구입하지는 않을 것이다. 더 많이 만든다고 더 팔 수 있는 것이 아니다. 실업이 만연하고 공장 설비가 놀고 있다고 해도 간단한 가격시스템 조정만으로 수요를 증가시키는 데는 한계가 있을 수밖에 없다. 이제 성장은 이미 충분히 성숙한 기능의 제품을 더 좋은 제품, 더 혁신적인 제품으로 만들어 비싸게 팔아야 가능하게 되었다. 이때 소비자가 스스로 더 좋고, 더 혁신적이라고 인정해주지 않는다면 수요는 억지로 창출되어야 한다. 이제부터가 마케팅의 힘이다."[2]

마케팅은 신대륙의 발명품이었다. 하버드대학 경제대학원 교수 월터 프리드먼Walter Friedman은 자신의 저서 『세일즈맨의 탄생』에서 19세기 말 미국에서 출현한 행상인들을 현대 세일즈맨의 시초로 보았다. 양철 식기, 시계, 성경과 서적들, 피뢰침 등을 팔러 다녔던 '세일즈맨salesman'들은 미국 전역을 들쑤시고 다니며 물건들을 팔아 미국 자본주의의 밑거름이자 체계적이고 과학적인 마케팅의 맹아가 되었다. 이들의 활약 덕분에 1920~1930년대 GM과 포드, 크라이슬러 같은 자동차 제조회사를 중심으로 마케팅이 본격적으로 연구되기 시작했다. 이 시기의 마케팅은 흔히 '땅따먹기'에 비유될 수 있었다. 모델-T를 시장에 내놓으며 자동차시장을 선점한 포드는 제조 과정과 관리에서의 혁신을 통해 생산 원가를 획기적으로 낮췄고, 이에 질세라 후발주자들은 한정된 시장을 확보하기 위해 다양한 마케팅 전략들을 도입하기에 이르렀다.

"마케팅은 신대륙의 발명품이었다"

2 송재도(2017), 『마케팅 지배사회: 소진, 파괴 그리고 불평등』, 들녘, 271쪽.

“현대 세일즈맨십을 아는 것은 미국의 경제와 사회 변화의 역사를 이해하는 데 필수불가결한 요소다. 모든 시대에 걸쳐 모든 나라에는 사람을 이끌고 설득하는 능력을 소유한 카리스마적인 인물들이 있었다. 판매원이 그런 인물은 아니라 할지라도 대기업이 증가하면서 그에 버금가는 인력들을 보유하게 되었고, 그 결과 경제적 두각을 나타내기 시작했다. 예나 지금이나 판매원들은 산업화, 혁신, 변화의 한가운데에 놓여 있다. 그들이 하는 약속, 질문, 고객의 거절을 다루는 기법, 방문, 판매는 악덕이면서 미덕이었고, 전 세계 곳곳에 자본주의의 이념을 펼쳤다.”[3]

두 차례 세계대전은 기술의 발전과 집약을 가져왔고, 시장경제의 발달에 따른 경쟁은 앞서 프리드먼이 말한 ‘카리스마적인 인물들’, 즉 천재적인 마케터들을 탄생시켰다. 1948년 제임스 컬리톤James Culliton이 처음으로 ‘마케팅 믹스marketing mix’라는 개념을 제시하면서 본격적인 마케팅 시대가 도래했다. 나중에 설명하겠지만, 1960년에는 제리 매카시Jerry McCarthy가 그 유명한 마케팅의 4P를 제시했다. 4P가 제시될 수밖에 없었던 경제적 맥락이 있었다. 1950년대 후반부터 많은 산업시장은 경쟁으로 이미 포화상태였다. 이에 각 기업의 영업사원들은 남들보다 한 명이라도 더 고객을 확보하고 물건을 팔려면 주먹구구식으로 해서는 더 이상 승부가 나지 않는다는 사실을 깨달았다. 따라서 경쟁사들과 다른 접근이 필요해졌다. 그러기 위해서는 자신이 어떤 물건을 어떻게 판매하는지, 판매의

3 월터 프리드먼(2005), 『세일즈맨의 탄생』, 조혜진 역, 말글빛냄, 372쪽.

4P

'마케팅 믹스'라고 불리는 4P는 보통 제품(Product), 가격(Price), 장소(Place), 판촉(Promotion)을 지칭한다. 기업의 마케팅 목표를 달성하기 위해서는 이 네 가지 요소의 조합이 필요하므로 '믹스'라는 말을 사용한다. 어느 하나 따로 놀아서는 안 되고 네 가지가 고루 섞여야 한다는 것이다. 4P에서 가장 먼저 등장하는 것은 '제품'이다. 기업은 제품을 개발하기 전에 시장을 분석하고 제품의 콘셉트를 결정한다. 표적시장의 욕구를 충족시킬 수 있는 제품의 특성을 감안하고, 이 과정에서 경쟁사의 제품보다 월등한 가치, 차별화된 전략이 있는지 따져야 한다. 여기서 가격과 판촉, 장소(유통)가 등장한다. 무엇보다 마케팅 믹스는 이러한 네 가지 마케팅 요소가 상호보완적으로 시너지 효과를 낼 수 있도록 서로 적절히 결합하는 것이 중요하다. 시장이 세분화되고 제품의 콘셉트, 표적시장이 결정되면 이에 맞는 제품과 판촉전략이 세부적으로 요구되기 때문이다.

구조는 어떻게 이루어지는지, 생산자와 소비자의 간격은 어떠한지 등과 같은 물음이 그 어느 때보다 중요해졌다. 이런 과정에서 4P가 탄생했다.

이와 함께 세일즈맨이 담당하던 마케팅이 점점 하나의 독립된 부서로 부상하기 시작했다. 이전에는 오로지 영업사원의 개인적인 능력에 의존했던 마케팅은 점점 전문화·구체화·체계화되었다. 경영진이 사업 성공의 필수적인 부분으로 마케팅에 요구되는 정교함을 발달시켰을 때가 아마 이 시기부터였을 것이다. 마케팅 담당자들은 심지어 연구나 제품 개발, 전략 계획에 직접 관여하기 시작했다. 각 기업들은 자체적으로 마케팅 부서들을 두었으며, 한정된 시장을 두고 경쟁이 더욱 치열해지면서 이전까지 가장 중요한 부서였던 제품 개발 부서와 비슷한 위상을 갖게 되었다.

마케팅 세계는 1990년대에 다시 한번 바뀌기 시작했다. 기업들은 제품에 쏟는 노력만큼이나 더 나은 브랜드와 마케팅 전략을 만드는 데 수고를 아끼지 않았다. 제품만큼 브랜드 파워가 중요하다는 것을 깨달았다. 유력한 레이블을 가진 몇몇 회사들은 시장점유율을 49% 이상 향상시킬 수 있었다. 1990년대 중·후반을 지나면서부터는 본격적인 관계 마케팅 시대가 활짝 열렸다. 소비자 만족을 위해 고객관계관리CRM 등이 도입되기 시작했다.[4] 이제 소비자는 고객이 아니라 '왕'이 되었다. 개별 고객의 니즈를 파악하고 이를 판촉에 적용하는 작업은 이때부터 마케팅의 정석으로 자리 잡았다. 관계 마케팅이 시장에서 대박을 치면서 소비자를 기업의 중심에 두고 캠페인을 벌이는 전략이 대세가 되었다. 1950년대 시장조사의 가치와 1990년대 관계 구축을 혼합하여 궁극적인 고객 중심의 전략을 만든 셈이다.

온라인 마케팅의 등장

고대 그리스의 철학자 헤라클레이토스는 "만물은 흐른다"라고

---

4 Customer Relationship Management의 약어로, 고객관리를 효율적으로 하기 위해 고객의 필수 정보를 모두 데이터베이스화해서 이를 서비스에 반영하는 경영 방법을 말한다.

말했다. 그는 변하지 않는 것처럼 보여도 실상 자신을 포함해 우리 주변의 모든 것은 끊임없이 변한다고 주장했다. “우리는 같은 강물에 두 번 발을 담글 수 없다. 물이 끊임없이 흐르고 있으므로 두 번째 들어갔을 때는 이미 이전의 물이 아니며, 동시에 강물에 발을 담그는 나도 이전의 내가 아니기 때문이다.” 마케팅도 끊임없이 흐른다. 헤라클레이토스가 말한 변화의 세계는 마케팅에도 그대로 적용된다. 과거의 마케팅에서 불변의 진리로 여겨졌던 원칙들이 새로운 마케팅 영역에서는 다른 의미를 가지게 되었다. 전 세계가 뉴밀레니엄 시대로 들떠 있던 1990년대 후반에 등장하기 시작한 온라인 마케팅은 전에 없던 새로운 물줄기를 이루어 거대한 흐름을 낳았다.

1990년 월드와이드웹WWW이라는 전자 그물망이 출현하면서 유통구조뿐 아니라 유통의 본질을 완전히 바꾸어놓았다. 그 이후 월드와이드웹을 타고 세계 모든 물류는 초단위로 빠르게 이동하고 있다. 처음 이 개념을 제안했던 유럽원자핵공동연구소CERN의 팀 버너스 리Tim Berners-Lee조차 오늘날처럼 이렇게 전 세계가 하나의 그물망 안에 포섭될 수 있을 것이라고는 미처 생각하지 못했을 것이다.[5] 버너스 리가 만든 월드와이드웹은 어떤 의미에서 진정 헤라클레이토스가 말한 사통팔달 만물이 흘러가는 물줄기인지도 모른다. 월드와이드웹의 출현으로 1990년대 들어 인터넷 플랫폼이 본격적으로 대중화되면서 기업 간 거래B2B뿐만 아니라 기업-소비자 간의

---

5 버너스 리는 월드와이드웹을 제안한 공로를 인정받아 영국 왕실로부터 대영제국 훈장 2등급을 수여받기도 했으며, 월드와이드웹 탄생 25주년을 맞아 정부나 권력기관의 감시로부터 웹 이용자를 보호하는 인터넷 권리헌장을 제정하자고 촉구하기도 했다.

거미줄로 새로운 세계를 창조한 팀 버너스 리
(출처: wikipedia.org)

거래B2C도 확대되었다. 이는 e-커머스, 즉 '전자상거래'라는 인류 초유의 현상을 낳는 촉매가 되었다.

휴대폰과 태블릿 같은 모바일기기가 대중화되면서 e-커머스는 날개를 달게 되었다. 전자상거래란 컴퓨터나 단말기, 모바일 등을 이용해 인터넷 플랫폼에서 전자적 매체를 이용하여 이루어지는 제품이나 용역, 서비스 및 모든 재화를 사고파는 거래행위를 말한다. 여기에는 단순히 물류만 오가는 데 그치지 않고 광고나 마케팅, 홍보, 고객 지원, 배송, 유통 및 지급 같은 일체의 상업 활동들이 포함된다. 즉 인터넷상에 개설된 사이버공간, 다른 말로 플랫폼을 통해 실시간 상품을 거래하는 것이 전자상거래의 협의적 정의라고 한다면, 광의적 정의에서는 소비자와의 거래뿐 아니라 공급업자, 금융기관, 정부, 유통회사 등 거래에 관계된 모든 당사자의 관련된 행위가 전자상거래로 묶일 수 있다. 결국 전자상거래는 생산자와 소비자가 가상의 시장에서 만나는 인터넷상의 모든 거래를 말한다. 물리적인 공간이 없어도 24시간 거래가 가능해지다 보니 시장이 소비자의 안방을 넘어 모바일기기를 들고 있는 손 안에까지 파고 들어가는 마케팅이 가능해졌다.

오늘날 인터넷 생태계를 지배하는 4개의 플랫폼은 제각기 전문 분야를 점령하고 디지털 생활을 선도하고 있다. 이른바 '가파GAFA 왕국'이다. 이 명칭은 IT기업 중에서 가장 크고 지배적인 4개의 기업인 구글Google, 애플Apple, 페이스북Facebook, 아마존Amazon을 지칭하기 위해 언론에서 처음 사용되었다. 이들은 월드와이드웹을 타고 전 세계 인터넷시장을 잠식하는 거룡이자 네트워크 생태계에 서식하며 눈앞에 보이는 경쟁 상대를 남김없이 먹어치우는 무자비한 포식자들이다. 혹자는 이들이 전자상거래를 독점하여 다른 분야까지 식민화해버리는 제국주의 세력이라며 비판하기도 한다. 이들은 5년에서 10년의 시차를 두고 각기 엑손모바일과 셸 같은 전통적인 석유 거물들, 디즈니와 AT&T, 21세기폭스사 같은 거대 미디어 회사들을 순식간에 대체해버렸다. 21세기를 살아가는 현대인은 이들 플랫폼이 조성한 디지털 세계를 떠나서는 단 하루도 살 수 없는 지경에 이를 정도로 가파 왕국은 경제와 문화, 라이프스타일을 지배하고 있다.

2000년대 들어서면서 인터넷이 발달하고 전자상거래가 활성화되면서 온라인 마케팅의 흐름은 더욱 거대한 물살을 이루었다. 온라인 마케팅은 단방향으로 흐르던 물줄기를 쌍방향으로 바꾸어놓았다. 이제 소비자는 단순히 제품을 사주는 수동적인 존재가 아니라 자신의 구매 경험을 적극적으로 소통하는 능동적인 존재로 변모했다. SNS나 블로그 등 커뮤니케이션 도구를 이용해 고객관계 구축과 충성도를 높일 수 있고, 다양한 디지털 매체를 통해 소비자와 소통함으로써 판매와 브랜드 인지도를 한꺼번에 높일 수 있게 되었다. 블로그는 이제 대부분 기업들이 활용하는 콘텐츠 마케팅의 일부가 되었다. 블로그는 정보를 제공하고 고객관계를 구축하며 판매 기회를 창출하고 브랜드 인지도를 높이는 데 더없이 좋은 도구다.

"일방적인 마케팅에서 쌍방적인 마케팅으로
변모해가기 시작했다"

이후 2000년대 후반 들어 디지털 시대와 모바일기기가 랑데부를 하면서 마케팅은 온라인 세계로 급격하게 이동하기 시작했다. 물론 전통적인 마케팅 방법도 여전히 유효했지만, SNS로 옮겨간 시장의 대세를 되돌릴 수는 없었다. 디지털 마케팅 시대는 지금 우리가 살고 있는 시대다. 우리 주변을 둘러보면 마케팅이 얼마나 중요한 시대인지 잘 알 수 있다. 이 시대가 가능하게 된 데는 과학기술과 정보통신기술이라는 두 가지 기술 혁명을 빼놓을 수 없다. 인터넷과 디지털 기술을 이용해 시장 공략에 나선 것은 중소기업이 성장할 수 있는 길을 터줬고, 전통적 마케팅 가치는 고스란히 남아 있으면서도 새로운 마케팅 전략이 요구되었다.

이러한 마케팅의 역사를 일별하면, 다음과 같이 6단계로 성장해온 것을 알 수 있다.

마케팅의 6단계 발전사

1단계 마케팅의 탄생	20세기 초반, 대량생산과 효율성이 확보되면서 제품을 빠르고 대량으로 운송할 수 있게 되면서 마케팅의 중요성이 부각되었다.
2단계 판매의 시대	1920년대, 세일즈맨salesmen, 세일즈 피치sales pitch가 탄생하면서 영업을 통해 물건을 판매하는 것이 전문화되기 시작했다.
3단계 마케팅의 시대	1950년대, 본격적인 시장조사market research가 시작되면서 기업들은 체계적인 마케팅 계획을 세우게 되었다.
4단계 관계 마케팅의 시대	1990년대, 하나의 물건을 판매하는 데서 그치지 않고 기업과 고객의 관계를 형성시키기 시작했다. '소비자가 왕'이라는 콘셉트가 생겨났다.
5단계 소셜 마케팅의 시대	관계 마케팅 직후 2000년대에 접어들면서 디지털 시대의 도래와 함께 소셜 마케팅이 활개를 치기 시작했다.
6단계 디지털 마케팅의 시대	2000년대 후반, 디지털 미디어와 모바일기기의 등장으로 쌍방향 디지털 마케팅 시장이 활짝 열렸다.

이 책은 다섯 번째 시대와 여섯 번째 시대를 집중적으로 다룰 예정이다. 이제 마케팅은 단순한 영업이나 홍보, 유통으로 한정되지 않는다. 단순히 제품을 잘 팔고 일정한 시장을 점유하는 것뿐만 아니라 기업의 전체적인 가치를 높이는 것, 브랜드와 이미지를 창출하고 이를 통해 새로운 가치 영역으로 진화해나가는 것, 제품 제조와 유통, 홍보와 고객관리를 아우르는 기획 전체를 정립하는 것까지 마케팅이 되었다. 바야흐로 기업이 하는 활동치고 마케팅이 아닌 것은

없는 시대가 도래했다. 어쩌면 모든 것이 마케팅이므로 그 어떤 것도 마케팅이 아닌 셈이다. 마치 말장난 같지만 사실이다. 그래서 마켓투니스트의 CEO인 톰 피시번Tom Fishburne이 말한 것처럼 "최고의 마케팅은 마케팅 같은 느낌이 들지 않는 것"이다.

온라인 마케팅 비즈니스 전략

오늘날 마케팅이 없는 기업은 상상할 수조차 없다. 모든 기업은 이윤 추구를 목표로 존재한다. 판매를 통해 이윤이 발생하지 않는다면 그 기업은 더 이상 존재 가치가 없다. 상품을 효율적으로 판매하기 위해 시장을 어떻게 공략하고, 가격을 어떻게 설정하며, 판촉활동은 어떻게 진행할 것인지 결정해야 한다. 여기서 기업에 판매를 촉진하고 원활한 이윤 추구를 가능하게 하는 모든 전략을 '마케팅marketing'이라고 부른다. 한마디로 표현한다면, 마케팅은 "기업이 소비자에게 재화와 서비스를 판매함으로써 기업에 이익을 확보하는 일련의 활동"이라고 할 수 있다. 그런 의미에서 마케팅은 기업의 생사를 가르는 가장 중요한 활동인 셈이다. 물론 상품을 판매한 뒤에도 고객관리를 통해 소비자의 불만을 처리하고 관리해주는 과정도 넓게는 마케팅의 한 부분이라고 할 수 있다.

흔히 구매나 매출을 언급하다 보니 마케팅을 세일즈나 셀링selling의 일종이라고 생각하는 경우가 많지만, 사실 둘은 다르다. 셀링은 오로지 상품을 판매하는 데 집중하는 것인 반면, 마케팅은 소비자의 수요와 니즈를 탐색하고 시장을 파악하며 효율적인 판매가 가능한 모든 전략을 수립하는 일이다. 셀링이 판매의 방식how에 집중한다면, 마케팅은 프로모션과 판매의 이유why에 집중한다. 셀링이 판매에 집중하는 단기적이고 제한적인 개념이라면, 마케팅은 판매 이전의 제품 기획과 생산, 유통 전반을 아우르는 장기적이고도 셀링의 과정마저 포함하는 포괄적인 개념이다. 셀링이 기업 입장에서 일방향적 활동이라면, 오늘날 온라인 마케팅은 쌍방향적 활동이 되었다. 이 둘을 구분하면 다음과 같다.

마케팅과 셀링의 차이

마케팅 marketing	셀링 selling
기획/계획 시장의 니즈를 파악하는 일 why에 집중 장기적·포괄적 영역 고객 만족	영업/판매 제품을 소비자에게 판매하는 일 how에 집중 단기적·제한적 영역 판매 증대

온라인 마케팅이 보편화되면서 마케팅과 셀링의 영역은 더욱 명확하게 구분되기 시작했다. 취급하는 제품을 남보다 더 많이 파는 것이 셀링이었다면, 온라인 마케팅이 보편화된 최근에는 제품 판매뿐만 아니라 기획과 개발, 연구, 시장에 관한 양적 · 질적 평가와 소비자 관리에 이르기까지 다양한 마케팅이 등장했다. 오늘날 발굴된 마케팅은 가히 수백여 종에 이른다. 그린 마케팅, 감상 마케팅, 노이즈 마케팅, MOT 마케팅, PPL(제휴) 마케팅, 니치(틈새) 마케팅, 코즈(공익) 마케팅, SNS 마케팅, 네트워크 마케팅, 바이럴 마케팅, DB 마케팅,

다이렉트 마케팅, 관계 마케팅, 귀족 마케팅, 공포 마케팅, 텔레마케팅, WOM(구전) 마케팅, 디마케팅demarketing, 디지털 마케팅, 하이브리드(복합) 마케팅, 사이버 마케팅, 기상 마케팅, 인공지능 마케팅, 빅데이터 마케팅, VR/AR 마케팅 등 그 특징과 명칭을 일일이 열거하기 어려울 정도다.[6]

하지만 온라인 마케팅이 태동하면서 따로 놀던 이 모든 마케팅을 수렴할 수 있게 되었다. 온라인 마케팅은 단순히 인터넷상에서 이루어지는 마케팅뿐 아니라 스마트폰이나 모바일기기 같은 장비를 포함하므로 그 범위가 매우 광범위해졌기 때문이다. 온라인 마케팅이 인터넷 마케팅, 디지털 마케팅, 웹 마케팅, 이-마케팅 등으로 다양하게 불리는 이유가 여기에 있다. 용어만큼 다양한 전략들이 있겠지만, 온라인 마케팅에서 가장 흔히 쓰이는 마케팅 전략에는 어떠한 것들이 있을까?

온라인 마케팅 전략 ①-바이럴 마케팅

인터넷이 시작되기 이전의 마케팅은 모두 오프라인을 통해 이루어졌다. 판매원들은 일일이 집집마다 방문하여 물건을 팔았다. 당시 TV나 라디오, 신문, 잡지 등 우리가 오늘날 흔히 '레거시 미디어legacy media'라고 부르는 대부분의 매체는 마케팅을 위한 필수 선택지였다. 하지만 시대가 바뀌었다. 앞서 말한 팀 버너스 리가 월드와이드웹을 개발한 이후, 온라인은 마케터들의 놀이터(샌드박스)가 되었다. 사실 '온라인'이라는 개념이 등장하면서 '오프라인'이라는 개념도

6 MOT는 'Moment Of Truth', PPL은 'Product Placement', DB는 'DataBase', WOM은 'Word Of Mouth', VR은 Virtual Reality, AR은 Augmented Reality의 약자다.

레거시 미디어

레거시 미디어(legacy media)는 웹 기반의 새로운 미디어 플랫폼에 견줘 전통적 미디어로 분류되는 TV나 라디오, 신문 등을 가리킨다. 여기서 레거시는 정보 시스템에서 낡은 하드웨어나 소프트웨어를 통틀어 이르는 말로, 새로 제안하는 방식이나 기술을 부각하는 의미로 주로 사용된다. 즉 레거시 미디어는 현재도 여전히 사용되지만, 과거에 출시되었거나 개발된 오래된 대중매체를 지칭한다. "우리는 2개의 집을 갖고 있다. 한 집은 불타고 있고, 다른 한 집은 건설 중이다." 영국의 「가디언」지 칼럼니스트로 활동하는 제프 자비스(Jeff Jarvis)는 현재 레거시 미디어가 처한 현실을 이렇게 정리했다. JTBC 사장이면서 뉴스룸을 진행했던 손석희는 "레거시 미디어 유산인 나, 이젠 물러설 때가 되었다"라고 고백하며 은퇴를 발표했다. 이처럼 현재 레거시 미디어가 겪고 있는 위기는 기존에 유지되던 유일한 언론으로서의 고고한 지위를 상실해가고 있다. 이제 대중은 더 이상 TV와 라디오, 신문을 통해서만 뉴스나 정보를 습득하지 않으며, 많은 경우 다수가 이미 뉴미디어로 옮겨가고 있다.

등장했다고 보는 것이 마땅하다. 오프라인을 통해 광고를 접하던 사람들은 이제 온라인을 통해 새로운 형식의 광고를 접하게 되었다. 기술이 발달하면서 인터넷이 보편화되고, 스마트기기와 모바일기기가 대중화되면서 온라인 마케팅은 마케터들의 선택지를 더욱 넓혀주었다. 이제 기업은 더 이상 올드미디어에만 의존하지 않고 '온라인'이라

온라인 마케팅의 출현으로 4P에서 4C로의 전환이 일어났다

4P		4C
제품Product	→	소비자 가치Customer Value
가격Price	→	비용Cost
장소Place	→	편의성Convenience
판촉Promotion	→	소통Communication

는 신대륙을 탐험하기 시작했다.

흔히 인터넷을 이용한 온라인 마케팅의 구성요소는 4C로 압축된다. 소비자 가치Customer Value, 비용Cost, 편의성Convenience, 커뮤니케이션Communication의 4C는 4P로 대변되는 종래의 유통구조를 인터넷이 어떻게 바꾸어버렸는지 쉽게 알게 해준다. 과거 유통에서 절대적으로 중요했던 요소들이 인터넷의 등장과 함께 의미를 잃어버렸다. 대표적으로 상품이 거래되는 장소place가 더 이상 중요하지 않다. 장소와 거리의 한계를 뛰어넘어 유비쿼터스로 재화와 서비스가 거래되고 있기 때문이다. 과거 사람과 물건이 집중되던 시장은 오늘날 플랫폼으로 바뀌었으며, 플랫폼의 한 축을 이루는 소비자 커뮤니티가 과거보다 막강한 힘을 발휘하고 있다. 또한 과거에는 기업의 일방적인 판촉과 홍보가 상거래의 중심축을 이루었다면, 현재는 기업과 소비자, 판매자와 소비자 사이의 커뮤니케이션이 더욱 중요해졌

다. 오늘날 어떤 기업도 소비자의 의견과 요구를 무시하고 독단적으로 자사 제품을 출시하지 않는다.

온라인 마케팅은 제품 디자인과 개발, 광고 및 영업 등을 포함한 인터넷의 창조적이고 기술적 면을 필요로 한다. 사람들은 단지 값이 싸다는 이유로 상품을 구매하지 않는다. 구매 이전에는 그 상품에 대한 검색을 선행한다. 온라인 마케팅을 SEM, 즉 '검색엔진 마케팅Search Engine Marketing'이라고 하며, 오늘날 소비자를 '체크슈머checksumer'라고도 한다. 온라인 마케팅에서 그 무엇보다 검색엔진의 존재가 절대적인 이유다. 또한 온라인 마케팅의 핵심은 소통에 있다. 온라인 마케팅은 단순히 제품을 넘어 서비스와 문화를 포함한 다양한 콘텐츠를 통해 충성도가 높은 커뮤니티를 구성한다. 불특정다수를 대상으로 물건을 판매하던 재래의 상거래와 달리 플랫폼 멤버십을 통해 꾸려진 인적 네트워크를 대상으로 상품을 판촉한다. 자연스럽게 소비자는 시장에 나가지 않고 집에 앉아서 쇼핑을 하는shopping without going shopping 편리함을 얻게 된다. 기업은 소비자에게 커뮤니케이션 수단을 제공하여 전에 없던 새로운 비즈니스 기회를 창출한다. 소비자는 단순한 구매자를 넘어 비즈슈머bizsumer가 되기도 한다. 최근에는 이러한 4C에 소비자와의 더욱 밀접한 관계 형성, 생산자뿐 아니라 소비자와 소비자를 연결하는 커넥션Connection과 소비자의 세부적인 요구에 맞춰 제품을 생산하는 커스터마이제이션Customization의 2C를 더해 6C라고 부르기도 한다.

온라인 마케팅에는 크게 키워드 광고, 블로그, 카페 상위 노출, 동영상, SNS 광고 등이 있는데, 이러한 전략을 흔히 '바이럴 마케팅'이라고 한다. 블로그나 카페 등을 통해 소비자에게 자연스럽게 정

4C

매카시가 개념화한 4P가 시장의 다양화와 마케팅의 변화를 설명하지 못한다고 판단한 로버트 로터본(Robert Lauterborn)은 마케팅의 관점이 생산자 중심의 시장이 아니라 소비자 중심의 시장으로 이동해야 한다고 주장하면서 4C를 제시했다. 4P를 대체하는 개념으로 디지털 시대의 다양해진 소비자 가치(Customer Value)와 비용(Cost), 편의성(Convenience), 소통(Communication)의 첫 글자를 따서 4C를 만든 것이다. 물론 4C가 나왔다고 해서 마케팅에서 4P가 무의미해진 것은 아니다. 4P와 4C는 각기 생산자와 소비자의 관점에서 마케팅을 이해하고 있는 개념이어서 상호보완적인 마케팅 믹스라고 보는 것이 맞다. 이후 고객과 커뮤니케이션이 이전보다 더욱 중요해지면서 도널드 칸(Donald Calne)은 4C에 이어서 4E를 제시하기도 했다. 4E는 체험(Experience), 열정(Enthusiasm), 고객 전도(Evangelist), 교환(Exchange)의 첫 글자를 딴 것이다. 4E는 4C에서 마지막 소통 항목에 포함될 수 있다.

보를 제공하여 기업의 신뢰도 및 인지도를 상승시키고 구매 욕구를 자극하는 바이럴 마케팅은 마치 바이러스가 퍼지는 것처럼 사람들의 입소문과 전자 밈을 통해 확산된다고 해서 붙여진 이름이다. 이 부분에 대해서는 다음 장에서 상세하게 설명할 예정이다.

일례로, 세계 1위 브랜드를 다투는 코카콜라는 페이스북에 '콜라를 나눠요Share a Coke'라는 캠페인을 올려 6~8월 매출을 전년 동기 대비 0.4%나 증가시켰다. 청소년들의 자발적인 입소문이 큰 역할을 하여 친구 이름이 새겨진 코카콜라 사진을 찾아 선물하는 사람이나 선물을 받는 사람 모두 자신의 SNS 계정에 인증샷을 올리면서 젊은이들 사이에서 이 캠페인은 폭발적인 인기를 누렸다. 코카콜라가 이 마케팅을 위해 한 일이라고는 콜라에 이름을 붙인 것과 이를 자사의 페이스북과 인스타그램에 홍보한 것밖에 없었다. 이 캠페인에 동참한 소비자는 콜라를 단순한 음료수가 아니라 인간관계를 이어주는 매개로 이해하게 되었고, 결국 이러한 감성을 자극하는 마케팅 전략은 SNS 플랫폼을 만나면서 매출 증대로 이어졌다.

코카콜라의 이러한 마케팅은 일종의 디마케팅demarketing으로 분류될 수 있는데, 자사의 브랜드를 일부러 없애고 그 자리를 고객의 이름으로 대체하여 소비자의 구매욕을 증가시킨다는 전략이었다. 이 캠페인은 2011년 호주에서 처음 시도되었고 매출과 홍보에

SNS를 통해 입소문을 내어 소비자의 큰 호응을 끌어낸 코카콜라의 바이럴 마케팅
(출처: facebook.com)

인상적인 결과를 낳았다. 젊은 성인의 코카콜라 소비는 7%가량 현저하게 증가했고, 코카콜라 페이스북 사이트의 트래픽은 870% 증가했으며, 페이지 호감도 역시 39%가량 증가했다. 코카콜라의 바이럴 마케팅은 입소문을 타고 빠르게 퍼져나갔으며, 소비자는 코카콜라 페이스북에 해시태그를 걸어 자신의 계정에 퍼 날랐다. 인구통계학을 이용하여 흔한 이름 150여 개를 콜라캔에 붙였을 뿐인데, 코카콜라 페이스북 커뮤니티가 6.8% 성장했다. 모두 온라인 마케팅이 없었다면 불가능했을 전략이다.

온라인 마케팅 전략 ②-SNS 마케팅

바이럴 마케팅은 흔히 SNS 플랫폼을 활용하므로 'SNS 마케팅'이라고도 불린다. SNS 마케팅(소셜 미디어 마케팅)은 페이스북이나 인스타그램, 트위터, 핀터레스트 같은 소셜 미디어 플랫폼을 이용하여 제품이나 서비스를 홍보하고 마케팅에 활용하는 전략을 통칭한다. SNS 마케팅은 TV나 신문 같은 전통적인 대중매체를 통해 홍보했던 기존의 마케팅과 달리 사용자 간 관계를 형성할 수 있는 웹 기반의 플랫폼인 소셜 네트워크 서비스를 활용하여 고객과 소통하는 전략을 갖는다.

> "바이럴 마케팅이 마케팅의 원리라면
> SNS 마케팅은 마케팅의 실제다"

인터넷 기술의 발달과 스마트폰의 대중화로 소셜 미디어 플랫폼이 급속히 확산되자 기업들은 소셜 미디어를 고객과 소통하는 중요한 수단으로 활용하기 시작했다. SNS 마케팅은 인터넷을 통해 빠르게 확산되어 기존 올드미디어에 버금가는 효과를 거둘 수 있으며, 비용 또한 매우 저렴하다. 단순히 비용뿐만 아니라 마케팅에 들어가는 시간도 절약되며, 소비자와의 편리한 소통 방식으로 친밀감과 신뢰감이 높아져 장기적으로 고객관리도 꾸준히 할 수 있게 되었다.

SNS를 활용한 마케팅이 대중의 주목을 끌게 된 것은 선거 캠페인 영역이었다. 2008년 미국 대선은 SNS를 이용한 선거 캠페인의 전형적인 사례로 간주되며, 이를 계기로 SNS의 정치적 활용 가치에 대한 인식이 확산되기도 했다. 당시 민주당 후보였던 버락 오바마는 트위터와 페이스북을 이용해 경쟁 후보와 차별적인 캠페인을 전개했다. 이후 마케팅에 SNS가 활용되면서 더욱 전문화된 전략들이 나왔다. SNS 마케팅 기법은 대체로 세 가지를 들 수 있는데, 첫 번째는 타깃층을 목표로 정확한 광고를 전달하는 전략이다. SNS는 마케팅 타깃을 정확하게 설정하는 것이 용이하다. 만약 20대 젊은 성인층을 공략한다면, 이들이 빈번히 활용하는 플랫폼에 간단히 마케팅 메시지를 퍼뜨릴 수 있다. 두 번째는 온라인상에서 소비자의 상품 관련 행동을 활용하는 전략이다. 기업은 페이스북의 '좋아요' 버튼 등을 이용해 특정 상품에 대한 선호도를 직접 확인할 수 있다. 이 부분은 매우 중요한 전략이므로 다음 장에서 상세하게 다룰 것이다. 세 번째는 전자 구전 전략이다. SNS 같은 온라인 공간에서 벌어지는 소비자 사이의 상호작용 과정 중에 긍정적으로 평가되어 추천되는 상품은 구체적인 소비 행동으로 귀결될 가능성이 높다.

대표적인 성공사례로 꼽히는 마케팅이 레드불의 스트라토스 프로젝트다. 에너지음료 회사인 레드불Red Bull은 2012년 스트라토스 프로젝트를 페이스북 계정에 올렸다. 2007년부터 5년여의 준비를 거친 이 프로젝트는 오스트리아 출신의 스카이다이버 펠릭스 바움가르트너Felix Baumgartner가 지구의 성층권에 해당하는 39km 상공에서 자유낙하하는 시도였다. 성층권을 뜻하는 '스트라토스'가 프로젝트 명칭에 쓰이게 된 이유다. 바움가르트너는 15대의 실시간 중계 카메라가 달린 캡슐을 타고 약 2시간 30분을 올라가 미국 뉴멕시코주 상공 약 40km 지점에 섰다. 그는 특수 제작된 우주복을 입고 헬멧을 비롯한 초음속 낙하에 견딜 수 있는 각종 장비를 주렁주렁 달고 목표 지점에서 뛰어내렸다. 그는 최고 시속 1,342km를 찍었고, 이 프로젝트에서 맨몸으로 낙하하며 음속을 돌파한 지구상 최초의 인간이 되었다.

"세계가 저를 지켜보고 있다는 사실을 알고 있습니다. 내가 볼 수 있는 광경을 여러분도 볼 수 있기를 바랍니다. 언젠가 여러분도 높이 올라와서 여러분이 얼마나 작은지 알아야 합니다. 저는 이제 집으로 돌아갈 겁니다."

당시 스카이다이버의 자유낙하는 생중계되었고, 전 세계 800만 명이 동시접속으로 그 광경을 지켜보았다. 이 역사적인 프로젝트로 400억 달러의 마케팅 효과를 얻은 것으로 추산되고 있다. 덕분에 2012년 레드불은 전 세계적으로 5조 2,260개를 판매했고, 4조 9,300억 유로의 매출을 올렸다. 전년 대비 16% 증가한 매출이었다. 과거 F-1 대회나 익스트림 스포츠를 후원했던 마케팅 전략과 비교해서 그 효과는 엄청났다. 레드불의 최고경영자 디트리히 마테시츠

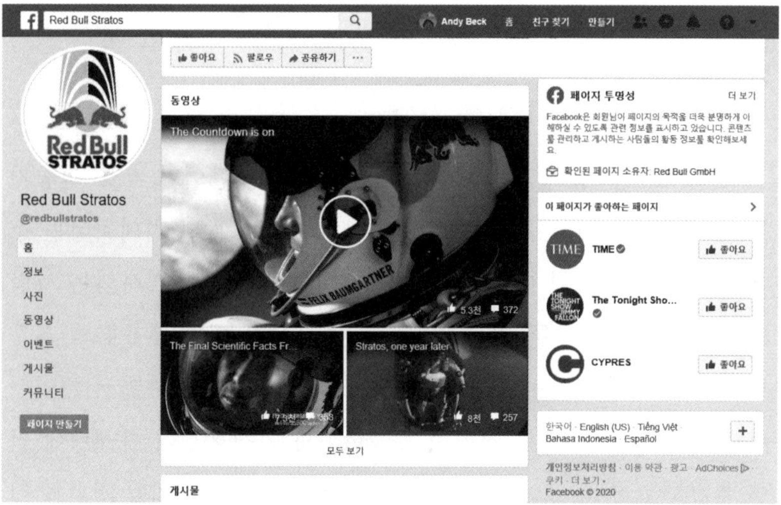

페이스북에 스트라토스 프로젝트를 포스팅한 레드불
(출처: facebook.com)

는 스트라토스 프로젝트를 두고 이런 말을 했다. "우리는 음료수 회사가 아니다. 어쩌다 보니 음료수도 팔게 된 미디어 회사다."

에너지음료 회사가 아니라 미디어 회사라는 선언은 다분히 과장된 표현이겠지만, 실제로 레드불은 스포츠에 도전하는 인간의 열정을 테마로 하는 많은 콘텐츠를 SNS에 탑재해서 재미를 톡톡히 봤다. 레드불 페이스북 홈페이지에 '좋아요'가 6천만 명을 넘어섰고, 유튜브는 메인 채널만 구독자가 753만 명에 이르고 있다. 웬만한 언론사나 스포츠 저널보다 온라인상에 더 강력한 페이지를 구축했다. 탑재된 영상에는 구체적인 레드불 브랜드도 등장하지 않는다. 구독자들은 레드불 영상을 보면서 인간의 무한한 도전과 열정에 감동받으며, 레드불의 브랜드 아이덴티티를 인식할 뿐이다.

온라인 마케팅 전략 ③-인공지능, 빅데이터, VR/AR/홀로그램 마케팅

21세기 4차 산업혁명은 마케팅에도 새로운 혁명의 바람을 몰고 왔다. 4차 산업혁명을 상징적으로 표현하는 단어가 바로 '인공지능'과 '초연결사회'다. 인공지능의 딥러닝으로 확보된 빅데이터는 소비자의 구매 의향과 니즈를 정확하게 예측하며, 초연결사회는 사람과 사물, 공간 등 모든 것을 인터넷과 연결시켜 유통과 물류의 최적화를 이루어낸다. 그뿐만이 아니다. 5G 시대가 도래하면서 게임이나 문화 콘텐츠 등으로 접했던 증강현실과 가상현실이 마케팅에 적극 활용되고 있다. 증강현실은 현실에 기반을 두어 디지털 정보를 덧입혀 제공하며 소비자의 구매 욕구를 자극할 것이다. 현실 세계에서 구현할 수 없었던 이미지나 배경에 진입하여 소비자가 미리 구매 경험을 하도록 유도하는 가상현실 마케팅은 이미 실용화 단계에 놓여 있다. 포켓몬고로 시작된 증강현실 마케팅은 이미 계절의 변화에 민감한 패션 분야나 여성 제품을 판매하는 기업들, 모바일 기술에 접목해서 비즈니스를 전개하고 있는 기업들에 이르기까지 적극적으로 도입되고 있다. 증강현실을 이용한 어린이 동화책 AR북에서부터 지진 체험 교실까지 그 응용 분야는 무궁무진하다.

최근 소셜 미디어와 스마트기기, 웨어러블기기의 확산으로 인해 빅데이터는 ICT 분야에서 큰 역할을 하고 있으며, 향후 가장 주목받는 마케팅 영역으로 자리 잡고 있다. 이미 전 세계 기업들은 앞 다투어 빅데이터를 활용한 마케팅에 주력하고 있다. 대표적인 사례 중 하나가 바로 중국의 대표적인 소셜 미디어 네트워크 회사인 텐센트의 큐큐얼러트QQ Alert다. 중국에서 어린이 유괴 및 실종 사건은 심각한 사회적 문제다. 텐센트는 메신저 QQ를 통해 1억 명의 얼굴 사진 샘플 분석을 통해 어릴 때의 얼굴을 추적하여 성인이 된 모습으로 변환시켜주는 안면인식 추적 앱을 내놓았다. 잃어버린 당시 아이의 사진을 토대로 5년, 10년 뒤의 얼굴을 디지털화해서 추적할 수 있다. 텐센트는 이를 상품 마케팅에 직접 응용하지는 않았지만, 빅데이터를 통찰력 있게 해석하여 중국의 주요 사회 문제 중 하나인 실종 어린이 문제에 근본적으로 접근하면서 사회적으로 회사 이미지를 제고했다. 실제로 큐큐얼러트를 통해 총 286건 중 176명이 무사히 가족의 품에 돌아올 수 있었고, 이 프로젝트를 통해 텐센트는 '칸 라이언즈 2017'에서 금상을 수상했다.

텐센트는 사회 문제에 눈을 돌리는 마케팅을 통해 빅데이터 마케팅의 가능성을 보여주었다.
(출처: google.com)

증강현실 마케팅의 훌륭한 사례는 일본에서 시작되었다. 도쿄 신문은 '아이와 신문을 같이 나누자share the newspaper with children'라는 캠페인을 진행하면서 전용 AR 앱을 출시했다. 스마트폰의 앱을 켜고 신문의 특정 기사를 카메라로 스캔하면, 헤드라인과 주요 내용을 시각화한 증강 화면이 팝업 되어 더욱 쉽고 재미있게 기사를 읽고 이해할 수 있게 돕는다. 신문이라는 매체가 갖는 특유의 딱딱하고 전문적인 문체와 어려운 한자가 어린이와 젊은 층이 신문을 멀리하는 가장 큰 이유라고 판단했기 때문이다. 증강현실 앱 덕분에 부모 세대에게는 자녀와 함께 신문을 읽는 즐거움을, 젊은 층에게는 어려운 시사 문제를 더욱 쉽게 이해할 수 있는 기회를 주면서 이전보다 신문 열독률이 상당히 올라갔다고 한다. 마이크로소프트는 홀로렌즈Hololens를 개발하여 MR 마케팅을 주도하고 있다. 가상현실과 증강현실을 혼합한 혼합현실mixed reality은 새로운 구매 경험을

최근에는 기술의 발달과 맞물려 증강현실과 가상현실, 혼합현실이 마케팅에 활용되고 있다. (출처: youtube.com)

원하는 소비자에게 더 현실 같은 상황을 재현해주었다. 홀로렌즈는 증강현실처럼 단순히 실재하는 공간이나 사물에 가상의 이미지를 덧입히는 것이 아니라 이를 3D로 스캔한 뒤 홀로그램 등을 활용해 임의로 조작할 수 있다. 더불어 가상의 공간에 실제 지형지물이나 신체를 부분적으로 융합하는 기술 또한 다른 한쪽에서 꾸준히 개발되고 있다. 게임은 물론 교육이나 설계, 체험 등 다양한 분야에 도입되어 일상생활과 기업의 마케팅에도 큰 변화를 가져올 것으로 보인다.

소비자 마케팅 심리학

과거 마케팅이 단순히 매출을 증대하고 소비자를 확보하는 전략에 머물렀다면, 21세기 마케팅은 단순한 판매와 영업 이상의 전략을 요구하고 있다. 그래서 미국 뉴욕대학교의 마케팅학자 러셀 와이너Russell Winer는 마케팅을 아예 "소비자의 선택에 영향을 미치는 모든 활동"으로 정의했다. 영업사원이 자신이 판매하는 제품에 관심을 갖고 있다면, 마케터는 제품에 앞서 시장에 먼저 관심을 갖고 있어야 한다는 것이다. 마케터에게는 시장을 점유하는 것을 넘어 새로운 영역을 확대하고 창출하는 전략이 필요하다. 모든 마케터는 상품을 시장에 내놓기 전에 시장조사를 한다. 사람들의 필요(심리적 니즈 needs)와 상품에 대한 욕구(물리적 원츠wants)를 이해하는 단계다. 그런 다음 시장조사를 통해 확보된 정보를 분석하고 정확한 수요(디맨즈 demands)를 파악한다.

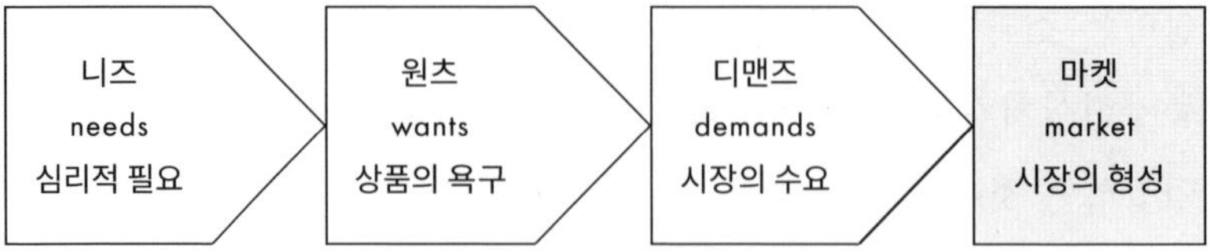

시장의 형성 과정

결국 시장은 사람들의 '심리'에서 비롯한다고 볼 수 있다. 이에 대해 켈리E. J. Kelley는 "생산에서부터 소비까지 상품이나 서비스의 흐름을 개발 및 유통시키기 위해 필요한 서비스 과업 전체"를 마케팅이라고 말했다. 마케팅은 전반적으로 이윤 추구뿐 아니라 고객 만족으로 이어지는 통일된 경영활동을 일컫는다. 수요에 맞춰 생산된 제품은 마케팅 전략에 따라 판촉과 유통이 이루어진다. 제품이 어제 팔렸다고 오늘도 팔릴 것이라는 보장은 없다. 사람들의 필요와 욕구는 시간이 지나면서 언제든지 변하기 때문이다. 그래서 모든 제품에는 일정한 생애주기가 있다. 제품이 성숙기에 도달했을 때, 기업이 새로운 시장 발굴과 제품 개발에 착수해야 하는 이유다. 애플과

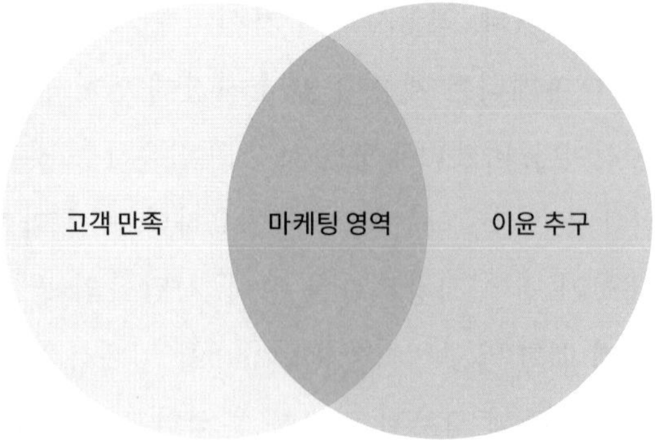

고객 만족과 이윤 추구 사이에 위치한 마케팅 영역

삼성이 꾸준히 새로운 휴대폰 모델을 시장에 선보이고, 세계 굴지의 자동차 회사 도요타와 현대가 항상 새로운 자동차 모델을 론칭하는 이유가 바로 여기에 있다.

STP와 마케팅 심리학

사람들은 언제나 새로운 것을 찾고 진기한 것을 원한다. 마케터는 소비자의 니즈를 파악하고 원츠와 디맨즈, 나아가 마켓을 창출해내는 존재다. 그런 면에서 마케터는 기획자이며 심리 전문가다. 각 기업은 소비자의 심리를 파악하여 마케팅 계획을 수립해야 하는데, 마케팅 계획 내에서 대표적인 제품 관리는 4P로, 고객 관리는 STP로 각기 나뉜다. 여기서 STP란 시장 세분화Segmentation, 타깃 설정Targeting, 제품 포지셔닝Positioning을 의미한다. STP는 마케팅 전략과 계획 수립 시 소비자의 행태에 따라 시장을 나누고, 이에 따른 표적 시장을 선정하며, 시장에 적절하게 제품을 포지셔닝하는 일련의 활동을 말한다.

STP에서 가장 먼저 해야 할 작업이 바로 세분화다. 기업이 시장을 세분화하기 위해서는 먼저 여러 변수를 고려해야 한다. 여기에는 지리적 변수, 인구학적 변수, 사회심리적 변수, 행동적 변수 등이 있는데, 이 변수들은 기업이 어떠한 제품과 서비스를 제공하느냐에 따라 더욱 세분화될 수 있다. 변수가 세분화될수록 더 정확한 포지셔닝을 할 수 있어 오늘날에는 되도록 시장을 여러 단위로 쪼개어 분석하는 것이 관건이 되었다. 지역적 특성, 성별, 연령, 소득수준, 문화적 차이, 세대, 사회문화적 특성, 사회적 인식, 잠재구매층 등을 구체적으로 살피고 전략을 가지고 있어야 비로소 이에 맞는 타깃과 포지셔닝이 가능해진다. 변수 사이의 중요성도 다를 수밖에 없다. 예를 들어, 레미콘 회사가 어느 지역에 진입하기 위해 시장조사를 한다고 생각해보자. 당연히 물리적으로 2시간 안에 판매해야 하는 시멘트라는 제품 특성 때문에 지리적 변수가 다른 변수들을 압도할 것이다.

세분화 다음에는 타깃 설정이 이루어진다. 시장 세분화가 적절한 시장을 찾는 과정이라면, 타깃 설정은 시장의 매력도(규모, 성장성, 수익성)를 따져보고 전략적으로 하나의 시장에 마케팅을 집중하는 과정이다. 시장의 매력도는 향후 시장이 어느 정도의 규모로 성장할 가능성이 있느냐도 중요하지만, 기업이 어떤 제품과 서비스를 제공할 수 있느냐가 매우 중요한 기준이 된다. 역량이 되지 않는 기업이 능력 밖의 시장을 타깃으로 설정할 수는 없기 때문이다. 타깃 설정 다음에는 제품 포지셔닝이 필요한데, 포지셔닝은 시장에 존재하는 잠재적 경쟁자보다 우위를 선점하는 과정이다. 시장을 선점하기 위해서는 무엇보다 차별화 전략이 요구된다. 차별화는 기업이 제공하는 제품과 서비스의 질을 높이는 전략, 가격을 낮추는 전략, 유통 방식과 소비자 편익에 변화를 주는 전략 등이 있다. 앞으로 마케팅은 제품 관리, 고객 관리, 브랜드 관리에 있어 이러한 추세로 변화할 것이다.

더불어 STP에서 소비자 마케팅 심리학이 더 중요한 위치를 차지하게 될 것이다. 오늘날 소비자는 기업이 제시하는 보도자료와 광고뿐 아니라 블로그, 팟캐스트, SNS 포스팅, 유튜브를 통해 다양한 소비 경험을 공유하고 있다. 이에 기업들은 이러한 온라인 마케팅 생태계에서 고객의 심리를 파악하고 적절히 대응할 수 있느냐가 기업의 가치를 올리고 무한경쟁 시장에서 생존하는 데 관건이 될 것이다.

마케팅 개념의 변화

마케팅 분야	오늘날의 마케팅 개념	미래의 마케팅 개념
제품 관리	4P Product, Price, Place, Promotion	공동 창조 prosumer
고객 관리	STP Segmentation, Targeting, Positioning	커뮤니케이션 producer-consumer communication
브랜드 관리	브랜드 구축	캐릭터 구축

정보격차이론–너 이런 거 모르지?

최근 온라인 마케팅이 집중하는 소비자 마케팅 심리는 정보가 사회경제적 지위와 관련이 있다는 것이다. 이른바 '정보격차이론information gap theory'이라고 하는데, 이는 1970년대 매스미디어의 효과와 관련하여 제시된 지식격차가설에서 유래했다. 온라인 마케팅이 일반화되면서 이러한 정보격차이론은 구매 동기를 설명할 때 더욱 중요하게 인식되었다. 이 이론은 온라인 같은 매스미디어 정보가 증가하면 사회경제적 지위가 높은 계층이 낮은 계층보다 빠른 비율로 정보를 습득하는 경향이 있다는 것이다. 산업사회 이후 정보는 사회적 지위와 경제적 풍요로움을 가져오는 중요한 수단이 되었고, 온라인이 매체의 중심으로 자리하면서 이러한 특징이 더욱 강화되었다는 것이다. 낮은 계층의 사람들에게 암울한 점은 시간이 갈수록 이러한 격차가 더욱 커진다는 데 있다. 즉 정보가 없는 사람은 더욱 가난해지고, 정보가 있는 사람은 더욱 부유해진다는 것이다. 이는 여러 연구를 통해 입증되었는데, 정보를 많이 습득할수록 다양한 분야에 걸쳐 광범위한 지식을 갖고 있으며, 그렇지 않은 집단보다 많은 관심과 이해, 기억, 커뮤니케이션 능력을 가지고 있고, 오락 중심의 전자 매체보다 정보 중심의 인쇄 매체에 관심을 갖고 있음이 확연히 드러났다.

결국 대중은 자신이 모르는 정보라고 판단되면 사회적 지위가 낮아진다는 감각을 가지게 되었으며, 이 간극을 소비로 채우려는 심리를 발동하게 되었다. 사람들은 이미 알고 있는 정보와 모르는 정보 사이의 간극을 메우고 싶어 하는 욕구를 가지고 소비 행동을 하는데, 소비자가 모르는 정보를 던져놓고 이 미끼를 통해 제품을 홍보하는 전략이 가능하다. 정보의 비대칭성은 정보의 홍수 속에서 더욱 빛을 발한다. 정보가 부족한 대부분의 소비자가 지식의 근거를 권위자나 타인에게 두려는 심리가 그것이다. 사람들은 자신의 무지를 감추기 위해 특정 분야의 전문가가 주는 정보를 그대로 수용하거나 스스로 믿을 만하다고 여기는 주변 사람들, 유명인, 스타, 셀럽, 연예인 등의 의견을 무비판적으로 받아들인다. 유명 보험 회사 온라인 배너에 종종 뜨는 '아직도 모르셨나요?' 같은 문구나 온라인 마케팅업체의 '제대로 알고 계십니까?' 등의 물음은 때에 따라 소비자에게 매우 자극적인 도발을 던져주지만, 그와 동시에 '내가 모르는 무언가가 있구나' 같은 조바심을 유발한다.

소외공포증-나만 뒤처진 거 아냐?

온라인 마케팅에서 자주 활용되는 또 다른 전략 중 하나는 소외공포증을 이용하는 것이다. 보통 '소외공포증'으로 알려진 포모FOMO는 fear of missing out의 약어다. 포모는 사교 모임에서 자신이 먼저 자리를 떴을 때 혹여 중요한 정보나 즐거운 순간을 놓칠지 모른다는 두려움을 일컫는 말이다. 특히 포모는 소비자의 마음을 조급하게 만들어 상품을 판매하려는 전통적인 마케팅 기법으로 사용되었는데, 과거 동네를 돌아다니며 엿장수가 외치는 "날이면 날마다 오는 게 아닙니다"라는 말도 따지고 보면 포모의 일종이다. 홈쇼핑에서는 지금도 이 전략을 사용한 '매진 임박'이나 '한정 수량' 등의 문구로 소비자를 자극한다. 지금 사지 않으면 왠지 좋은 기회를 놓칠 것 같은 느낌이 들어 나도 모르게 강박적으로 리모컨의 구매 버튼을 누르게 된다.

최근 포모가 더욱 부각된 계기는 2000년대 후반에 등장한 SNS 덕분이다. 스마트폰을 든 좀비를 일컫는 스몸비족smombie의 특성상 모바일기기나 스마트폰을 달고 살면서 하루에도 엄청난 정보량을 받아들이는 라이프스타일 때문에 포모를 접할 기회는 더욱 잦아졌다. 사실 포모는 앞서 설명한 정보격차이론과 맥이 닿아 있는 심리이기도 하다. 온라인 시대의 소비자는 자신만 뒤처진 것 같은 심리 때문에 남들이 아는 정보를 자신도 알아야 한다는 강박에 시달린다. 더 빨리 더 새로운 정보를 알고 싶어 하므로 스마트폰을 들여다보면서 끊임없이 정보를 탐색하고, 습득한 새로운 정보는 자신의 SNS를 통해 퍼 나르기에 여념이 없다. 물론 마케터 입장에서는 이러한 소비자의 심리를 파고들어 구매를 자극할 수 있다. 온라인 배너에 종종 등장하는 원격영어 프로그램의 '오늘만 이 가격'이나 팝업 창에서 자주 볼 수 있는 '구매 쿠폰은 오늘 안 쓰면 소멸됩니다'라는 문구가 바로 이러한 심리를 이용한 마케팅이라고 할 수 있다.

손실회피심리-잘못하다가 잃는 거 아냐?

흔히 사람들은 더 많은 이득을 얻기 위해 적극적으로 행동할 것이라고 생각하지만, 사실 손실의 가능성이 존재하는 경우라면 도리어 소극적으로 반응하곤 한다. 이를 '손실회피심리loss aversion'라고 하는데, 행동경제학에서는 오래전부터 논의되었지만 최근 온라인 마케팅에서 새롭게 부각되는 주제이기도 하다. 영국 속담에 "내 손에 있는 새 1마리가 숲속에 있는 새 2마리보다 낫다"라는 말이 있다.[7] 사람들은 무언가를 얻을 때보다 잃을 때 더욱 민감하게 행동한다.

이는 여러 실험을 통해 입증되었다. 가장 대표적인 실험은 다음과 같다. 길거리에서 불특정 사람들에게 1달러씩 나눠주면서 50% 확률의 동전 게임을 제안한다. "만약 당신이 이기면 즉석에서 1달러를 더 주겠지만, 당신이 진다면 방금 드린 1달러를 도로 뺐겠습니다." 이 제안에 대부분의 사람들은 이미 받은 1달러에 만족하고 게임을 수락하지 않았다. 반면 이 게임을 약간 비틀어서 처음부터 2달러를 주고 주자마자 다시 1달러를 뺏으면서 "이 돈은 당신 것이지만, 2달러를 모두 가지려면 50% 확률의 동전 게임을 해야 합니다. 이기면 모두 드리지만 지면 2달러를 모두 잃을 것입니다"라고 하면 대부분 게임

7 A bird in the hand is worth two in the bush.

에 응했다고 한다.

사실 이 두 가지 제안은 결과적으로 동일한 확률의 게임에 불과하지만, 두 번째 실험의 경우 주었던 돈을 다시 뺏음으로써 사람들이 가진 손해를 회피하려는 심리를 더욱 자극했다고 볼 수 있다.

전망이론prospect theory을 통해 현대 행동경제학의 초석을 놓은 미국의 경제학자 대니얼 카너먼Daniel Kahneman과 아모스 트버스키Amos Tversky는 여러 가지 실험을 통해 사람들이 이익을 보았을 때보다 손실을 보았을 때 판단에 더 영향을 받는다는 사실을 알아냈다. 예를 들어, 10만 원짜리 복권에 당첨되었을 때 느끼는 즐거움보다 10만 원짜리 벌금고지서를 받았을 때 느끼는 상실감이 2배 이상 컸다. 이처럼 인간은 손실 가능성 앞에서 불합리하고 부조리한 선택을 내리기 일쑤이며, 보통 자신이 가지고 있지 않은 것을 얻으려는 욕구보다 자신이 이미 가진 것을 잃지 않으려는 욕구가 더 강하다. 이러한 손실회피심리를 마케팅에 이용하여 고객이 가장 아까워하는 기회비용을 미리 파악하고 손실을 예방할 수 있는 방법을 제시한다면 강력한 온라인 마케팅 전략을 짤 수 있다. 심리학의 최전선을 달리는 기업의 마케팅부서에서는 이러한 인간 심리를 교묘하게 자극하는데, 많이도 필요 없고 딱 하나의 문구만 바꾸어도 자사 제품의 판매율을 높일 수 있다. 마케터들이 '오늘 50% 싼 가격에 혜택을 누리세요'보다 '내일이면 50% 할인 혜택은 사라집니다' 같은 문구를 선호하는 이유다.

이제 다음 장에서 이러한 소비자 마케팅 심리학을 이용한 바이럴 마케팅 전략들을 하나씩 살펴보자.

2장
SNS가 가져온 소셜 마케팅 대혁명

Rumor volat

루머는 날아다닌다.

– 로마 속담 –

"발 없는 말이 천리를 간다"라는 속담이 있다. 각 매체에서 연일 쏟아내는 동향 보고서, 경제 분석 리포트에서부터 항간에 떠도는 루머와 괴담을 수집한 증권가 찌라시에 이르기까지 소문의 진상을 알고 싶어 하는 사람들은 언제나 주변 사람들의 이야기에 귀를 기울인다. 소문의 극단은 이미 성경에도 드러나 있다. 예수가 길거리에서 12년 동안 피를 흘리던 여자를 고치자 "삽시간에 이 소문이 그 지방에 쫙 퍼졌다."(마태복음 9장 26절) 또 예수가 문둥병자를 고치자 "곧 예수의 소문이 갈릴리 온 지방에 널리 퍼졌다."(마가복음 1장 28절) 어떤 소문이었을까? 예수가 어떤 병도 손쉽게 고치는 뛰어난 치료자라는 이야기였을 것이다. 어쩌면 예수야말로 이야기와 소문을 적극적으로 이용한 최고의 마케터일지도 모른다.

"예수야말로 바이럴 마케팅의 고수다"

일찍이 고든 올포트Gordon W. Allport와 레오 포스트먼Leo Postman은 이러한 소문의 위력을 사회학적으로 연구하기도 했다. 이들은 루머가 사안이 지니는 중요성과 모호성을 곱한 값에 비례한다고 말했다. '$R \propto i \times a$'가 이들이 제시한 소문의 공식이다.[1] '중요함'과 '모호함'이라는 변수 가운데 한쪽이 제로라면 당연히 소문이 나지 않는다. 사안이 심각하고 내용이 모호할수록, 담고 있는 내용이 자신에게 중요하면서도 정작 중요한 정보는 다 가려져 있을수록 소문의 확산 속도가 강하다. 이른바 '카더라 통신'이 전쟁이나 비상시에 증가하는 이유가 바로 여기에 있다.

소문에 관한 최근의 연구도 있다. 1987년 장 노엘 카페레Jean-Noël Kapferer는 『소문』이라는 저서에서 "소문이야말로 정보나 사상을 대중적으로 전달하는 가장 오래된 매체일지도 모른다"라고 말했다. 신문이나 라디오, 텔레비전이 존재하기 전부터 입소문이 돌면서 한 개인이나 왕국이 무너지기도 하고 새로운 혁명이 들불처럼 퍼지기도 했다. 하지만 거의 모든 종류의 첨단 대중매체가 존재하는 오늘날에도 소문은 우리의 삶에서 여전히 맹위를 떨치고 있다. 카페레는 연예, 범죄, 사업과 금융, 정치 같은 구체적인 분야에 초점을 맞추어 이러한 소문의 이론과 실천을 검토한다. 그는 루머를 낳는 조건의 종류, 왜 루머를 믿는가, 그리고 그들이 전달하는 숨겨진 메시지를 탐사하면서 루머가 사회적으로 쓸모가 많으며 사회에 도움이 되

---

1 「An Analysis of Rumor」를 참고할 것. R: 유포량, i: 중요함, a: 모호함.

입소문의 위력을 사회학적으로 연구한 고든 올포트(좌)와 장 노엘 카페레(우)
[출처: google.com(좌), researchgate.net(우)]

는 경우가 많다고 지적한다.

현대 경영학의 창시자 피터 드러커는 이렇게 말했다. "기업이 성과를 올리는 데 필요한 것은 마케팅과 혁신, 단 두 가지뿐이다. 다른 활동들은 모두 비용이다." 이 말을 바이럴 마케팅 영역에 적용해본다면, 이렇게 요약할 수 있을 것이다. "기업이 바이럴 마케팅으로 성과를 올리는 데 필요한 것은 메시지와 입소문, 단 두 가지뿐이다. 다른 활동들은 모두 곁다리에 불과하다." 오늘날 소비자는 더 이상 광고를 믿지 않으며 친구의 경험을 더 믿게 되었다. 자동차를 산다면, 각 브랜드의 제원을 상세히 설명한 「카 리포트」 잡지를 보지 않고, 친구가 타고 다니는 도요타 캠리의 성능이 좋은지 물을 것이다. 바야흐로 루머는 광고보다 더 중요해졌다.

소셜 네트워크가 마케팅을 만나다
SNS 마케팅의 개념과 유형

국내에도 잘 알려진 『마케터는 새빨간 거짓말쟁이』의 작가 세스 고딘Seth Godin은 입소문 마케팅에 대해 이렇게 단언한다. "사람들은 당신이 그들에게 하는 말을 믿지 않는다. 당신이 그들에게 보여주는 것도 좀처럼 믿지 않는다. 그들은 종종 자신의 친구들이 하는 말을 믿는다." 사람들은 말하기를 좋아한다. 그것이 사실이든 거짓이든 중요하지 않다. 그저 자신의 말을 통해 영향력을 행사하고 싶어 한다. 이를 두고 미국 펜실베이니아대학 인문학 교수 존 닐스John D. Niles는 '호모 나랜스homo narrans'라는 말까지 만들어냈다. 그는 자신의 저서 『호모 나랜스』에서 인간이야말로 이야기하려는 본능이 있으며, 이야기를 통해 사회를 이해한다고 주장했다. 그는 앵글로색슨 문학과 문화에서 인간의 스토리텔링에 대한 충동, 이야기가 지니는 사회적 기능, 그리고 구전 전통에서 개인의 재능이 가지는 다양한 역할을 추적했다. 구전 설화와 서사시, 찬송가, 민담들이 전하는 메시지가 어떻게 사회를 구성했고 나아가 인간의 사고를 형성했는지 탐사한다.

닐스의 이러한 개념은 21세기 마케팅 영역으로 넘어와 새로운 영역을 개척했다. 인간이면 누구나 이야기를 좋아하며, 그것은 소비자라고 예외가 아니라는 점이다. 소비자는 자신의 경험을 다른 소비자와 나누기 원하며 다른 소비자의 경험도 듣기 원한다. 좀 더 적극적인 소비자는 자신의 블로그나 SNS 담벼락에 게시물을 올리고, 문의 댓글에 일일이 답변을 달기도 한다. 기업의 마케터 입장에서 이

> **호모 나랜스**
>
> '이야기하는 인간'이라는 의미의 호모 나랜스(homo narrans)는 흔히 인간의 학명으로 사용되는 호모 사피엔스(사고하는 인간)에 대한 비교 개념으로 인류학자인 쿠르트 랑케(Kurt Ranke)가 처음 제안했다. 인간은 기본적으로 이야기를 좋아하는 스토리텔러(storyteller)들이며, 이들에 의해 문화가 발달하고 전파되었다는 것이다. 이후 이 개념은 커뮤니케이션학자인 월터 피셔(Walter Fisher)에 의해 인간의 커뮤니케이션 구조와 사회적 맥락 사이의 관계를 설명하면서 활용된다. 또한 영문학자인 존 닐스(John Niles)는 이 개념을 문학과 민담, 신화, 서사시 연구에 적용했다. 경영학에서 호모 나랜스는 구전 마케팅의 가능성을 설명해주는 귀중한 통찰력을 제공해준다.

들을 적극적으로 활용하면 비교적 저비용·고효율로 자사 제품을 홍보할 기회를 얻을 수 있다. 흔히 '파워블로거'를 이용한 마케팅이 바로 그것이다. 각종 포털사이트의 연관검색어나 실시간검색어, 블로그 포스팅, 지식iN 포스팅 등 소비자가 이야깃거리를 실을 수 있는 공간은 온라인상에 널려 있다.

바이럴 마케팅의 정의

이처럼 인터넷을 중심으로 그 효용성과 함께 급속도로 퍼져나가고 있는 마케팅 분야가 바로 바이럴 마케팅이다. 바이럴 마케팅 viral marketing에서 바이럴은 '바이러스'의 형용사로, 마치 바이러스가

"마케팅 플래시몹이 바이럴로 쓰이기 전에 대체 이 짓을 언제까지 해야 하는 거야?"
(출처: marketoonist.com)

사람들 사이에 퍼지듯 상업적 목적의 정보들이 소문을 타고 소비자 사이에 퍼지도록 하는 마케팅 기법이다. 작가 켄 포와로Ken Poirot는 "예산도 없고, 초창기 온라인에서 존재감이 없는 평범한 사람도 바이럴 마케팅의 기적을 만들 수 있다"라고 말한다. 그만큼 적은 비용으로 누구나 쉽게 접근할 수 있는 마케팅 영역이라고 할 수 있다. 바이럴 마케팅은 주변에 메시지를 전파하도록 사람들을 부추기고 그들이 메시지에 노출되고 그 영향력에 감염되어 구매로 이어지도록 유도하는 전략이다. 이러한 전략은 바이러스 같은 빠른 확산력을 이용하여 수천, 수백만 명에게 수월하게 메시지를 전파시킨다.

바이럴 마케팅과 유사한 개념으로 입소문 마케팅과 버즈 마케팅이 있다. 입소문 마케팅word of mouth marketing은 윌리엄 화이트William Whyte가 「입소문의 그물」이라는 논문에서 처음 사용한 개념으로, 한 사람의 입에서 다른 사람의 입으로 전달되는 정보의 흐름을 뜻한다. 제품이나 서비스에 대해 소비자끼리 직접 혹은 간접 경험을 통해 긍정적 또는 부정적 정보를 비공식적으로 교환하는 자발적인 의사소통 행위를 말한다. 버즈 마케팅buzz marketing은 기업에 의해 일방적으로 전달되는 광고나 홍보 등과 달리 고객 상호 간에 양방향으로 전파되는 특징을 가지고 있으며, 소비자가 자발적으로 소문을 만들어 파급효과를 극대화하는 특징을 가진 마케팅 기법이다. 바이럴 마케팅과 입소문 마케팅, 버즈 마케팅은 모두 메시지가 퍼지면서 메시지의 노출과 효과를 극대화한다는 공통점이 있지만, 이 세 가지 유사한 마케팅 기법에는 차이점이 존재한다.

바이럴 마케팅은 전통적으로 기업에서 직접 진행하던 광고나 홍보보다 소비자의 신뢰도가 높다는 장점을 가지고 있다. 기업 입장에서 자사 제품이 좋다고 광고하는 것은 소비자가 당연하게 받아들인

바이럴 마케팅의 종류와 차이점

바이럴 마케팅 viral marketing	정보 수용자를 중심으로 퍼져나가는 마케팅 기법 보통 이메일이나 소셜 미디어를 통해 지인들과 나눌 수 있는 인터넷 자료들을 개발하는 것을 목표로 한다.
입소문 마케팅 WOM marketing	정보 제공자를 중심으로 퍼져나가는 마케팅 기법 보통 소비자의 입소문을 통해 전파되는 전략을 쓰며, 개인에 의해 전파되는 정보이므로 매우 개인적이고 부정적인 경향이 있다.
버즈 마케팅 buzz marketing	기업 입장에서 사용되는 마케팅 기법 제품을 이용해본 소비자가 자발적으로 제품이나 브랜드에 대한 긍정적인 메시지를 전달함으로써 좋은 평판이 확산되도록 한다.

버즈 마케팅

'버즈'는 꿀벌이 하늘을 날며 내는 윙윙~ 소리를 뜻하며, 소비자가 제품에 대해 자발적으로 메시지를 전달하여 구매를 일으키게 하는 입소문 마케팅의 한 분야다. 매스미디어를 통한 마케팅 기법에 비해 비용이 저렴하며 기존의 채널로는 도달하기 어려운 소비자에게 접근할 수 있다는 장점이 있으나, 여론 형성에 주도적인 역할을 하는 사람을 찾아내어 적극적으로 활용해야 하며, 공급을 제한하고, 커뮤니티를 잘 활용해야 한다는 무시하지 못 할 단점도 존재한다. 긍정적인 메시지와 부정적인 메시지 모두를 포함할 수 있다는 단점도 있어 기업 입장에서는 매우 조심해서 활용해야 하는 마케팅 기법이기도 하다.

다. 기업이 TV나 신문 같은 매체에 광고를 진행할 경우, 보통 장점만 부각시켜 진행하므로 소비자는 제품에 대해 신뢰하기보다는 경계하게 된다. 하지만 바이럴 마케팅은 제품을 사용해본 소비자가 직접 다른 소비자에게 추천하는 방식으로 광고하므로 상대적으로 거부감도 적고, 직접 사용해본 소비자의 추천이어서 신뢰도가 높다. 직접 제품을 써본 소비자가 똑같은 입장에서 제품의 특징을 말해주면 다른 소비자는 좀 더 진정성 있게 여길 수밖에 없다. 또한 바이럴 마케팅에는 종래의 마케팅보다 매우 저렴한 비용으로 최고의 효과를 거둘 수 있다는 장점이 있다. 투입된 비용 대비 효과가 매우 만족스럽다.

> "바이럴 마케팅의 장점은 ROI,
> 즉 비용 대비 효과가 매우 만족스럽다는 데 있다"

그렇다고 바이럴 마케팅에 장점만 있는 것은 아니다. 다른 매체와 마찬가지로 바이럴 마케팅에도 일정한 감퇴현상이 일어난다. 한마디로 너무 자주 바이럴을 접하다 보니 메시지에 둔감해지는 것이다. 시작은 쉽게 할 수 있지만, 시간이 갈수록 소비자가 메시지에 무뎌지므로 마케팅의 효과를 보기 위해서는 꾸준히 소비자의 흥미를 유발할 수 있는 콘텐츠를 생성하고, 수시로 이벤트를 기획하고 실천해야 한다는 부담이 존재한다. 또한 바이럴 마케팅은 소비자가 메시지를 전하는 방식이어서 아무래도 전달 과정에서 오류와 왜곡이 불가피하다. 이를 '메시지의 오염'이라고 하는데, 때로는 그 오염 정도가 심각해서 기업에 도리어 해를 끼치는 경우도 종종 있다.

바이럴 마케팅의 장단점

장점	단점
비용 대비 높은 효과 쌍방향 커뮤니케이션 가능 피드백과 모니터링 용이 빠른 정보 확산 속도 다양한 청중 확보 가능	신뢰성 부족 조작과 오해의 가능성 빈번한 바이럴에 대한 둔감화 통제 불가능 홍보 효과 측정의 어려움

전자 구전의 가치

사람들은 이야기를 좋아한다. 바이럴 마케팅의 핵심 플랫폼은

WOM

'Word of Mouth'의 약자인 WOM은 흔히 '입소문'이라고 하는 구전 방식의 마케팅을 말한다. 기본적으로 사람들은 어떠한 정보를 만났을 때 인지→이해→공감→행동→공유라는 사이클을 가지고 움직인다. 이러한 과정에서 WOM은 자신의 소비 경험을 다른 사람들과 공유하는 단계에서 적극 활용된다. 다른 사람의 구전을 통해 정보를 습득한 잠재적 고객은 그가 제공한 정보를 이해하고 공감하면서 정보를 수용한다. 마케팅 과정에서 정보의 수용은 '구매'라는 적극적인 행위로 나타난다. WOM에서 구매는 단순히 일회성 사건으로 끝나지 않는다. 구매 행위는 경험과 함께 또 다른 공유를 낳는다. 그리고 이 과정은 마치 핵분열처럼 에너지를 발생시키며 자연스럽게 퍼져나가게 된다. 최근에는 인터넷 플랫폼을 통한 구전이 대세로 떠오르면서 기업체들 사이에서 전자 구전(e-WOM)도 각광받고 있다.

블로그를 비롯한 게시판, SNS, 소셜 미디어일 것이다. 글로벌 소셜 미디어 스페셜리스트인 브라이언 솔리스Brian Solis는 "소셜 미디어는 기술이라기보다는 사회학이며 심리학에 관한 것이다"라는 유명한 말을 남겼다. 이 문장만큼 소셜 미디어가 가진 속성을 잘 드러내는 표현이 따로 없을 것 같다. 바이럴 마케팅의 성패가 사회심리학적 측면에 달려 있다는 그의 통찰력은 바이럴 마케팅의 위력이면서 동시에 약점이 되기도 한다. "발 없는 말이 천리를 간다"라는 옛말처럼 구전WOM은 긍정적인 정보뿐만 아니라 부정적인 정보도 전달하기 때문이다. 최근에는 인터넷을 기반으로 통용되는 전자 구전e-WOM이 대세가 되면서 이러한 경향은 더욱 양극화되고 있다. 기업 입장에서 긍정적인 정보만 유통되면 좋겠지만, 현실적으로는 그렇지 못하다. 악플과 부정적인 댓글은 사실 여부와 상관없이 기업의 이미지를 순식간에 갉아먹는 주범이 된다. 대중은 화제성 있는 메시지에 더 반응하는 경향이 있어 긍정적인 정보보다 부정적인 정보나 가십거리에 이끌리기 쉽다. 기업이 온라인상에 메시지 씨앗을 뿌릴 때 그 메시지가 갖는 사회심리학적 의미를 정확하게 파악하는 작업이 선행되어야 하는 이유이기도 하다.

인터넷 환경에서 자신의 소비와 관련된 경험을 전달하는 전자 구전은 전통적인 구전 행위가 갖는 여러 단점과 한계를 극복하고 있다. 과거 입소문은 오로지 면대면으로 이루어지는 특성이 있었다면, 전자 구전은 텍스트와 사진, 동영상으로 구성되어 페이스북이나 트위터, 블로그 같은 소셜 미디어 플랫폼에 바로 탑재되어 전파되는 속성을 가지고 있어 시간과 장소의 구애를 받지 않는다. 온라인을 통해 24시간 퍼지므로 장소와 대상, 범위의 제약이 사라져 파급효과가 월등하고, 그 속도 역시 구전과는 비교가 불가능하다. 하지만 이러한 장점은 메시지가 부정적으로 퍼질 경우 고스란히 단점이 되기도 한다. 마치 오셀로 게임처럼 흑돌이 순식간에 백돌로 뒤집어지는 역전현상이 빈번히 일어나는 분야가 바로 전자 구전을 통한 바이럴 마케팅이다. 이런 단점을 극복하기 위해 기업들은 부정적인 메시지를 뿌리는 소비자를 추적하여 회유하거나 법률적 조치를 통해 압박하기도 한다. 전자 구전이 기존의 구전과 달리 유포자를 찾아낼 수 있어 가능한 조치다.

"전자 구전은 바이럴 마케팅의 척추와 같다"

전자 구전은 비공식적인 루트로 옮겨 다니는 것처럼 보이지만, 사실 강력한 쌍방향성을 가지며 피드백의 즉각성과 높은 빈도의 관계성을 준다. 전자 구전은 일대일로 전달되던 전통적인 오프라인 구전보다 광범위하게 전달된다. 게다가 '인터넷'이라는 가상공간을 통해 이루어지므로 관계된 사용자의 배경이나 외모, 직위, 이웃, 직장 같은 신원에 대한 제약도 없다. 이러한 익명성은 소비자에게 더 많은 정보를 더 쉽게 전달하게 하는 동력이 된다. 오프라인 구전의 경우에는 유대감의 정도에 따라 구매자의 의사 결정에 영향을 미쳤지만, 전자 구전은 제품과 서비스에 대해 더욱 솔직하게 자신의 의견을 말

구전과 전자 구전의 차이점

구전WOM	전자 구전e-WOM
오프라인 구전	온라인 구전
화자와 청자	메신저와 청중/독자
일대일person-to-person	일대다person-to-people
대화 중심: 말로 전달	텍스트 중심: 글로 전달
데몬스트레이션 가능	영상 가능
속도 느림	속도 빠름
시간 제약	시간 무제약
익명성 無	익명성 有
비용 有	비용 無
제한적 범위	무제한적 범위
추적 불가능	추적 가능

할 수 있다. 보통 민감한 주제나 신중한 문제의 경우, 사람들은 자신의 정체를 숨기고 익명으로 전달하려는 경향을 갖는다. 직장 내 소원수리함이나 익명 게시판이 바로 그러한 성격을 잘 드러낸다. 전자 구전은 오프라인에서 가질 수 없었던 익명성이라는 강점을 갖고 있어 구매에 더욱 객관적으로 의견을 개진할 수 있으며, 수용자 입장에서도 구전 메시지를 강요나 설득으로 느끼지 않고 객관적인 평가로 받아들일 확률이 높아진다.

게다가 전자 구전은 오프라인 구전에 비해 월등한 속도를 자랑한다. 네트워크에 소속된 사람들이 스스로 정보를 전달하거나 퍼 나르는 형태이므로 즉각적이고 빠른 반응을 보여준다. 음성으로 전달되었던 메시지 역시 텍스트나 소리, 영상 매체를 모두 활용할 수 있어 빠르고 정확한 의사전달이 가능하게 되었다. 5G 시대를 맞아 기술의 발달과 네트워크의 견고함이 이런 속도를 가능하게 해주었고, 전국에 인터넷이 연결되지 않은 곳을 찾아보기 어려울 정도로 와이파이가 보편화되면서 구전의 확장성까지 확보하게 되었다. 전자 구전이 갖는 비용적 측면도 무시할 수 없다. 어떤 면에서 전자 구전의 원가는 거의 제로로 수렴한다. 또한 전자 구전은 기술의 발달과 함께 새로이 출현하는 마케팅 전략을 바로 탑재하거나 수용하는 것이 오프라인 구전에 비해 훨씬 수월하다는 장점이 있다. 젊은 층에서 인기를 끌고 있는 SNS 플랫폼이 새로 등장했다면, 그 플랫폼에 메시지를 긁어 포스팅하기만 하면 되므로 별다른 전략의 수정을 필요로 하지 않는다는 것이다. 거의 대부분의 기업들이 SNS 마케팅에 전자 구전을 뿌리는 이유를 알 만한 대목이다.

레오나르도 디카프리오 주연의 영화 「인셉션」을 보면, 표적의 꿈속에 침투해 의뢰자가 요구한 아이디어를 마음에 심는 과정이 등장한다. 등장인물들은 하나의 작은 생각의 씨앗이 심겨지기 위해서는 그 아이디어가 매우 직접적이고 단순하며 긍정적이어야 한다고 말한다. 일단 생각의 단초가 상대방의 마음속에 심어지면, 그 씨앗은 뿌리를 내리고 융성하게 자라 하나의 거대한 사고를 일으키게 된다. 바이럴 마케팅 역시 이와 동일하다. 바이럴 마케팅의 핵심은 제품을 홍보하고 브랜드를 노출시키기 위해 소비자 간에 전파될 수 있는 전염성이 강한 메시지를 생성하는 것이다. 메시지가 전염성이 있으려면 무엇보다 직접적이고 단순하며 긍정적이어야 한다.

생물학적 유전자, 진gene-구전의 시작

LG전자는 최근 바이럴 마케팅을 이용하여 자사의 신제품 HD TV를 홍보했다. LG는 홍보 수단으로 과감하게 소셜 미디어를 선택했다. 2분 5초 분량의 동영상을 제작하여 유튜브에 업로드했는데, 반응은 가히 폭발적이었다. HD TV가 지니는 선명함을 극대화하기 위해 LG가 구상한 스토리는 '지구 종말의 날'이었다. 어느 평범한 사무실 한쪽 벽면에 자사의 84인치 TV 패널을 설치했다. 누가 보더라도 TV가 아닌 창문으로 보이도록 배경과 크기가 완벽하게 사실 그대로 구현되었다. 이후 사무실에 면접하러 온 사람들이 TV를 마주보고 앉으면 정면의 패널이 TV가 아니라 창문이라고 착각할 정도였다. 한창 면접을 진행하고 있는데, 갑자기 멀리서 운석이 도시 한복

LG HD TV 프랭크 광고의 한 장면. 바이럴 마케팅의 성패는 사실적 스토리에 있다.
(출처: youtube.com)

판에 떨어지는 장면이 펼쳐진다. 그 장면이 구직자들조차 깜빡 속아 넘어갈 정도로 너무 사실적이어서 동영상에는 혼비백산 달아나는 우스꽝스러운 모습이 고스란히 담겼다. 어떤 사람은 의자 아래 숨고 다른 사람은 뛰쳐나가는 등 정신없을 때, TV 화면에 '울트라 리얼리티의 세계로 오신 것을 환영합니다'라는 문구가 뜨면서 LG 로고가 떠오른다. 그제야 사람들은 이것이 현실이 아니라 몰래카메라인 줄 깨닫게 된다. TV 패널이 화면을 너무나 사실 그대로 재현하여 도저히 육안으로는 연출된 화면인지 현실인지 구분할 수 없다는 점을 코믹한 카메라 기법으로 극대화한 것이다. 최근 기업들이 바이럴 마케팅으로 빈번하게 응용하는 '프랭크prank'라는 방식이다. 이 영상은 엄청난 조회 수를 기록하며 플랫폼 생태계에 빠르게 확산되었다.

"바이럴 마케팅에 쓰이는 메시지는 민들레 홀씨와 같다"

이미 수년 전에 LG는 엘리베이터 바닥에 TV 모니터 패널을 설치하여 사람들이 탑승한 엘리베이터가 아래로 꺼지는 상황극을 몰래카메라로 촬영한 적이 있었다. '너무 사실적이어서 두렵기까지 합니다'라는 주제의 이 영상 역시 유튜브에 바이럴 마케팅의 하나로 올려서 쏠쏠한 홍보 효과를 얻었던 터였다. 이번 작업은 전의 몰래카메라보다 훨씬 매력적인 소재로 진행되었고, 그 효과는 생각보다 컸다는 후문이다. 이와 비슷한 형태로 삼성 역시 바이럴 마케팅을 이용하여 자사의 이미지 광고를 진행했다. 삼성은 좀 더 치밀하게 접근했다. 터키 이스탄불에 사는 청각장애인인 주인공 무함마드를 위해 한 달 간 지역 주민들이 모두 수화를 배우고 만반의 준비를 했다. 아침에 누이와 함께 집을 나선 무함마드는 만나는 사람마다 모두 자신에게 수화로 말을 거는 것에 놀라게 된다. 이후 택시를 타고 시장에 도착한 무함마드는 도로 위에 세워진 대형 모니터에서 자신에게 삼성의 장애인 서비스를 수화로 설명하는 영상을 마주하며 눈물을 흘린다.

바이럴 마케팅은 민들레 홀씨와 같다. 보통 유튜브에 올라온 이런 영상들은 SNS 플랫폼이나 다양한 모바일 앱을 통해 퍼 날라지며 불특정다수의 계정에 심어지면서 다시 만개한다. 스토리만 좋다면, 이렇게 급속도로 퍼져나가는 메시지를 제어할 필요와 방법이 없다. 특히 삼성의 바이럴 광고는 장애인에 대한 감동적인 영상이어서 감수성을 자극하기에 충분하며, LG의 광고는 재미있는 영상이어서 가

볍고 유쾌한 분위기를 연출하는 데 안성맞춤이다. 현대인은 지루한 일상을 일깨워줄 재미있고 흥미로운 콘텐츠에 목말라 있으며, SNS를 통해 자신의 생각과 감정을 영상 링크에 걸어 표현하기를 즐긴다. 이는 마치 유전자gene를 옮기는 바이러스와 같다. 바이러스는 네트워크 내에서 그와 접촉한 뷰어들을 잠재적 소비자로 만든다.

문화적 유전자, 밈meme–여섯 가지 버튼

생물학적 유전자와 비견할 개념으로 영국의 분자생물학자인 리처드 도킨스Richard Dawkins는 입소문을 일으키는 문화적 유전자를 '밈meme'이라고 표현했다. 밈은 바이럴 마케팅 메시지의 가장 기본적인 원형이면서 메시지 또는 아이디어의 기본 단위가 될 수 있다. 밈이 바이럴 메시지를 만들고, 그러한 메시지는 소비자의 SNS를 통해 지속적으로 타인에게 전달될 만한 감염성과 확산성을 갖게 된다. 마크 휴스Mark Hughes는 버즈 마케팅에서 전파력이 강한 밈에는 금기taboo, 특이성unusual, 엉뚱함outrageous, 유쾌함hilarious, 주목성remarkable, 비밀secret 등 여섯 가지 버튼button이 있다고 주장한다. 독창적인 매개체나 전염성이 강한 메시지, 즉 밈의 여섯 가지 속성 중 메시지가 적어도 한 가지 특성을 가지고 있으면, 소비자는 전자 구전을 일으키고, 그 메시지는 바이러스처럼 기하급수적인 확산을 일으키는 경향이 있다.

첫 번째, '금기'는 섹스와 종교, 정치와 관련된 이야기들이다. 대중이 모여 있는 곳에서 섹스나 종교와 관련된 이야기는 사회적 금기로 규정되어 있다. 지저분한 욕실 유머는 대중이 매우 선호하는 주제이기는 하지만, 동시에 겉으로 드러내기를 원하지 않는 주제이기

휴스가 제안한 여섯 가지 버즈 마케팅(buzz marketing) 버튼

금기taboo	섹스, 종교, 정치, 통속적이고 비속한 이야기나 사진, 동영상
특이성unusual	특별하고 기발한 이야기나 사진, 동영상
엉뚱함outrageous	엉뚱하고 우스꽝스러운 이야기나 사진, 동영상
유쾌함hilarious	유쾌하고 발랄한 이야기나 사진, 동영상
주목성remarkable	눈에 잘 띄고 주목할 만한 이야기나 사진, 동영상
비밀secret	남들이 모르는 내용에 대한 이야기나 사진, 동영상

도 하다. 따라서 금기는 논란의 여지가 있다. 노이즈 마케팅이나 디마케팅이 보통 여기에 해당하는데, 사람들은 숨어서 금기를 이야기하기 좋아하므로 다른 이야기들 속에 묻힐 위험성이 있다. 그럼에도 마케터들이 금기를 계속 건드리는 이유는 논란이 되면서도 그만큼 많은 사람의 입방아에 오르내리기 때문이다. 어쨌든 사람들이 말을 많이 하게 하는 금기 광고로 대중적인 인상을 심어주는 것이 목표가 되어버린다. 이 전자 구전 방식은 사람들이 고정관념에서 벗어나 새로운 관점에서 생각할 수 있도록 도와줄 수 있겠지만, 다른 한편으로 기업의 브랜드를 손상시킬 위험도 다분히 있다는 점을 명심해야 한다.

두 번째, '특이성'은 남이 생각하지 못하는 특별하고 기발한 주제를 파고드는 전략이다. 마크 휴스는 특이성의 밈을 성공적으로 활

> **노이즈 마케팅과 디마케팅**
>
> 노이즈 마케팅(noise marketing)은 상품의 품질과는 상관없이 오로지 상품을 판매할 목적으로 각종 이슈를 요란스럽게 치장해 구설수에 오르도록 하거나, 화젯거리로 소비자의 이목을 현혹시켜 판매를 늘리는 마케팅을 말한다. 보통은 부정적인 이미지를 주더라도 매출을 올릴 수 있다면 서슴없이 활용되므로 일부러 '노이즈', 즉 잡음을 일으켜 사람들에게 인상을 주고 브랜드를 각인시키려는 목적을 갖는다. 한두 번은 효과가 있을 수 있지만, 여러 번 반복되면 도리어 불신과 부작용을 일으킬 수 있는 마케팅 방식이기도 하다. 반면 디마케팅(demarketing)은 기업이 자사의 상품을 많이 판매하기보다는 오히려 고객의 구매를 의도적으로 줄여서 적절한 수요를 창출하고, 장기적으로는 수익의 극대화를 꾀하는 마케팅을 말한다. 기업 입장에서는 장기적으로 수익에 도움이 되지 않는 고객을 밀어내고 우량 고객에게 차별화된 서비스를 제공하는 방식이다.

용한 사례로 오버웨이트데이트overweightdate.com를 꼽는다. 이 사이트는 2013년 결혼정보 사이트를 개설하면서 인터넷에 오로지 과체중인 사람들만 찾는다고 홍보하기 시작했다. 이는 많은 사람의 예상과 달리 뚱뚱한 사람들에 대한 대중의 편견과 인식의 허를 찌르는 멋진 메시지가 되었다. 사람들은 너무나 이례적인 사이트의 전략을 열심히 퍼 날랐고, 실제로 과체중인 회원들을 많이 모집하면서 비즈니스는 크게 성공을 거두었다. 특이성의 버튼은 평범성과 진부함을 거부하고 새로운 트렌드를 창출한다는 점에서 SNS에서 큰 인기를 누리고 있다.

세 번째, '엉뚱함'은 터무니없는 행동을 해서 사람들에게 인상을 주는 밈이다. 사람들은 엉뚱하고 황당한 것에 끌리는 경향이 있

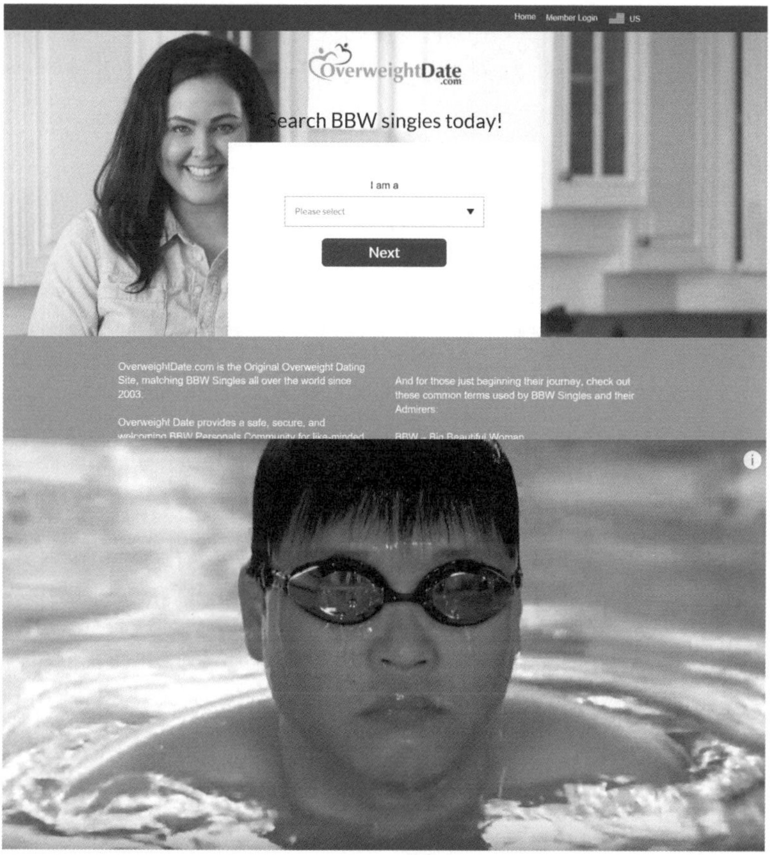

기발함과 엉뚱함, 오버웨이트데이트 사이트(위)와 싸이의 「강남스타일」(아래)
[출처: overweightdate.com(위), youtube.com(아래)]

다. 요즘 젊은이들 사이에서 유행하는 '병맛'이 바로 휴스가 말한 엉뚱함의 버튼일지 모른다. 우리가 익히 알고 있는 대표적인 예가 바로 가수 싸이의 「강남스타일」일 것이다. 미국 빌보드차트에도 오른 이 4분짜리 대중가요는 이미 유튜브에서만 3억 뷰를 돌파했다. 사람들은 싸이의 엉뚱한 춤동작에 열광했고, 비록 기업의 마케팅 사례는 아니지만 「강남스타일」의 경제적 가치가 1조 원에 달할 것이라는 예측은 구전의 밈으로 엉뚱함이 얼마나 파괴적인지 여실히 보여준다.

네 번째, '유쾌함'은 재미있는 것을 공유하는 것이 사람들이 소셜 미디어를 사용하는 주요 이유 중 하나임을 보여주는 대표적인 밈이다. 대표적인 예는 앞서 언급했던 LG HD TV의 바이럴 마케팅이다. 사람들은 이른바 '퍼니 비디오'를 좋아한다. 대중은 상대방의 심기를 불편하게 하지 않는 수준의 짓궂은 장난prank을 시청하기 좋아하며, 상대방의 의견과 상관없이 유머 코드는 보편적으로 환영받는 거의 유일한 주제이므로 자신의 SNS에 퍼 나르는 데 무리가 없다. 몰래카메라나 히든캠 같은 종류의 콘텐츠가 꾸준히 사랑받는 이유 중 하나다. 마케팅 컨설턴트이자 베스트셀러 작가인 저스틴 커비Justin Kirby가 "광고 자체가 충분히 자극적이라면, 제품 자체는 입소문을 일으킬 수 있는 와우wow를 굳이 갖고 있을 필요가 없다"라고 말한 것처럼 메시지가 충분히 재미있고 자극적이면, 사람들은 제품 자체를 떠나서 그와 관련된 영상이나 메시지를 공유하고 싶어 할 것이다.

"유쾌한 메시지는 매우 빠르게 전염될 수 있다"

다섯 번째, '주목성'은 사람들의 이목을 끄는 밈을 만드는 것이

코즈 마케팅

코즈 마케팅(cause marketing)은 제품 판매와 공익적 목적의 기부를 연결하는 마케팅이다. '코즈'는 '대의大義'라는 뜻으로, 소비자에게 '착한 소비'라는 동기를 유발해 기업의 매출을 극대화하는 것을 목표로 한다. 코즈 마케팅을 통해 사회적 주목성에 집중해서 윤리적인 소비를 이끌어내어 기업의 브랜드와 이미지를 끌어올릴 수 있다. 코즈 마케팅이 효과를 거두려면, 소비자에게 제품 구매가 사회적으로 긍정적인 기여를 하게 된다는 것을 알려야 한다. 그러기 위해서는 대중이 사회적 · 문화적 · 환경적 · 도덕적 가치에 주목할 수 있는 코드를 발굴해야 한다는 전제조건이 필요하다. 소비자가 대의에 주목하는 데까지는 성공했지만, 보통 의미 있는 구매로까지 이어지지 못하는 경우가 있다는 것이 코즈 마케팅의 단점으로 거론되기도 한다.

다. 기본적으로 온라인에서 두각을 나타내려면 주목할 만한 콘텐츠를 만들어야 한다. 블로그 게시물이든, 인포그래픽이든, SNS든, 상품이든 진부하고 평범한 것들 속에 톡톡 튀는 매력을 발산할 수 있는 밈이어야 한다. 대중이 원하는 정보를 주는 것일 수도 있고, 대중이 꼭 알아야 하는 내용을 전달하는 것일 수도 있다. 중요한 것은 주목성이 작동하려면, 평균보다 더 좋은 콘텐츠를 만들어야 한다는 점이다. 더 많은 사람들의 입소문을 타기 위해 더 많은 돈을 쓰는 대신, 주목할 만한 것들을 만들기 위해 더 많은 공을 들여야 한다. 코즈 마케팅도 이처럼 사람들의 주목을 끌 수 있는 주제를 전면에 내세운 마케팅 전략이다.

여섯 번째, '비밀'은 매우 강력한 밈 전파의 수단이 될 수 있다. 비밀을 폭로하거나 유지함으로써 기업은 더 많은 인기를 얻을 수 있다. 비밀을 폭로한다는 것은 대부분의 사람이 모르는 어떤 것에 대해 특정 고객에게 전망을 전달하는 것을 의미한다. 간단한 예로 가장 충성스러운 고객에게 곧 출시될 제품의 특징에 대해 먼저 알리는 수법이다. 이런 방식의 버즈 마케팅을 가장 능숙하게 펼치는 기업이 바로 애플과 자동차업계다. 애플은 항상 신상품에 대해 막연한 힌트를 줄 뿐 제품 자체가 출시되기 전까지는 자세한 모든 것을 비밀에 부친다. 사람들은 그 비밀을 더욱 알고 싶어 하며, 궁금증이 증폭될수록 광고 효과는 배가된다. 바로 이러한 심리가 광고로 쌓이고 사람들이 말하게 만들며 마침내 비밀이 공개될 때 더 많은 이목을 끈다.

이처럼 바이럴 마케팅은 광고주가 아닌 가족이나 친구 등 지인에게서 구매 정보를 얻는 것이어서 영향력이 상당히 클 뿐만 아니라 신뢰도도 매우 높다. 따라서 바이럴 마케팅의 성패는 유의미한 메시지 유무에 달려 있다. 입소문을 통해 사람들에게 메시지가 전달되고, 그 메시지를 받은 사람에 의해 다시 다른 사람에게 전달되기 위해서는 그 안에 특별한 무언가를 가지고 있어야 한다. 위에서 말한 것처럼 휴스는 그 특성을 여섯 가지로 보았다.

SNS 마케팅 성공사례

세계적인 도넛 브랜드인 던킨도너츠Dunkin' Donuts는 2017년 새 모바일 주문 서비스를 홍보하면서 SNS를 적극 활용했다. 던킨도너츠는 세계에서 가장 빨리 낙하 비행할 수 있는 여성 엘런 브레넌Ellen Brennan이 윙수트를 입고 2,400m 높이의 프랑스 동남부 샤모니 몽블랑 절벽에서 뛰어내리는 아찔한 장면을 영상에 담았다. 그녀는 정상에서 모바일로 도넛을 주문하고 빠르게 자유낙하하면서 공중에 떠 있는 포장된 도넛을 가뿐히 낚아챈다. 그녀가 안전하게 착지하기 전에 이미 도넛은 그녀의 손에 들려 있다. 던킨도너츠는 이 영상에 해시태그(#WTF)를 달아 페이스북에 포스팅했고, 반응은 폭발적이었다. 산 정상에서 주문한 도넛이 불과 1분 이내에 포장이 완료된

던킨도너츠는 하늘을 날면서 도넛을 낚아채는 영상으로
새로운 on-the-go 서비스 홍보 효과를 톡톡히 봤다.
(출처: youtube.com)

다는 이 메시지는 영상을 본 시청자에게 강한 인상을 남겼다. 이는 SNS를 이용한 새로운 콘텐츠 형식으로 대중의 관심을 끌어낸 성공적인 시도 중 하나로 평가된다. 이 영상으로 브레넌은 윙수트를 입고 활강하면서 공중에 떠 있는 사물을 잡은 역사상 최초의 인물로 남게 되었다고 한다.

탐스슈즈TOMS는 대표적인 SNS 마케팅 성공사례로 꼽힌다. 탐스슈즈는 2015년 처음으로 인스타그램에 자사의 자선 캠페인을 대중에게 공개했다. 탐스슈즈는 "한 켤레의 탐스슈즈를 구매하면 제3세계 아프리카 빈민국 아이들에게 신발 한 켤레가 보내진다"라는 독특한 슈 드롭Shoe Drop 운동을 전개했다. 탐스슈즈는 '내일을 위한 신발Shoes for Tomorrow'이라는 슬로건을 내걸고 소비자가 한 켤레의 신발을 구입하면 신발이 없어 맨발로 다니는 어린이에게 한 켤레의 신발을 기부하는 일대일one for one 기부 방식을 도입한 것이다. 참여 방식은 간단하다. 누구라도 #withoutshoes라는 해시태그를 활용해 인스타그램에 맨발 사진을 올리기만 하면 탐스슈즈가 신발 한 켤레를 제3세계 어린이들에게 보내준다. 코즈 마케팅의 일환으로 전개된 이 캠페인은 입소문을 타고 SNS상에서 빠르게 확산되었고, 2주 동안 한국에서만 1만 315켤레, 전 세계적으로 총 29만 6,243켤레의 신발이 기부되는 성과를 이뤘다. 현재는 거의 전설처럼 알려진 탐스슈즈의 창립자 블레이크 마이코스키Blake Mycoskie는 휴가를 떠난 아르헨티나에서 사업 아이디어를 얻었다고 알려져 있다. 신발이 없어 맨발로 뛰어 노는 빈민가 아이들을 보고 충격을 받아 신발 회사를 만들어 아이들에게 신발을 전달할 것을 약속했고, 이렇게 시작된 기업이 바로 탐스슈즈가 되었다.

그렇다고 모든 마케팅이 다 성공한 것은 아니다. 로이터통신에 따르면, 태국에서 하얀 피부는 높은 사회적 지위, 어두운 피부는 낮은 사회적 지위를 상징한다. 이를 이용하여 2016년 태국의 미용 회사 서울시크릿Seoul Secret은 피부 미백 알약 스노즈Snowz를 홍보하는 비디오를 제작했다. 이 비디오에서 태국의 배우이자 가수인 크리스 호르왕Chris Horwang은 검은 얼굴로 등장했고, 이것만으로 부족했는지 "이기려면 하얘져야 한다"라는 문구까지 담았다. 회사는 TV보다는 SNS를 통해 신약을 홍보하기로 마음먹었다. 회사의 마케팅 전략은 어떻게 보면 매우 단순했다. 흑백의 극적 대비를 통해 자사가 출시한 미백 제품을 홍보하기 원했다. 여기에는 태국 사회에 존재하는 여러 가지 사회심리적 니즈가 적극 활용되었다. 제작된 비디오를 SNS에 게시할 때까지만 해도 마케팅 부서는 앞으로 어떤 재앙이 닥칠지 꿈에도 예상하지 못했다.

문제의 영상이 SNS에 게시된 당일, 폭주하는 검색량과 예상을 훨씬 웃도는 방문자들로 마케터들은 행복한 비명을 질렀다. 그러나 그 비명은 곧 고통스러운 절규로 바뀌었다. 영상을 본 사람들은 영상이 담고 있는 인종차별적 메시지에 경악했다. 소셜 미디어와 언론에 영상을 내리라는 분노의 반응이 쇄도했고, 제품에 대한 불매운동이 이어졌다. 순간 SNS는 마케팅의 효과적이고 훌륭한 도구가 아니라 회사를 성토하고 조롱하는 무대로 바뀌었다. 결국 서울시크릿 대표가 공식 사과를 전하며 비디오와 모든 연관된 광고를 내릴 수밖에 없었다. "이 영상을 제작한 서울시크릿은 이번 실수에 대해 사과하고 이번 사건에 대한 모든 책임을 지고 싶습니다. 우리 회사는 이 영상을 통해 인종차별적인 메시지를 전달할 의도가 전혀 없었습니

인종차별 논란을 일으킨 SNS 마케팅
(출처: youtube.com)

다. 다시 한번 머리 숙여 사과하고 싶습니다."

SNS는 기업을 원더랜드로 데려다줄 마법의 양탄자가 아니다. SNS는 양날의 검과 같다. 잘 사용하면 그 어떤 전자 구전보다 강력한 도구가 되지만, 자칫 잘못 사용하게 되면 회사의 명운을 뒤바꿔 놓을 수도 있는 판도라 상자가 되기도 한다. 비슷한 사례는 얼마든지 있다. 세계 최대 외식업체 중 하나인 도미노피자 역시 트위터 팔로워 수가 많으면 많을수록 피자를 구매할 때 추가로 할인 혜택을 받을 수 있는 이벤트를 개최했다. 최저 1천 원에서 최고 2만 원까지 할인을 받을 수 있는 쿠폰들이 제시되었고, 당연히 소비자는 SNS상에서 메시지를 퍼 나르기 시작했다. 사람들은 싸게 피자를 구입한다는 명분하에 전혀 모르는 사람들 간에 팔로잉을 진행했고, 점차 상황이 혼탁해졌다. 이후 네티즌들 사이에서 '피자의 난'이니 '도미노 좀비'라는 신조어가 만들어지면서 SNS 마케팅을 계획했던 도미노

피자의 의도와 상관없이 자사에 대한 부정적인 이미지가 늘어나게 되었다. 사실 1천 명에게 피자 1판을 1천 원에 판매하면서 매출 대비 수익률도 낮았고, 원가에도 미치지 못하는 출혈 마케팅에 도리어 도미노 업장의 불만만 쌓였다. 뒤늦게 심각성을 인지한 본사는 조기에 이벤트를 마감하면서 다시 한번 소비자를 우롱하는 회사라는 비난을 들어야 했다. 이처럼 치밀하지 못한 마케팅 전략은 아무리 SNS를 이용한다 해도 원하는 결과를 얻을 수 없다. 오늘날 SNS의 인기와 모바일기기의 발달로 기업들에게 SNS 마케팅의 중요성이 점점 강조되고 있으나, SNS 마케팅의 양면성을 정확히 파악하고 접근하는 것이 무엇보다 중요해지고 있다.

SNS 마케팅은 전체적으로 디지털 마케팅의 한 분야이면서 인터넷이라는 도구를 활용하고 있어 온라인 마케팅에 포함되는 마케팅이기도 하다. 그러므로 SNS 마케팅은 바이럴 마케팅과 디지털, 온라인이 갖는 특징들을 일정 부분 공유할 수밖에 없다. 마케팅은 최소의 비용으로 최대의 효과를 거두어야 한다. 그런데 SNS 마케팅은 기존의 마케팅과 달리 효과를 정확하게 계량하기 어렵다는 단점이 있다. 특정 구매가 SNS 마케팅의 결과로 일어난 것인지 알 수 없기 때문이다. SNS 마케팅을 단순히 광고비로 매출을 나눈 ROAS로 평가할 수 없는 이유다.[2] 따라서 마케터들은 SNS 광고의 노출 수, 클릭 수, 유입 비용, 전환율, 공유 수, 댓글 수, 댓글 성향 등을 통해 마케팅의 효과를 간접적으로 평가해야 한다. 이러한 수치는 현재 네이버

---

2 ROAS는 return on ad spend의 약자로, 광고 혹은 마케팅의 효율성을 측정하기 위한 지표다. 반면 ROI는 return on investment의 약자로, 투자 대비 수익률을 의미한다.

나 유튜브, 페이스북 같은 플랫폼에서 어느 정도 파악할 수 있다. 방문자가 어떠한 경로를 통해 내 블로그에 들어왔는지, 댓글은 어떠한 비중으로 달리고 있는지, 팔로워 중에서 여성이 많은지, 방문자가 얼마나 내 콘텐츠에 만족했는지 등 질적 분석을 통해 양적 분석을 보충해야 비로소 제대로 된 바이럴 마케팅의 효과를 파악할 수 있다.

SNS의 양적 분석과 질적 분석

양적 분석	질적 분석
방문자 수 댓글과 트랙백 수 팔로워 수 이용자 스크랩 수 구독자 수	방문자 유입 경로 댓글과 트랙백 성향 팔로워 구성비 이용자 언급 횟수 및 내용 고객 만족도

SNS 마케팅이 기업에 주는 효과는 단순히 매출이나 통계로 표현되지 않는 무형의 자산을 키워준다. 회사의 이미지와 브랜드의 가치는 단순히 숫자로 가늠하기 어려운 가치다. SNS 마케팅을 활용하면서 마케터들에게 단순히 눈앞의 이익만을 위한 마케팅이 아닌 좀 더 다면적이고 다층적인 접근이 필요한 이유다. 더불어 마케팅의 효과를 가늠하기 위해서는 양적 분석만큼 질적 분석도 중요해졌다. 방문자가 하루에 몇 명이나 들어오는지, 댓글은 몇 개나 달리는지, 스크랩은 얼마나 하는지, 구독자는 늘고 있는지 등을 파악하는 것만큼이나 방문자가 어떤 경로로 들어오는지, 어떤 수준의 댓글이 달리는지, 방문자가 내 콘텐츠에 얼마나 만족하는지 등을 파악하는 것이

필요하다. SNS 마케팅의 피해와 문제점을 인식하면서 질적 성장과 양적 성장이 함께 이루어져야 하므로 이런 분석은 앞으로 더욱 중요해질 것이다.

3장
크로스 감성 마케팅
블로그에서 페이스북까지

Festina lente

빠르면서도 천천히

– 아우구스투스 –

『마케팅 불변의 법칙』의 저자 알 리스Al Ries는 마케팅을 "고객의 머릿속을 차지하기 위한 싸움"으로 정의한다. 그는 자신의 책에서 시대가 변해도 절대 변하지 않는 마케팅의 법칙 22가지를 열거하고 있는데, 그중에 '인식의 법칙'이라는 것이 있다. 여기서 리스는 마케팅은 제품을 놓고 하는 싸움이 아니라 인식의 싸움이라고 단언한다.

"많은 사람들은 마케팅이 제품의 싸움이라고 생각한다. 결국 최고의 제품이 승리할 것이라고 생각한다. 마케팅 담당자들은 리서치를 시행하고 '사실을 얻는 데' 몰두한다. 그들은 진리가 자기편인지 확인하기 위해 상황을 분석한다. 그러고 나서 그들은 자신 있게 마케팅 분야에 진출하여 자신들이 최고의 제품을 가지고 있고 궁극적으로 최고의 제품이 승리할 것이라고 확신한다. 하지만 그것은 환상이다. 객관적인 현실이나 사실이란 없다. 최고의 제품이라는 것도 없다. 마케팅 세계에 존재하는 모든 것은 고객이나 잠재고객의 마음속에 있는 인식일 뿐이다. 인식은 현실이며, 다른 모든 것은 착각에 불과하다."

일례로 저자는 미국에서 팔리는 일본의 3대 자동차를 예로 들면서 인식의 법칙을 설명한다. 그는 미국에서 혼다와 도요타, 닛산 순으로 팔리는 일본 자동차가 왜 본국에서는 매출 순위가 바뀌어 있는지 독자들에게 되묻는다. 일본에서는 혼다가 3위에 불과하며, 도요타는 혼다보다 4배나 더 팔리고 있다는 것이다. 본국에서 판매되는 차량과 해외 시장인 미국에서 판매되는 차량은 동일한 제품이므로 판매가 오로지 자동차의 품질 때문이라면 양국의 판매량 차이를 설명하지 못한다. "왜 캠벨 수프가 미국에서는 1위를 차지하지만, 영국에서는 등수에도 들지 못할까? 왜 하인즈 수프가 영국에서는 1위이지만, 미국에서는 실패했을까? 마케팅은 인식의 전투이지 제품의 전투가 아니다. 마케팅은 그러한 인식들을 다루는 과정이다."

온라인 마케팅이 출현한 이후로 산업 영역 곳곳에서 인식의 법칙은 더욱 기정사실로 드러나고 있다. 기업의 인식이 마케팅 전략을 결정하며 마케팅의 성패를 평가한다. 시대에 뒤떨어진 인식은 기업이 변화에 능동적으로 편승하지 못하고 도태하도록 만든다. 온라인 마케팅이 보편화된 오늘날 단 한 번의 인식 오류가 기업이 선점했던 시장의 전부를 경쟁사에 내줄 수도 있다. 온라인 마케팅에서 이러한 인식 변화는 가치사슬을 만들어낼 수 있어야 하며, 시장에 먹힐 수 있게 공리의 형태로 최적화되어야 한다. 변화에 빠르면서도 느리게 대처하는 지혜가 필요하다. 모순어법oxymoron처럼 보이지만, 사실 빠르고 느린 대처, 정중동의 미학을 발휘해야 하는 분야가 바로 SNS 마케팅이다. 이 장에서는 특별히 SNS 마케팅 영역에서 여러 플랫폼을 통합적으로 활용하는 기업들을 살펴볼 것이다.

인플루언서–신인류의 등장

국내 화장품 브랜드 미샤는 얼마 전 뷰티 크리에이터이자 유튜버인 홀리h.olys와 신제품 사전 판매 이벤트를 진행하면서 준비한 초도 물량 3천 개를 라이브 방송 2분 30여 초 만에 모두 팔아치웠다. 홀리는 유튜브 구독자 50만 명, 인스타그램 팔로워 18만 명인 뷰티 인플루언서다. 예쁜 얼굴은 아니지만, 소비자 입장에서 솔직한 평가가 도리어 팔로워들에게 많은 인기를 얻었다. 태국의 한 KFC 매장은 매장 내 와이파이가 끊기지 않고 잘 연결된다는 점을 홍보하기 위해 인플루언서 양수빈soobin1119과 함께 라이브 먹방을 찍기도 했다. 구독자 240만 명의 유튜버 양수빈은 현지에서 페이스북 라이브를 이용했는데, 효과는 폭발적이었다. 270만 명이 해당 콘텐츠를 봤고, 30만 개의 '좋아요'와 댓글이 달렸다.

SNS를 통해 영향력을 미치는 사람을 일컫는 인플루언서influencer가 마케팅 지형에 새롭게 출현했다. 주로 페이스북이나 유튜브에서 스트리머나 BJ로 활동하면서 각 분야에서 무시하지 못할 영향력을 행사한다. 기업으로부터 광고 협찬을 받거나 이벤트를 진행하여 수익을 얻는다. 개중에는 공중파 방송에 데뷔하는 이들도 있다. 대도서관이나 윰댕, 밴쯔, 쯔양 같은 인플루언서들은 이미 다양

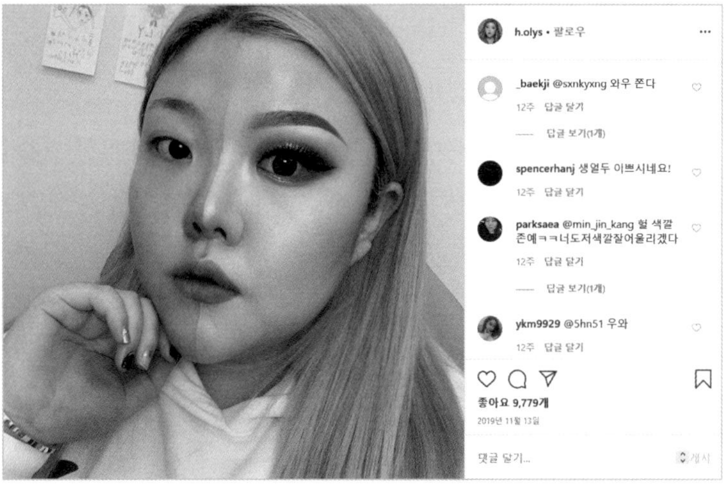

뷰티 인플루언서 홀리는 화장품을 직접 사용하고 솔직한 후기를 올리며 호응을 얻고 있다.
(출처: instagram.com)

한 방송 3사 파일럿 프로그램에 출현하여 끼와 매력을 발산했다. 최근 기업들은 자사 마케팅에 이들을 '모시기' 위해 총성 없는 전쟁을 치르고 있다. 과거에 비해 이들의 몸값이 많이 상승했지만, 연예인의 몸값에 비하면 아직 많이 낮아서 투자 대비 효과가 만족스럽다. 인플루언서들이 SNS를 통해 공유하는 특정 제품 또는 브랜드에 대한 평가는 콘텐츠를 소비하는 구독자들의 구매 결정에 커다란 영향을 끼친다. 이들은 연예인처럼 수려한 외모나 퍼포먼스로 인기를 얻는 것은 아니지만, 자신들이 자체적으로 생산한 콘텐츠를 통해 그에 못지않은 파급력을 가진다는 특징이 있다. 앞으로 SNS 플랫폼의 인기와 맞물려 인플루언서 마케팅은 더욱 호황을 누릴 것이다. 2017년 미국 내 광고주들은 SNS 채널 중에서 인스타그램 인플루언서 마케팅에만 10억 달러가량을 투자했을 정도다.

인플루언서

인스타그램이나 유튜브, 블로그 등 SNS에서 수십만 명의 구독자(팔로워)를 보유하여 사회문화적인 영향력을 행사하는 SNS 유명인을 '인플루언서'라고 한다. 과거에는 포털사이트에서 영향력이 큰 블로그를 운영하는 이들을 '파워블로거'라고 불렀으나, 이제는 SNS 네트워크에서 활발하게 활동하는 이용자이거나 1인 방송 플랫폼에서 방송 콘텐츠를 생산하는 진행자들을 '인플루언서'로 통칭한다. 이러한 인플루언서들을 전면에 내세워 제품이나 서비스를 홍보하는 마케팅을 흔히 '인플루언서 마케팅'이라고 한다.

인플루언서 마케팅에 가장 활발하게 이용되는 플랫폼은 페이스북과 인스타그램, 유튜브, 아프리카TV 정도가 있다. 대부분의 인플루언서들은 이 중에서 한 가지 플랫폼만 고집하지 않고 다양한 채널을 동시에 활용하고 있다. 아프리카TV나 페이스북에서 스트리밍한 영상을 편집해서 유튜브에 다시 올리는 경우가 많다. 아프리카TV는 '별풍선'이라는 포인트 제도를 통해 시청자가 콘텐츠 제작자에게 일정한 기부를 하는 시스템을 선보였고, 이 방식은 유튜브의 '슈퍼챗' 같은 유사 시스템들의 표준이 되었다. 인플루언서 마케팅의 가장 큰 특징은 고객을 또 다른 마케터로 이용할 수 있다는 점이다. 예를 들어, 인스타그램의 경우 인플루언서가 방문한 장소의 해시태그를 보고 그 장소를 이용한 고객이 다시 자신의 인스타그램에 동일한

인플루언서의 종류

메가 인플루언서 mega influencer	수십만 명에서 수천만 명의 구독자를 거느린 인플루언서로, 다양한 문화 현상을 만들고 트렌드를 선도한다.
매크로 인플루언서 macro influencer	수만 명에서 수십만 명의 구독자를 거느린 인플루언서로, 다양한 방면에서 중요한 오피니언리더로 활약한다.
마이크로 인플루언서 micro influencer	1천 명에서 수천 명의 구독자를 거느린 인플루언서로, 자신의 분야에서 주목받는 리더가 된다.
나노 인플루언서 nano influencer	수십 명에서 수백 명의 구독자를 거느린 인플루언서로, 전문적인 모임이나 소규모 그룹을 이끈다.

해시태그를 달아 해당 장소에 방문했다는 인증글을 남기는 형식이 그런 경우다.

인플루언서 마케팅은 광고의 타깃을 명확히 할 수 있다는 장점이 있다. 인플루언서의 경우, 운영하는 채널의 주제와 아이덴티티가 뚜렷하다 보니 다른 네트워크보다 동일한 관심을 공유하는 구독자와 팔로워들로 좀 더 단단하게 연결되어 있다. 뷰티 채널을 운영하는 유튜버나 게임 채널을 운영하는 유튜버들을 예로 들 수 있다. 인플루언서의 팬들 역시 연령대나 성별이 대체로 비슷하므로 뷰티 채널을 구독하는 이용자의 경우 10대에서 20대 여성, 게임 채널을 구독하는 이용자의 경우 주로 10대에서 30대까지의 남성이 다수를 차지하게 된다. 따라서 기업 입장에서 어떠한 연령층, 어떠한 성별을 타깃으로 하느냐에 따라 인플루언서 마케팅을 적절히 활용할 수 있다.

인플루언서 마케팅은 보통 유튜브나 인스타그램, 페이스북, 트위터 같은 세계적인 SNS 플랫폼을 매개로 이루어진다. 유튜브의 경우, 영상을 통해 특정 제품을 사용하거나 특정 체험을 경험하는 과정을 업로드하는 형태로 이뤄지고 있다. 반면 인스타그램은 사진에 기반을 두는 매체 특성상 시각적으로 재미있거나 아름다운 장면을 연출하는 이미지를 업로드하고 해시태그를 활용하는 방식으로 마케팅이 이뤄지고 있다. 페이스북의 경우에도 인스타그램과 유사하게 많은 팔로워를 보유한 인플루언서가 특정 제품을 사용하는 영상이나 사진 등을 게시하여 제품을 홍보한다. 유튜버가 주로 영상을 활용한 마케팅을 하고, 인스타그램이 사진을 활용한 마케팅을 한다면, 페이스북은 영상과 사진을 적절히 사용하므로 이 두 채널의 특징이 섞여서 나타난다고 볼 수 있다. 트위터의 경우, 텍스트의 제한이 있어 앞선 플랫폼보다는 정보량이 많지 않지만, 속도가 매우 빨라서 시의성 있는 주제의 마케팅에 적합하다. 이제 구체적으로 이러한 SNS 플랫폼들을 하나씩 살펴보도록 하자.

블로그 마케팅

블로그의 시대, 소문은 블로그를 타고 퍼진다. 요식업은 이미 오랫동안 블로그 마케팅과 떼려야 뗄 수 없는 밀월관계를 유지하고 있고, 기업들도 앞 다투어 기업 공식 블로그 계정을 운영하고 있다. 한국도로공사는 블로그를 통해 한 단계 높은 고객 서비스를 제공하고 있다. 단순히 도로 상황을 전달하는 수준에서 지역 특색과 문화를 살린 행사나 여행 코스, 맛집 지도에 이르기까지 더 높은 차원의 문

한국도로공사의 네이버 공식 블로그 화면

화를 소개하는 콘텐츠를 꾸준히 올리면서 방문자의 호응을 끌어내고 있다. 심지어 도로 CCTV와 카메라 정보, 안전운전 가이드도 제공하고 있어 고속도로 이용자의 호평이 끊이지 않는다.

기업 블로그뿐만 아니라 CEO나 회사 임원들의 블로그도 소비자, 고객과 소통하는 중요한 채널로 활용되고 있다. 특정 주제를 중심으로 콘텐츠를 만들어가는 블로그도 인기다. 파워블로거 1명이 기업 전체를 먹여살린다는 말은 과장이 아닐지도 모른다. 수십만 명의 구독자를 몰고 다니는 파워블로거는 걸어 다니는 중소기업에 맞먹는 매출을 일으키기도 한다. 하루에 1천 명 이상 드나드는 블로그들은 특정 업계에서 상당한 영향력을 지닐 수밖에 없다. 신제품 행사에는 파워블로거가 단골 초대 손님이자 VIP로 대접받는다. 이렇다 보니 일부 몰지각한 파워블로거들이 마케팅 비용을 받고 좋지 않은 제품이나 서비스를 허위 선전하는 후기를 작성하여 소비자의 피해를 양산하는가 하면, 파워블로거를 자칭하며 식당에서 공짜로 식사를 요구하거나 노골적으로 후원을 강요하는 등 갑질을 하는 사례도 발생한다.

하지만 블로그의 위력은 여전하다. 2010년대, 트위터나 페이스북, 인스타그램 같은 SNS 플랫폼이 유행하면서 블로그가 주춤하고 있지만, 여러 가지 정보를 하나의 글로 한 번에 전달할 수 있고 특정 주제에 대한 정보 전달력이 높아 아직도 많은 기업들이 블로그 마케팅에 매달리고 있다. 블로그 하나 잘 키워놓으면 손쉽게 그 분야의 블록block을 형성할 수 있고, 그 블록 위에서 기존 광고가 할 수 없는 마케팅을 진행할 수 있기 때문이다. 광고의 홍수 시대에 범람하는 광고에 진절머리를 내는 소비자에게 블로그를 통해 좀 더 감성을 가지고 접근할 수 있으며, 정보와 홍보의 경계를 오가는 블로그 마케팅만의 특징을 살려 비즈니스를 펼칠 수 있다.

블로그는 웹web과 로그log를 합친 말이다. 홈페이지 제작에 대한 별다른 지식 없이도 누구나 손쉽게 만들 수 있는 개인 웹페이지이며, 특정한 멤버십을 요구하지 않고 검색을 통해 누구나 접속할 수 있어 홈페이지보다 접근이 용이하다. 또한 빠른 전파력과 확산 속도를 가지고 있어 마케팅에 종종 활용되기도 한다. 1980년대, 유즈넷 뉴스그룹 시절부터 블로그 개념에 해당하는 페이지가 존재했으나, 현재의 블로그 같은 형태를 띠게 된 것은 2000년대 들어 여러 포털사이트가 생겨나면서부터다. 디지털카메라가 대중화되고 포스팅할 주제와 내용들이 다양해지면서 개인의 생각과 사적인 의사표현의 통로로 사용되던 블로그가 점차 인기를 끌게 되었다. 블로그가 자신의 생각을 자유롭게 서술할 수 있는 대표적인 사이버 공간 중 하나로 자리 잡게 되면서 보통 홈페이지나 특정 사이트에 존재하는 게시판BBS과는 다른 특성을 갖게 되었다.

블로그의 역사

블로그의 시작은 1994년 저스틴 홀Justin Hall이 게시한 온라인 일기가 2004년 「뉴욕타임스」 등에 소개되면서부터다. 홀은 미국의 스와스모어대학교를 다니던 1994년 '저스틴의 지하로부터의 링크Justin's Links from the Underground'라는 웹 기반 사이트에 글을 쓰기 시작했고, 이로 인해 '개인 블로그의 창시자'로 불리게 되었다. 초창기 블로그는 HTML로 간단하게 만들었지만, 다양한 블로그 소프트웨어가 만들어지면서 오늘날의 모습을 갖추게 되었다. 2003년 미영 연합군의 바그다드 폭격에 한 이라크인이 블로그를 통해 평화를 주장하면서 블로그는 사적인 영역을 벗어나 사회나 정치에 대해 공적인 의견을 개진하는 영역으로 확대되었다.

2010년대에 들어서면서 블로그가 바이럴 마케팅의 장이 되면서 후원이나 광고 수익을 노리는 블로거가 양산되었다. 이때부터 블로그 공간이 개인의 경험인 것처럼 위장해서 대부분 특정 기업이나 제품을 홍보하는 목적으로 사용되었다. 순수한 내용이나 참신한 포스팅보다는 광고성 글들로 도배되면서 일부 파워블로거들은 아예 돈을 받고 노골적으로 홍보성 자료를 게시했다. 게다가 페이스북이나 인스타그램 같은 SNS가 새로운 커뮤니케이션 공간으로 부상하면서 블로그의 인기가 시들해졌다. 물론 SNS와 포털사이트 블로그가 서로 연동되어 있다 보니 블로그가 사라지지는 않았지만, 과거의 영광을 유지하지는 못하고 있다.

유튜브의 인기와 함께 블로그도 새로운 모습으로 변신을 꾀하고 있다. 그중 하나가 브이로그vlog인데, 비디오video와 블로그blog의 합성어다. 네이버나 다음 같은 특정한 블로그 서비스를 매개로 하는 것이 아니라 유튜브 같은 동영상 플랫폼 및 비메오 같은 인터넷 스트리밍 플랫폼을 매개로 하고 있다. 주제는 개인적인 내용에서부터 음식, 게임, 문화 같은 주제나 화장, 스포츠, 여행, 학습, 경제만평, 정치평론 등 다양한 콘텐츠를 올리는 1인 방송의 성격을 띠고 있다. 미국의 경우, 인맥 형성을 위한 SNS와 1인 미디어의 성격을 가진 전문 블로그가 분리되어 개별적으로 발전한 반면, 우리나라는 SNS와 포털사이트에서 제공하는 블로그 서비스가 함께 발전해왔다. 우리나라 블로그의 특성상 '1촌 맺기'나 '이웃 추가' 같은 네트워킹 기능이 있어 블로그를 하면서 새로운 관계를 맺는 것이 가능했기 때문이다. 한국에서는 2001년 12월 블로그 사용자 모임인 '웹로그인코리아'가 생겼고, 네이버와 다음이 블로그 서비스를 순차적으로 개시하면서 본격적인 블로그 시대를 열었다.

블로그의 종류

블로그는 가입형 블로그와 설치형 블로그로 나뉜다. 가입형 블로그는 회원가입을 통해 기본적인 블로그를 이용할 수 있는 플랫폼으로, 보통 개인 메일 계정을 만들면 포털사이트들이 서비스로 제공하고 있어 '서비스형 블로그'로도 불린다. 대표적으로 네이버 블로그와 다음 블로그가 가입형 블로그에 속한다. 복잡한 프로그램이나 컴퓨터 툴을 다룰 줄 모르는 초보자도 쉽게 사용할 수 있는 기본적인 툴을 제공한다. 이런 이유로 처음 블로그를 시작하려는 초보자에게 적합하다. 하지만 자신만의 블로그 주소를 가질 수 없고, 디자인도 주어진 스킨(레이아웃) 중에서 골라야 하며, 게다가 용량 제한도 있다. 어느 정도 내공이 쌓인 블로거들에게는 점점 불편함을 가

중시키는 요소다. 가입형 블로그의 가장 큰 문제점은 포스팅한 글의 소유권이 모호하여 자체 백업이 어렵고, 사용자에게 통보 없이 글이 삭제되거나 계정 강퇴로 블로그 자체가 사라질 위험이 있다는 점이다. 애써 써놓은 글들이 하루아침에 날아갈 수도 있다는 사실이다.

반면 설치형 블로그는 업체에 가입하는 것이 아니라 직접 자신만의 블로그 사이트를 만드는 방식이다. HTML이나 CSS 같은 전문적인 웹 지식이 필요하고, 도메인이나 호스팅을 사용하는 비용이 별도로 들어간다. 당연히 매년 일정한 호스팅 비용이 필요하다. 이는 공짜로 블로그를 운영하는 가입형 블로그와 가장 큰 차이점이라고 할 수 있다. 하지만 주어진 형식에 구애받지 않고 자신이 원하는 방식대로 자유롭게 블로그 안팎을 꾸밀 수 있어 자신만의 개성을 마음껏 표현하는 데 최적화된 블로그라고 할 수 있다. 가입형 블로그와 달리 설치형 블로그가 지닌 매력적인 부분은 자신의 사이트 안에 자유롭게 광고를 깔 수 있다는 점이다. 대표적으로 워드프레스나 텍스트큐브, 텍스타일 등이 설치형 블로그에 속한다.

이 밖에 설치형 블로그와 가입형 블로그의 장점만 혼합한 하이브리드 형태도 있는데, 대표적인 것이 티스토리나 이글루스다. 티스토리는 다른 이용자로부터 먼저 초대장을 받아야 자신의 블로그를 생성할 수 있으며, 기본적인 툴은 있지만 사용자가 기본적인 웹 지식을 갖추고 있다면 자유롭게 스킨이나 형식을 변경할 수 있다. 게다가 구글의 애드센스를 통한 문맥광고를 노출시킬 수도 있다. 티스토리는 태터앤컴퍼니와 다음커뮤니케이션이 공동으로 제작한 블로그 전문 플랫폼으로, 태터툴즈를 설치하지 않고 사용할 수 있다는 장점이 있으며 다양한 플러그인과 포털사이트만큼 다양한 스킨을 지

원하고 있어 손쉽게 나만의 블로그를 꾸밀 수 있다. 특히 HTML과 CSS 스킨서버를 동시에 제공하고 있으므로 마음대로 특색 있게 블로그를 만들 수 있어 이제 막 블로그를 시작하는 사용자에게는 1석 2조인 블로그 서비스다. 반면 자칭 '국내 1세대 블로그 전문 서비스' 이글루스는 SK커뮤니케이션즈가 개발한 블로그 플랫폼으로, 티스토리와 가입형 블로그의 중간 지대에 위치해 있다고 볼 수 있다. 티스토리에 비해 운영이 좀 더 제한적이지만, 포털사이트가 제공하는 블로그보다는 선택의 폭이 넓어 자유로운 편이다. 이글루스는 소셜 네트워킹을 구축하는 데 안성맞춤인 서비스다.

국내 블로그의 틈새시장, 티스토리와 이글루스

설치형 블로그와 가입형 블로그 중에서 나에게 어떤 블로그가 과연 적합할까? 블로그를 선택하는 기준은 자신이 블로그 관리에 얼마나 시간을 투자할 수 있는지를 먼저 따져봐야 한다. 운영자가 블로그를 운영하는 데 투자할 시간이 많지 않다면, 대부분의 툴이 구비되어 있는 가입형 블로그가 안성맞춤일 것이다. 하지만 다양한 SNS와 연동시켜 홈페이지 이상의 퀄리티를 원한다면 설치형 블로그가 좋다. 초보자일 때는 가입형 블로그, 내공이 어느 정도 쌓인 이용자에게는 설치형 블로그가 적합할 수 있다. 또한 업태와 비즈니스 분야도 블로그 선택에 중요한 기준이 된다. 광고를 연동시킬 수 있는 비즈니스인지, 주제어를 특정 포털사이트에서 노출시키기 수월한

블로그의 종류와 장단점

가입형 블로그	설치형 블로그
포털사이트 제공 운영이나 설치 용이함 콘텐츠 백업 불가능 이용자의 자유도 ↓ 블로그의 노출도 ↑ 광고 운영이 제한적 네이버, 다음, 구글 등	인터넷 사이트 제공 운영이나 설치 복잡함 나만의 도메인 주소 이용자의 자유도 ↑ 블로그의 노출도 ↓ 광고 운영을 통한 수익 창출 워드프레스, 무버블타입 등

플랫폼인지 꼼꼼하게 따져보는 수고를 아끼지 말아야 한다. 네이버 블로그가 아닐 경우, 네이버에서 키워드 검색이 잘 안 된다는 불만은 하루 이틀의 문제가 아니다. 과거에는 네이버 블로그가 아닌 다른 블로그를 네이버에 노출하기 위해서는 외부 블로그인 RSS를 신청해야 한다는 이야기도 있었다. 외부 블로그는 아무리 많은 이미지와 동영상이 있어도 네이버 포털 이미지나 동영상 영역에서는 뜨지 않기 때문이다. 노출 플랫폼을 네이버로 가져갈 것인가, 아니면 구글로 가져갈 것인가 판단하는 것도 블로그 선택의 중요한 기준이 된다. 어쨌든 블로그 선택이 블로그 마케팅의 중요한 첫 걸음인 것은 분명하다.

블로그 마케팅의 실제-네이버

네이버는 여전히 국내 최고의 검색엔진이자 포털사이트로 꼽힌다. 2016년 85.8%를 차지하던 시장점유율은 구글에 시장을 잠식당하면서 2019년 58.2%로 하락했지만, 여전히 국내 1위의 자리를 지키고 있다. 국내 인터넷 사용자의 10명 중 6명은 정보를 검색할 때 여전히 네이버를 이용하고 있는 셈이다. 반면 2016년 채 1%도 안 되었던 구글은 이후 급속한 성장세를 기록하며 2019년 다음을 제치고 33.7%를 기록하며 2인자의 자리에 안착했다. 다음은 2018년 구글에게도 밀려서 시장점유율이 채 10%도 되지 않는 굴욕을 맛봤다. 구글이 네이버의 시장도 가져갔지만 동시에 다음의 시장도 일부 가져갔기 때문이다. 검색 플랫폼이 텍스트에서 동영상 기반으로 넘어가면서 네이버의 점유율이 구글과 유튜브에 잠식당하는 현상은 앞으로도 가속화될 전망이다.

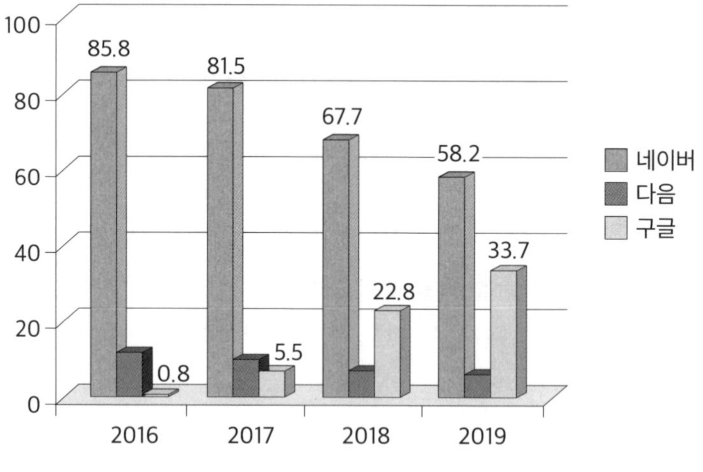

지난 4년간 국내 3대 검색엔진 시장점유율 비교

그럼에도 네이버는 여전히 블로그 마케팅에 강력한 플랫폼으로 여겨진다. 그 이유는 무엇일까? 무엇보다 네이버는 한국인에게 가장 익숙한 플랫폼이다. 한국 사람들은 정보를 찾고 싶을 때 '네이버에게 물어봐'라는 CF 문구를 반사적으로 떠올린다. 유튜브나 페이스북을 하지 않는 사람은 종종 있어도 네이버 계정 하나 없는 사람은 주변에서 찾아볼 수 없다. 네이버는 이미 한국인의 실생활 속에 깊숙이 파고들어 다른 플랫폼으로 대체 불가한 아성을 구축했다. 또 하나 무시할 수 없는 네이버만의 장점은 블로그에 최적화된 포털사이트라는 사실이다. 네이버는 가히 '블로그의 산증인', '블로그의 고인 물'이라고 할 만큼 15년 동안 2,300만 명이 꾸준히 이용해왔고, 누적 콘텐츠도 16억 개가 넘을 정도로 블로그 친화적인 플랫폼이다. 다음에서 검색이 안 되는 콘텐츠가 네이버에서는 쉽게 검색되는 이유도 무시할 수 없는 네이버만의 장점으로 꼽힌다. 그리고 네이버가 블로그 마케팅을 하기에 최적 플랫폼으로 꼽히는 가장 중요한 이유는 플랫폼 자체가 갖고 있는 마케팅 친화적인 기능들이다. 페이스북의 경우, 공식적으로 광고비를 받고 광고를 해주지만, 네이버 블로그는 키워드 검색에 따라 노출도를 얼마든지 올릴 수 있어 마케팅 비용이 거의 들지 않는다.

블로그 마케팅은 신규 고객을 확보하기 위해 검색에 노출시킬 수 있는 검색 마케팅과 블로그 이웃과의 소통을 통한 입소문 마케팅 채널로 소비자나 서비스 마케팅 영역에서 효과적으로 응용된다. 폴 길린Paul Gillin은 자신의 책에서 "블로그 마케팅이 성공하려면 스트레이트STRAIGHT라는 원칙이 작용해야 한다"라고 주장했다. 스트레이트는 간결성succinct, 투명성transparent, 대응성responsive, 수용성

블로그 vs. 페이스북 vs. 인스타그램 vs. 트위터 비교

블로그	페이스북
목록화 정보 공유 목적 웹 의존적 텍스트, 사진 위주 글자 제한 없음 댓글, 링크, 사용자 통제 가능	담벼락, 팔로우 관계 형성 목적 웹/모바일 의존적 텍스트, 사진, 영상 위주 글자 제한 없음 댓글, 링크, 사용자 통제 가능
인스타그램	**트위터**
해시태그 정보 공유 목적 모바일 의존적 사진 위주 글자 제한 있음(160자) 댓글, 링크, 사용자 통제 가능	트윗, 리트윗 관계 형성, 정보 공유 목적 모바일 의존적 텍스트 위주 글자 제한 있음(140자) 댓글, 링크 가능, 사용자 통제 불가능

accepting, 통찰력insightful, 진정성genuine, 유머humorous, 시의적절성timely의 첫 글자를 딴 용어다. 길리은 블로깅을 할 때는 500단어 이내로 간결하게 포스팅하고, 사람들을 속이거나 오도하려고 내용을 조작하지 말며, 사람들이 포스팅에 단 댓글을 귀하게 여기고, 비판적 반응에 현명하게 대처하며, 주제에 깊은 통찰력을 제공하고, 화면에 뜨는 글 뒤에 진짜 사람이 있다는 것을 보여주며, 글에 유머와

재미를 더하고, 시대에 뒤떨어진 주제가 아닌 최신 주제와 시의적절한 내용을 담으려고 노력하라고 조언한다. 매우 중요한 조언이라고 생각된다.

이처럼 마케팅에 활용되는 플랫폼을 일별하면 앞의 표와 같다.

트위터 마케팅

세계 정치를 쥐락펴락하는 현 미국 대통령 도널드 트럼프는 둘째가라면 서러워할 트위터 애용자로 널리 알려져 있다. @realDonaldTrump는 그의 트위터 계정이다. 이 계정에 세계 정치와 국제 질서에 관한 입장을 대변인보다 더 빨리 올려놓는 바람에 국내 언론뿐 아니라 세계 모든 언론은 백악관 참모진의 입보다 트럼프의 트위터에 촉각을 곤두세우고 있는 형국이다. 북미 정상회담이 있기 전, 트럼프 대통령과 김정은 국무위원장이 나눈 설전으로 전 세계가 "이러다가 3차 세계대전이 일어나는 것 아니냐?"며 바짝 긴장했던 데는 트럼프의 트위터가 한몫했다는 평가가 지배적이다. 트럼프는 미국 시각 2018년 6월 2일 오후 7시 49분에 다음과 같은 짤막한 글을 트위터에 올렸다. "북한의 지도자 김정은은 '핵 버튼이 항상 자신의 책상 위에 있다'라고 말했다. 그의 헐벗고 굶주린 정권의 누구라도 제발 그에게 이 사실을 기꺼이 알려주겠는가? 나 역시 핵 버튼을 갖고 있고, 내 것이 그의 버튼보다 훨씬 더 크고 강력하다는 사실을. 게다가 내 버튼은 작동하기까지 한다!" 이 짧고 굵직한 트위터는 엄청난 파장을 일으켰고, 이 때문인지 북한의 김정은은 한 차례 결렬된 회

트위터

시작일: 2006년 3월 21일

사용자: 대략 3억 2,600만 명

특장점: 팔로우, 리트윗 기능, 140자 글자 제한, 신속성

새가 지저귀는 '짹짹'이라는 의성어 '트윗(tweet)'은 2006년 새로운 SNS 플랫폼의 시작을 알리는 소리였다. 미국의 팟캐스트 스타트업 오데오(Odeo)의 에번 윌리엄스와 노아 글래스가 고안한 원천 프로젝트에서 출발한 트위터는 오늘날 3억 2,600만 명의 사용자를 거느린 막강한 SNS 플랫폼으로 성장했다. 트윗과 팔로우, 리트윗 기능 등을 통해 전 세계 어디서나 원하는 사용자의 트윗을 실시간 공유할 수 있다는 매력 때문에 지구상의 그 어떤 언론보다 신속성을 가진 모바일 기반 SNS 플랫폼이라는 평가를 받는다. 채팅처럼 빠르게 오가는 리트윗의 속성상 남성보다는 여성이 선호하는 채널이기도 하다. 신속성 때문에 글자 수가 140자로 제한된다는 단점이 있지만, 도리어 그 속성 때문에 트위터에는 더 재미있고 짜릿한 정보가 오가기도 한다.

담을 잇고자 2018년 6월 12일 결국 북미 간 대화 테이블에 앉았다.

소셜 네트워크 서비스 플랫폼의 일종인 트위터는 대략 140자 이내의 글만 적으면 되는 간편성과 '트윗'이라는 엄청난 전파력을 지닌 기능으로 인해 트럼프 외에도 많은 정치인들과 유명인사, 연예인들이 활용하고 있다. 블로그와 달리 문서 서식과 사진 및 영상 포스

2018년 북한의 김정은을 상대로 협박성 메시지를 날린 도널드 트럼프의 트위터
(출처: 도널드 트럼프의 트위터)

팅 기능은 없애고 현재 자신의 느낌과 생각, 간단한 의견을 포스팅 할 수 있어 '마이크로 블로그micro-blog'라고 불린다. 트위터의 생명은 실시간 팔로우 기능이다. 어디에서나 모바일기기로 상대방의 '트윗tweet'을 바로 받아볼 수 있다. 트위터는 처음에 다른 사람들과의 소통, 인적 네트워크 형성 등 사회적 · 정치적 도구로 이용되다가 점차 자신의 생각을 표현하고 여론을 형성하며 이슈를 만들어내는 공론의 장으로 변화했다. 페이스북이 인적 네트워크 장으로서의 역할을 가져갔다면, 트위터는 구독 · 유통 매체로서의 기능으로 자리 잡고 있다.

트위터 마케팅의 가치

앞서 설명한 것처럼 트위터는 2005년 설립된 미국의 팟캐스트 서비스업체 오데오에서 사이드 프로젝트의 하나로 출발했다. 2006년 7월 15일 본격적으로 서비스가 시작되었고, 2010년대 한 차례 매각의 위기를 겪고 나서 오늘날 전 세계적으로 굳건한 SNS 플랫폼의 지위를 얻었다. 최근 트위터의 성장은 한마디로 괄목상대하다. 트위터가 밝힌 2019년 4분기 전 세계 매출은 10억 100만 달러로 전년 동기보다 11% 늘었고, 일평균 이용자 수는 1억 5,200만 명으로 21% 증가했다. 페이스북과 인스타그램만은 못하지만, 여러 기업이 트위터를 마케팅 수단으로 이용하고 있다.

무엇보다 트위터의 가치는 속도에 있다. 2020년 전 세계를 떠들썩하게 흔든 코로나 바이러스의 확산에 사람들은 스스로 격리를 택하고 두문불출하는 시간이 늘어나게 되었다. 주변 확진자의 동선과 시시각각 변하는 바이러스 전파 상황을 실시간 트위터로 주고받고 이에 대응할 수 있었다. 많은 이용자가 팬데믹의 위기 속에서 트위터를 통해 빠르게 관련 정보를 획득하고 생성, 확산했다. 1월 20일부터 2월 19일까지 SNS에 올라온 코로나 관련 게시글 중 75.3%를 트위터가 차지한 것만 봐도 트위터가 얼마나 빠른 전파력을 가지고 있는지 알 수 있는 대목이다. 이 수치는 블로그(9.9%)의 7.6배, 인스타그램(4.2%)의 18배에 해당한다. 빠르게 변하는 트렌드와 소비자의 심리에 맞춰 캠페인을 구성하는 기업 입장에서 빠른 속도를 지닌 트위터는 매우 매력적인 마케팅 도구가 될 수 있다.

"트위터의 장점은 속도에 있다"

마케팅 도구로 트위터가 지닌 두 번째 장점은 평등성과 확장성에 있다. 평등성은 트위터가 지닌 가장 큰 장점의 하나다. 소통에 장벽이 없어 마케팅 도구로도 손색이 없다. 트위터에서는 내가 누군가의 글을 보고 싶을 때 상대방의 동의를 필요로 하지 않는다. 팔로우 버튼만 누르면 상대방이 올리는 모든 트윗을 내 타임라인에서 볼 수 있다. 반면 페이스북에서는 트위터와 달리 아직 친구로 등록되지 않은 사람이거나 친구 요청에 대해 상대가 수락하지 않은 경우, 그 사람이 올린 게시물은 나의 업데이트 소식에 뜨지 않는다. 물론 페북 친구가 아니더라도 각자 설정해놓은 공유 옵션에 따라 기초적인 개인 프로필이나 담벼락의 내용은 볼 수 있지만, 친구 요청에 대한 상대방의 동의와 수락이 있어야 비로소 나와 친구가 되고, 그의 글이 나의 홈 영역에 노출된다는 것이 가장 큰 차이점이다.

트위터의 핵심 기능들

이처럼 단방향 팔로우는 트위터가 갖는 기능 중 가장 핵심적인 특성이다. 대부분의 SNS 플랫폼은 친구 초대, 신청, 수락 같은 단계를 거쳐 네트워크를 형성한다. 가장 흔한 페이스북의 경우, 내가 상대에게 친구 신청을 하면 상대가 수락 버튼을 눌러야 서로 페북 친구가 될 수 있다. 만약 상대가 나의 신청을 수락하지 않거나 거절하면, 상대와 친구가 될 수 없다. 하지만 트위터는 단방향 온라인 관계를 맺을 수 있다. 상대의 동의가 없어도 얼마든지 상대를 팔로우할 수 있다. 내가 원하는 상대를 일방적으로 팔로우할 수 있다는 것이다. 이런 점은 네트워크의 연결이 서로 대칭적인 다른 SNS 플랫폼들과 차별화되는 관계의 비대칭성을 보여준다. 이 특성은 트위터가 얼마나 급속도로 네트워크를 펼칠 수 있는지 잘 설명해준다. 온라인 친구 신청에 대한 심리적인 거부감이 전혀 없어 다양한 계층의 사람들과 좀 더 쉽게 온라인 관계를 맺을 수 있다. 앞서 소개한 도널드 트럼프 미국 대통령의 트위터 계정을 팔로우할 때 따로 허락을 받지 않아도 된다. 남녀노소, 지역과 계층, 출신성분과 지위고하를 가리지 않고 미국 대통령에게 직접 트윗을 보내고 다이렉트 메시지를 날릴 수 있다.

트위터의 두 번째 강력한 기능은 간단한 트윗 기능이다. 트위터에서 필요한 것은 140자의 간단한 문자가 전부다. 이 메시지는 팔로우하고 있는 상대에게 시간의 역순으로 타임라인에 뜬다. 게다가 시간이 지나가면 계속 자동으로 업데이트된다. 이런 즉각성과 동시성은 트위터에서 전자 구전이 일어날 수 있는 가능성을 배가시킨다. 이 기능만 있는 것이 아니다. 특정 사용자에게 트윗을 남길 수도 있는데, 이럴 때는 상대방 아이디에 @를 붙여 트윗을 보낼 수 있다. 사용자는 타임라인과 별도의 페이지에서 자신에게 보내진 이러한 개인적인 트윗들을 전부 볼 수 있다. 그리고 이 트윗은 받은 사람이 공개할 수 있다. 이것이 '리트윗'이라는 기능이다. 상대에게 받은 트윗을 재전송하는 것을 리트윗이라고 하는데, 이 경우 트윗이 입소문처럼 트윗 작성자로부터 팔로워로, 다시 팔로워의 팔로워에게 빠른 속도로 퍼져나간다. 동의가 되지 않은 트윗, 공감이 되지 않는 내용은 자연스럽게 네트워크에서 사라진다. 한 번의 클릭으로 팔로워들에게 중요한 트윗을 재전달할 수 있는 이러한 기능 때문에 마케터들은 트위터의 확산력을 최고로 꼽는다.

이 밖에도 마케터는 트위터를 통해 사용자의 사진, 위치, 시간대 등을 알 수 있으며 사용자가 입력한 정보를 바탕으로 특정 관심사와 니즈를 파악할 수 있다. 또한 사용자의 트윗 수, 즐겨찾기 수, 트윗 내용 등을 통해 매우 구체적이고 상세한 관심사를 알 수 있다. 정연하게 정리된 블로그에 비해 트위터는 즉흥적이면서 즉각적이다. 상대와 교감하고 감정 및 기분을 공유하려는 노력이 더 크다. 이러한 트위터의 특성은 좀 더 감성적인 마케팅을 노리는 많은 기업에 안성맞춤인 서식 환경을 제공한다. 대중이 어떠한 메시지에 반응하는지, 어떤 주제에 어떠한 입장을 내놓는지 실시간으로 체크할 수 있으며, 이를 마케팅 전략에 그대로 응용할 수 있다.

트위터 마케팅에서의 주의사항

무엇보다 트위터 사용자 중에 10~20대 여성 사용자의 비중이 크다는 점은 장점이자 단점으로 꼽힌다. 트위터에서는 아이돌 팬덤이나 애니메이션, 그림쟁이 등의 동인계층이 활발하다. 실명이나 전화번호를 입력할 필요 없이 익명으로 계정을 만들 수 있다는 점, 소통과 가계정 생성이 간편하다는 점, 팔로우를 통해 팬덤끼리 모이기 쉽다는 점, 해외 애니메이션이나 음악 산업 등 종사자의 계정을 쉽게 접할 수 있다는 점 역시 기업 입장에서는 장점이면서 단점이다. 트위터의 이러한 특성은 최근 다양한 혐오 발언과 갈등의 발원지가 트위터인 사실과 무관하지 않다.

마케터들 중에는 트위터의 이러한 속성 때문에 과연 트위터에서 진지한 마케팅 캠페인을 진행할 수 있는지 의문을 갖는 이들이 있다. 실시간으로 쉽게 전파되는 특성을 가졌지만, 동시에 기업이나 브랜드에 대한 나쁜 소문과 이야기들도 빠르게 퍼질 수 있는 위험성

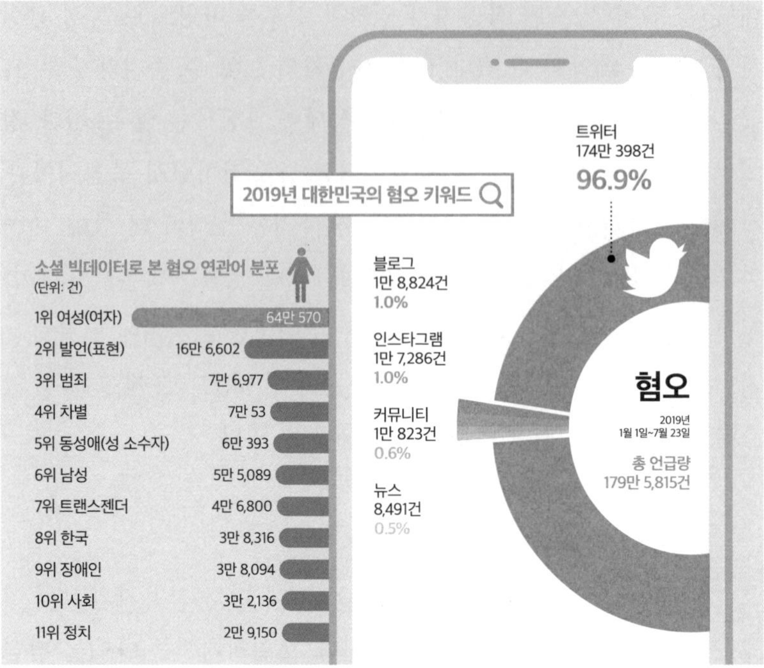

트위터가 그간 사회 혐오의 생산지가 되어온 것은 마케팅을 하면서
한번 고민해야 할 부분이다.
(출처: 스토리닷)

이 항상 있기 때문이다. 대표적인 사례가 현대자동차다. 우리나라의 대표적인 자동차 생산업체인 현대자동차는 자사 브랜드인 '제네시스'로 4행시를 짓는 행사를 페이스북과 트위터에 함께 게재했다. 멋진 4행시를 제출한 이들에게 커피 쿠폰을 상품으로 제공하는 캠페인이었다. 문제는 SNS상에서는 좋은 이야기뿐 아니라 나쁜 이야기도 얼마든지 흘러나올 수 있으며, 기업이 이를 통제할 수 없다는 사실을 간과했다는 것이다. 기업의 기대와 달리 삽시간에 브랜드에 대한 조롱조의 농담과 비난의 댓글들이 달리자 당황한 마케팅 부서에

서는 서둘러 캠페인을 종료하게 되었다. 개중에는 대중이 평소 가지고 있는 현대자동차에 대한 나쁜 기억과 경험이 소환된 것들도 있었다. 이처럼 트위터는 농담과 진담이 함께 오가는 플랫폼이어서 마케팅을 고려할 때는 특히 부정적인 댓글에 주의해야 한다.

이를 인식했는지 트위터도 2020년 초 악플 피해를 예방하기 위해 이용자가 자신의 글에 댓글을 달 수 있는 사람의 범위를 제어할 수 있도록 하는 방안을 추진한다고 밝혔다. 로이터통신 등에 따르면, 트위터는 "트위터를 통해 소통하려는 사람들에게 자신이 시작한 대화에 대한 통제력을 높여줌으로써 안전하다고 느낄 수 있도록 돕고 싶다"라고 이번 정책 변경의 취지를 설명했다. 이처럼 새 기능이 도입되면, 이용자는 댓글 권한 부여에 대한 네 가지 중 원하는 설정을 선택할 수 있게 될 전망이다. 네 가지 설정은 누구든 댓글을 달 수 있는 '글로벌', 팔로우 중인 이들이나 팔로워만 댓글을 허용하는 '그룹', 트윗에 언급된 인물만 댓글을 쓸 수 있는 '패널', 댓글 기능을 아예 막는 '스테이트먼트' 등이다. 이미 트위터는 캐나다를 비롯한 몇몇 지역에서 이 새로운 정책을 시범적으로 운영하고 있는데, 만약 이 기능이 추가된다면 트위터 내에서 악성 댓글과 헤이트 스피치, 혐오 발언 등이 많이 사라질 것으로 예상된다.

이보다 더 심각한 사례는 우버였다. 트위터의 실시간 특성 때문에 많은 사람들은 관련성이 있고 긴급한 사회적 이슈에 대한 업데이트를 게시할 때 트위터를 이용하는데, 도널드 트럼프 미국 대통령이 2017년 갑자기 여러 이슬람 국가에 대해 출국 금지 조치를 내리자 공항에는 무고한 사람들이 대거 억류되면서 대규모 혼잡을 빚었다. 뉴욕택시노동조합은 이러한 조치에 대한 항의의 일환으로 트위터를 통해 대치 상황을 발표하며 회원들에게 JFK 지역을 최소 1시간 이상 우회할 것을 촉구했다. 부도덕한 정부 정책에 정차 보이콧으로 대응한 것이다. 문제는 여기서부터다. 공유차량 앱 우버는 이러한 대치 상황을 보고받자, 민감한 상황을 역이용하기로 마음먹었다. 뉴욕시 우버는 JFK 공항으로 가는 차량의 할증을 면제하겠다고 나선 것이다. 이러한 우버의 트위터는 택시의 보이콧에 맞서 무슬림 입국 금지에 대한 트럼프의 조처를 은근히 지지하는 듯한 시그널을 대중에게 주었고, 이런 시그널은 우버의 이미지에 심각한 타격을 주었다. 그 결과 무슬림 출국 금지에 반대하던 사람들이 휴대폰에서 앱을 삭제하고 우버를 전면 보이콧하겠다고 나서자, 그제야 우버는 상황의 심각성을 인지했다. 이처럼 시시각각 변하는 트위터에서 실시간 마케팅 기회를 덥석 잡기 전에 사전 조사를 하고 이벤트가 가져올 결과에 대해 미리 여러 시뮬레이션을 최대한 해보아야 한다. 그렇지 않으면 우버처럼 엉뚱한 방향으로 마케팅을 하는 재앙을 맞이할 수 있다.

인스타그램 마케팅

인스타그램에서 @haneulina로 활동하면서 팔로워 120만 명을 거느린 여성 속옷 피팅모델 하늘은 SNS 마케팅업계에서 신화와 같은 존재다. 미국에서 고등학교를 다니다가 귀국하여 모델 일을 하면서 짬짬이 활동했던 아프리카TV와 유튜브 플랫폼에서 뜻밖의 인기를 누리게 된 것은 그녀가 막 20세를 넘긴 시점이었다. 솔직한 입담

인스타그램

시작일: 2010년 10월 6일

사용자: 대략 10억 명 이상

특장점: 해시태그 기능, 이미지/동영상 중심, 페이지 디자인/필터 기능

인스타그램은 2010년 미국의 프로그램 개발자인 케빈 시스트롬과 마이크 크리거가 개발한 모바일 기반의 SNS 플랫폼이다. 3대 SNS 중 가장 늦게 선보였지만, 2012년 페이스북에 인수되면서 가장 무섭게 성장하고 있는 플랫폼으로 사진 이미지를 담아내는 채널로는 손색이 없다는 평가다. 이미지와 해시태그를 중심으로 주로 음식, 여행, 취미, 뷰티, 헬스 등 감각적인 정보들을 공유할 수 있다. 국내에서는 20대 전후의 젊은 여성들이 가장 선호하는 SNS 플랫폼으로 꼽히고 있으며, 페이지와 사진을 자유롭게 디자인하고 꾸밀 수 있어 마치 앨범집을 보는 것 같은 착각이 들게 한다. 글자 수는 최대 160자까지 지원하지만, 글자 수 제한 내에서 무제한으로 해시태그를 적을 수 있다. 외부 소스에 대한 링크를 연결할 수도 있어 확장성도 갖고 있다.

과 꾸밈없는 모습, 청순한 얼굴에 많은 구독자가 몰렸고, 그녀가 입었던 속옷은 SNS에서 화제를 불러일으키며 여성들 사이에서 유행을 선도했다. 그녀는 여세를 몰아 만 21세이던 2014년 속옷 전문 쇼핑몰인 (주)하늘하늘을 설립해 한 해 60억 원 이상의 매출을 올리

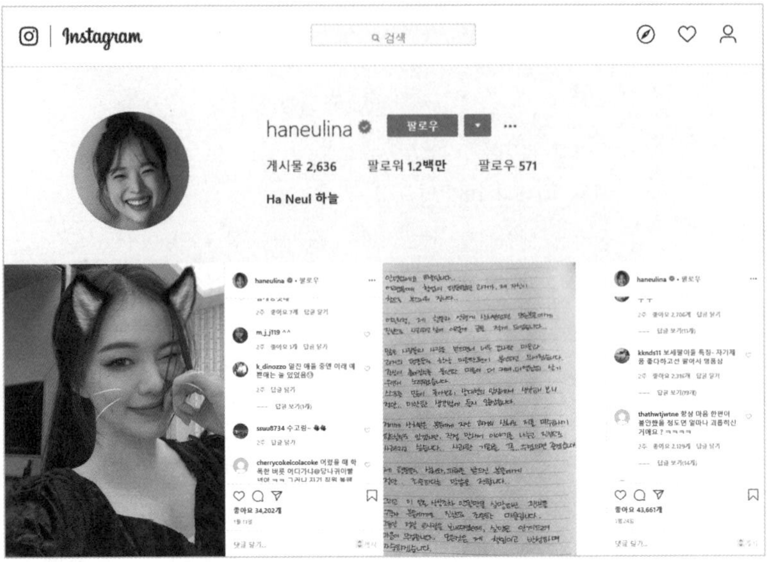

하늘은 인스타그램으로 가장 성공한 인플루언서 중 한 명으로 꼽힌다.
(출처: 인스타그램)

는 건실한 기업 CEO로 변신했다.

처음에는 모든 것이 순조로워 보였다. 타고난 패션 감각과 트렌드를 읽는 동물적인 감각은 그녀의 인기를 단숨에 끌어올려줬고, 후발 주자들은 너나할 것 없이 그녀를 벤치마킹하기에 바빴다. 특히 그녀의 인스타그램 계정은 사업 아이템을 홍보하고 구매로 직결시키는 요술램프와 같았다. 자신이 디자인한 여성 속옷들을 CEO인 본인이 직접 입고 찍은 팬시하고 섹시한 사진들은 매일같이 인스타그램에 포스팅되었다. 인스타그램은 페이스북이나 트위터와 달리 화려한 제품 사진들을 올리고 그에 대한 구독자들의 실시간 반응을 체크할 수 있어 여성 속옷 비즈니스에는 적격이었다. 남다르지 않은

20대 여성의 소소한 일상들을 인스타그램에 함께 올리며 그녀의 사업에 진정성까지 추가할 수 있었다.

가장 성공한 인플루언서 중 한 명이라는 칭송을 받기에 부족함이 없던 그녀에게 먹구름이 드리운 것은 2020년 초였다. 모 기업정보 플랫폼에 (주)하늘하늘 퇴사자들의 폭로가 연이어 터지면서 갑질 논란이 불거진 것이다. 자신을 '전 직원'으로 소개한 한 네티즌은 사장 뒤치다꺼리 다 해주고 아부 떨고 비위 맞추는 데 급급한 사내 문화에 진절머리를 느꼈다고 밝혔다. 그는 사장인 하늘에 대해 "직원은 돈만 주면 새벽이든 주말이든 자기한테 맞춰야 한다고 생각하는 사장", "혼자만 공주, 직원은 자기 셔틀, 직원 무시하는 건 기본"이라고 평가했다. 그러면서 퇴사율 91%, 기업평점 1점이 말해주는 바가 무엇인지 사장이 깨달았으면 좋겠다고 말하며 글을 맺었다. 동시에 하늘의 고등학교 시절 학폭(학교폭력) 사건이 터지면서 인성 논란까지 추가되어 사면초가에 놓였다. 고등학교 시절 '일진'이던 그녀에게 수시로 얻어맞고 돈까지 뜯겼다는 제보가 연이으면서 하늘은 급기야 인스타그램에 자필 사과문을 올렸다.

자신을 브랜딩하라

자필 사과문 후에도 성난 팬심은 가라앉지 않았다. 한 번 마음이 돌아선 사람들은 그녀의 사과를 순수하게 받아들이지 않았고, "앞으로 반성하며 자숙하겠다"라는 그녀의 말도 곧이곧대로 믿지 않았다. 단 2주 만에 유튜브 구독자 8만 명, 인스타그램은 10만 명 가까이 빠져나갔다. 7년 가까이 공들여 촘촘히 쌓아온 구독자 네트워크가 서서히 붕괴되기 시작한 것이다. 그녀의 SNS에는 지워도 지워도 매일같이 수많은 악플이 달렸고, 구독자들은 안티로 바뀌어 (주)하늘하늘 쇼핑몰에도 들어가 악플들을 달았다. 그래도 분이 풀리지 않은 네티즌들은 기업정보 플랫폼에 올라온 글과 학폭 피해자들이 올린 글을 캡처하여 다른 플랫폼에 열심히 퍼 날랐다.

'온고지신'이라는 말이 있다. 사실 이 사건은 과거 이와 유사한 사건들로 이미 예견된 것이었는지도 모른다. 인플루언서 하늘이 과거의 사례들에 비추어 스스로 돌아봤다면 어땠을까 하는 생각도 든다. 의류 및 패션업종은 무엇보다 SNS 마케팅이 가장 활발하게 이뤄지고 있는 업종이며, 인플루언서 한 명에게 집중된 관심이 타 업종에 비해 매우 큰 것이 사실이다. 그만큼 성장이 빠른 반면, 상대적으로 오너 리스크가 크기 때문에 잘못 하다가는 한 방에 훅~ 갈 수 있는 분야이기도 하다. 하늘에 앞서 피팅모델로 화장품 제조유통업체를 세운 임블리 역시 이와 유사한 경우라고 할 수 있다. 자신의 이름을 딴 '임블리'라는 화장품 브랜드를 출시하고 회사를 창업했던 그녀도 2019년 호박즙에서 곰팡이가 발견되면서 논란의 정점에 서게 되었다. 의류 패션업종은 아니지만 '스베누'라는 운동화 제조업체를 세운 BJ 소닉이나 먹방의 인기를 등에 업고 다이어트 보조제를 유통시킨 BJ 밴쯔 역시 오너 리스크로 그간 쌓아온 좋은 이미지를 순식간에 날려버린 사례들로 꼽힌다. 그들 모두 아프리카TV라는 플랫폼에서 상당한 구독자를 끌어 모았고, SNS 마케팅을 위해 유튜버로 진화한 대표적인 인플루언서들이다.

왜 잊을 만하면 이런 일들이 자꾸 벌어질까? 이런 문제들이 자주 불거지는 이유는 인스타그램이나 페이스북 같은 SNS 마케팅이 필연적으로 가질 수밖에 없는 문제, 즉 인플루언서 중심의 브랜드화

브랜딩

코틀러는 "브랜드는 특정 판매자 그룹의 상품이나 서비스를 드러내면서 경쟁 그룹의 상품이나 서비스와 차별화하기 위해 만든 명칭, 용어, 표지, 심벌 또는 디자인이나 그 전체를 배합한 것이다"라고 말했다. SNS에서 자신을 브랜딩하는 것은 향후 마케팅 전략이나 비즈니스 모델을 세우는 데 매우 중요한 밑그림이 된다. 정확하고 일관된 브랜드가 있어야 소비자는 막대한 양의 정보를 쉽게 해석하고 처리할 수 있다. 또한 브랜드에서 오는 친숙함과 신뢰가 구매로 이어져 비즈니스의 핵심이 된다. 하지만 SNS에서의 그릇된 브랜딩은 비즈니스의 확장성을 제한하거나 소비자를 잘못된 방향으로 이끌어 장기적으로 사업에 부정적인 영향을 미칠 수 있다. 최근 이마트가 브랜딩의 주체를 소비자에게 돌려 '노브랜드(No Brand)'라는 브랜드를 창조한 것도 이와 같은 맥락에서 이해할 수 있다. 광고나 브랜드에서 오는 소비자의 피로감을 해소하고 브랜드를 넘어 가치(value)와 질(quality)에 집중하도록 소비자를 유도하는 전략인데, 사실 이것도 일종의 브랜딩이다.

와도 무관하지 않다. SNS 마케팅은 속성상 계정을 만든 인플루언서 자체가 브랜드가 되는 구조를 지니고 있다. 구독자들은 인플루언서의 말을 믿고 제품이나 서비스를 구입한다. 속옷이 좋아서 사는 것이 아니라 하늘이라는 사람이 좋아서 사는 것이다. 이처럼 인플루언서라면 자신이 핵심 브랜드이므로 무엇보다 자기 신변에 대한 관리가 철저해야 한다. 오늘날 인플루언서는 또 다른 형태의 연예인인 셈이다. 원하든 원치 않든 '관심'이라는 창살에 갇힌 존재다. 온라인이든 오프라인이든 모두가 일거수일투족을 보고 있어 인맥 관리부터 외부 활동까지 조심해야 한다. 구독자가 많으면 많을수록, 활동이 많으면 많을수록 자신의 행동반경을 촘촘하게 나누어서 치밀하게 관리할 필요가 있다.

> "SNS 마케팅에서 브랜드는 제품이 아니라 인플루언서 자신이다"

특성 있는 제품을 소개하라

인플루언서가 SNS 마케팅에서 가장 중요한 핵심 요소라고 해서 제품의 퀄리티나 독창성이 무의미한 것은 아니다. 브랜드의 중요성만큼 제품도 중요하다. 브랜드 가치는 충분히 살렸지만, 제품에 들여야 할 R&D와 경쟁력 강화 노력을 생략한 나머지 그동안 쌓은 이미지마저 무효화시킨 이들이 있다. 충북 음성군에 소재한 한 마트 내에 입점한 '미미쿠키' 사례다. 미미쿠키는 2016년부터 인스타그램 등 SNS 플랫폼에 포스트를 올려 자신들이 판매하는 쿠키류가 유기농으로 만든 수제쿠키라고 주장했다. 이들은 특히 네이버 블로그를 매우 적극적으로 활용했고, 자녀들의 먹거리와 아토피를 걱정하는 맘카페를 중심으로 인지도를 착실하게 넓혀나갔다. 게다가 '미미쿠키'라는 상호명도 아들의 태명에서 따왔다는 설명까지 덧붙여 구독자들에게 신뢰감과 진정성을 주었다. 구독자들은 '자신의 아기를 먹이기 위해 만들었다니까 아이들에게 믿고 먹일 수 있겠지'라고 생각했다. 이후 맛집이라는 소문이 퍼지면서 하나 둘 멀리서 외지인들까

SNS 홍보에만 신경 썼을 뿐 제품의 질을 향상시키는 데는 노력을 게을리 한 미미쿠키
(출처: SBS news)

지 방문하여 쿠키를 사가는 고객이 늘어났고, 사장 부부는 인스타그램과 카카오스토리를 이용하여 미미쿠키를 인증샷 찍으러 가는 가게로 적극 홍보했다.

문제는 뜻하지 않게 엉뚱한 곳에서 발생했다. 한 네티즌이 미미쿠키에서 판매하는 쿠키 중 일부가 유명 해외 마트에서 판매하는 제품과 유사하다는 의혹을 제기했고, 이후 동일한 제품을 보았다는 댓글이 줄줄이 이어지면서 구매자들 사이에서 커다란 혼란이 빚어졌다. 게다가 성분도 홍보했던 것과 달리 유기농이 아니라 각종 식품첨가물이 들어간 기성 제품이라는 사실이 알려지면서 이미지를 믿고 쿠키와 카스텔라를 구매했던 소비자의 공분을 사기에 이르렀다. 논란이 계속되자 미미쿠키는 카카오스토리와 인스타그램에 폐점을 예고했고, 음성군은 실태 조사에 착수했으며, 청와대 게시판에는 "미미쿠키를 처벌해 달라"는 국민청원이 등장하기도 했다. 사방에서 검증 작업이 이뤄지자 결국 사장 부부는 "SNS에서 인기를 끌면서 구매가 너무 몰리다 보니 넘어서는 안 될 선을 넘었다"라며 혐의를 인정하기에 이르렀고, 2019년 7월 사기와 식품위생법 위반 혐의로 불구속 기소되고 말았다. 이 사건으로 인해 블로그와 인스타그램 등에서 진행되는 광고에 대한 소비자의 신뢰도가 크게 떨어졌다.

인스타그램 마케팅 전략

인스타그램을 마케팅 전략으로 활용할 때 어떠한 것에 유념해야 할까? 인스타그램은 비주얼로 승부하는 플랫폼이다. 가장 먼저 인스타그램은 다른 SNS 플랫폼에서 볼 수 없는 사진 관련 기능을 제공하고 있는데, 40가지 사진 필터 기능(Clarendon, Gingham, Moon, Lark, Reyes, Juno, Slimber 등)과 13가지 수정 기능(밝기, 대비, 온도, 채도, 그림자, 미니어처 효과 등)을 통해 사용자가 원하는 분위기와 색감으로 사진을 보정하여 업로드할 수 있다. 인스타그램의 장점은 또 있다. 인스타그램에서 사진이나 동영상을 실시간으로 촬영하여 바로 업로드가 가능한데, '레이아웃Layout'이라는 앱을 통해 다양한 형식으로 사진을 정리할 수 있으며, '부메랑Boomerang'이라는 앱을 통해 앞뒤 장면을 왔다 갔다 반복하는 짧은 동영상도 만들 수 있다. 이에 많은 젊은 층, 특히 여성 사용자가 애용하는 플랫폼으로 자리 잡았다. 당연히 이러한 고객층이 절대적으로 필요한 기업들은 인스타그램 마케팅에 집중할 수밖에 없다. 최근 우리나라 통계를 살펴보면, 뷰티와 패션에 관심이 많은 20~30대 여성들이 선호하는 SNS로 인스타그램을 꼽았다. 패션이나 뷰티, 요리, 여행 같은 분야에서 마케팅을 계획하는 기업이라면 인스타그램을 핵심 플랫폼으로 잡는 것이 유리할 것이다.

인스타그램은 특히 사용자 수에 비해 광고 노출 경쟁이 치열하지 않아 다른 플랫폼보다 광고가 신선하다. 네이버 키워드 광고나 페이스북 광고는 거의 포화상태에 이르렀으나 인스타그램은 아직 마케팅 기회가 많은 플랫폼으로 여겨진다. 더불어 인스타그램에서도 비즈니스 계정 운영이 가능해지면서 기업용 프로필이나 웹사이트 링크 추가, 연락하기 버튼 등을 넣을 수 있게 되었다. 노출 수나 도달, 팔로워 등을 인스타그램 내의 인사이트에서 확인할 수 있다. 무엇보다 인스타그램의 해시태그는 여러모로 다양한 비즈니스 기회를 제공한다.[1] 인스타그램 사용자는 찾고 싶은 브랜드나 관심사를 해시태그를 통해 검색하고 정보를 얻는다. 해시태그는 이미지에 대한 내용을 구체적으로 설명하는 기능을 할 뿐만 아니라 인스타그램 사용자가 당시에 느낀 감정이나 생각을 읽을 수 있는 정보가 된다. 인스타그램에서 해시태그를 이용하면 원하는 이미지를 태그 검색을 통해 찾을 수 있고, 자신의 팔로워들뿐만 아니라 같은 해시태그를 검색한 모든 사용자에게도 해당 이미지가 공유된다. 긴 설명이 필요 없이 사진이나 영상을 올리면서 이를 함축적으로 설명하는 해시태그를 붙여 직관적으로 메시지 전달이 가능하며, 이는 단순한 사진과 영상의 공유를 넘어 새로운 문화 트렌드를 파악하는 데 도움이 될 수 있다. 이러한 기능들은 기업이 소비자에게 브랜드를 각인시키는 데 더없이 중요한 도구가 되고 있다.

또한 인스타그램에는 '스토리'라는 기능이 있는데, 한마디로

1 해시태그는 2007년 트위터에서의 대화를 분류하는 방법을 고민하던 트위터 사용자 크리스 메시나(Chris Messina)에 의해 최초로 만들어진 것으로 알려졌다.

24시간 후 지워지는 단기 포스트인 셈이다. 스토리를 통해 누가 읽었는지 알 수 있으며, 위치 및 시간, 투표 등 여러 기능을 함께 사용할 수도 있다. '좋아요'나 댓글을 남길 수 없는데다가 누가 봤는지 알 수 있어 인스타그램에서 게시물보다 스토리를 더 활발히 이용하는 사람들도 많다. 스토리 보관을 설정하면 비공개로 스토리를 계속 보관할 수도 있고, 스토리 하이라이트를 설정하면 해당 스토리를 항상 프로필 포스트 상단에 노출시킬 수도 있다. 젊은 층은 페이스북에 없는 다양한 기능을 통해 자신의 정체성과 감각을 드러낼 수 있고, 기업은 이를 마케팅 툴로 더욱 다양하게 응용할 수 있다.

인스타그램 역시 페이스북처럼 마케팅에 활용할 때 주의해야 할 사항이 있다. 가장 중요한 점은 자신의 포스팅에 솔직해야 한다는 것이다. 어설픈 한두 장 사진으로 빈약한 제품군을 포장할 수는 없는 노릇이다. 많은 인플루언서가 활용하고 있는 SNS 플랫폼, 인스타그램은 Instant Telegram의 줄임말로 알려져 있다. 말 그대로 '즉석 전보'라고 부를 수 있겠다. 플랫폼에서는 즉석에서 글을 올릴 수 있겠지만, 콘텐츠가 말하고 있는 제품은 즉석에서 뚝딱 만들어질 수 있는 것이 아니다. 훌륭한 제품, 오래도록 소비자의 사랑을 받는 명품이란 오랜 연구와 노력, 끊임없는 연습과 꾸준한 실력 향상으로 탄생하는 법이다. 자신의 인스타그램 계정을 겉만 번지르르한 사진들로 도배한다 하더라도 이런 기본적인 제품군이 형성되어 있지 않으면 오랫동안 구축하는 데 노력을 들였던 구독자 수나 '좋아요', 각종 지표들도 새벽안개 걷히듯 하루아침에 흔적도 없이 사라져버릴 수 있다. SNS에서는 좋은 뉴스만큼이나 나쁜 뉴스 역시 빨리 퍼진다. 그런 의미에서 SNS의 입소문 마케팅은 양날의 검과 같다.

페이스북 마케팅

구글이 창업한 지 6년이 지난 2004년 하버드대학교를 다니던 약관의 대학생 마크 저커버그Mark Zuckerberg는 친구와 의기투합해 장난삼아 아이비리그에 다니는 재학생들의 얼굴과 프로필을 보여주는 사이트를 만든다. 이 별 볼 일 없이 시작했던 장난은 훗날 소셜네크워크 서비스SNS라는 전대미문의 영역을 개척하는 위대한 첫발이 되었다. 그들은 자신들의 플랫폼에 '페이스북facebook.com'이라는 이름을 붙여주었고, 대중적인 모바일기기의 보급과 함께 젊은이들 사이에서 삽시간에 하나의 문화현상으로 자리 잡게 된다. 2012년 나스닥에 상장되었고, 이후 인스타그램을 인수하면서 성장에 탄력을 받게 되었다. 서로 다른 두 플랫폼의 합병은 긍정적인 시너지를 냈다. 인스타그램을 인수한 이후 페이스북의 시가총액은 2017년 4천억 달러로 상승했으며, 2018년 6월 기준으로 블룸버그가 산정한 인스타그램의 기업가치 역시 1천억 달러로 인수 당시보다 100배가량 올랐다. 오늘날 전 세계 10억 명이 넘는 회원이 페이스북에 가입했으며, 시가총액 726조 7,250억 원에 이르는 굴지의 대기업으로 자라났다.

미국의 마케팅업체 미디어킥스Mediakix는 SNS 기반의 인플루언서 마케팅시장 규모에 대해 2020년에는 50~100억 달러까지 성장할 것으로 예상했다. 미디어킥스는 인플루언서의 15가지 트렌드를 제시했는데, 특히 인스타그램에 대한 마케팅 효용성을 높게 점치

인플루언서의 15가지 트렌드 전망

1. 인플루언서 마케팅 예산이 증가할 것이다.
2. 인플루언서층이 진화하면서 나노 인플루언서가 더 인기를 끌게 될 것이다.
3. 브랜드와 인플루언서가 가짜 봇과 팔로워들을 단속하게 될 것이다.
4. 인플루언서가 브랜드 파트너와 제품 협업 작업을 하게 될 것이다.
5. 인스타그램이 가장 결정적인 인플루언서 마케팅 채널이 될 것이다.
6. 틱톡과 트위치가 좀 더 대중적인 인플루언서 마케팅 채널로 부상할 것이다.
7. 인플루언서 이벤트의 인기가 상승할 것이다.
8. 브랜드들이 더욱 장기적인 인플루언서 파트너십에 투자할 것이다.
9. 인플루언서 마케팅 투자자본수익률을 계산하는 것이 더욱 쉬워질 것이다.
10. 인플루언서 마케팅이 효율 면에서 전통적인 유료 마케팅 영역을 차지할 것이다.
11. 게임 인플루언서, 특히 여성 게이머들이 약진할 것이다.
12. 브랜드들이 인플루언서를 찾을 때, 콘텐츠의 질과 브랜드 안전성을 우선순위에 둘 것이다.
13. 인플루언서와의 협업 비용이 더욱 다변화할 것이다.
14. 인스타그램 인플루언서가 더욱 개인적이고 긴 형식의 자막을 사용할 것이다.
15. 크리에이터들이 소셜 미디어 채널에 금전적 옵션들을 다양화할 것이다.

고 있다.[2]

SNS 마케팅 중에서 페이스북을 이용한 마케팅은 최근 생산 기업들뿐만 아니라 유통 기업들에게 필수 전략으로 인식된다. 실제로 「포춘」지 선정 100대 기업 중에서 1개 이상 소셜 미디어를 활용하는 기업이 전체 중 79%에 달할 정도로 오늘날 기업들은 SNS 마케팅의 중요성을 제대로 파악하고 있다. SNS가 가지고 있는 바이럴 마케팅의 속성은 제품의 평가를 실시간으로 빠르게 전파하는 유용한 도구

2 https://mediakix.com/influencer-marketing-resources/influencer-marketing-trends/

페이스북

시작일: 2004년 2월 4일

사용자: 대략 23억 명 이상

특장점: 팔로우, 뉴스피드 기능, 좋아요/친구 추천 기능, 광고 기능

2004년 대학생이던 마크 저커버그가 재학생과 동문들을 위한 인터넷 명단집을 만들다가 탄생한 페이스북은 SNS 플랫폼 중에서 가장 많은 사용자 네트워크를 거느린 플랫폼이다. 페이스북의 상징이라고 할 수 있는 '좋아요' 버튼과 뉴스피드, 팔로우 기능들을 탑재하고 있어 전 세계 누구와도 손쉽게 페북 친구를 맺을 수 있고 게시글을 볼 수 있다는 장점을 갖고 있다. 특히 알고리즘을 통해 '친구 추천' 기능이 있어서 연관성에 따라 온라인상에서 친구들을 찾는 재미도 쏠쏠하다. 페이스북은 다른 SNS 플랫폼과 달리 과감하게 광고 기능을 선보여 수익 구조를 창출하고 가성비 높은 광고 효과를 누릴 수 있도록 하여 SNS 마케팅에 최적화된 플랫폼이라는 평가를 받는다.

로 활용되기에 충분하다.

페이스북 마케팅의 장점

마케팅에 활용할 수 있는 페이스북 플랫폼이 가진 장점들은 명백하다. 페이스북은 개인이든 기업이든 쓰임새가 다양하고, 네트워크 내에 전파력과 파급력이 우수하며, 상대적으로 젊은 사람들이 많

이 쓰는 플랫폼이어서 특히 유행과 인기에 민감하다. 페이스북의 상징과도 같은 '좋아요like' 버튼을 통해 마케팅을 극대화할 수 있는 활용도 또한 최고다. 페이스북이 가진 다섯 가지 핵심 기능도 마케팅의 좋은 툴이 된다. 첫째, 친구들과 소통을 목적으로 활용하는 프로필Profile 공간, 브랜드 · 유명인 · 기업 등이 홍보를 목적으로 활용하는 페이지Page, 일종의 커뮤니티로 공개 · 비공개 · 비밀그룹 설정이 가능한 그룹Group, 사용자가 원하는 기능을 외부 개발자들이 개발하여 페이스북에 제공하는 애플리케이션Application, 페이스북 바깥에서도 페이스북을 즐길 수 있는 플러그인Plug-in 기능 모두 기업이 자사의 제품과 서비스를 이용하는 고객과의 관계를 형성하고 유지하는 데 좋은 마케팅 도구가 되고 있으며, 특히 전 세계적으로 가장 많은 가입자를 가진 SNS라는 점을 최대한 활용하고 있다.

국내 소셜 미디어 플랫폼 사용자를 나타낸 인포그래픽을 보면, 이러한 페이스북의 강점은 더욱 두드러진다. 한때 국내에서 무소불위의 절대강자로 꼽혔던 카카오스토리보다 페이스북과 인스타그램의 순위가 더 높다. 비록 2017년 각기 1위와 2위를 차지했다가 2018년 네이버밴드에 1위를 내주었지만, 여전히 페이스북의 인기는 식을 줄 모른다. 연령별로 페이스북을 주로 이용하는 층은 10대와 20대가 압도적인데, 최근에는 40대와 50대 이용자도 급격히 늘어나고 있는 추세다. SNS별 이용 시간도 페이스북이 강세를 보인다. 2017년 페이스북은 일평균 33.6분, 인스타그램은 30.3분을 기록하여 21분에 그친 카카오스토리를 앞섰다. 결국 마케팅은 사람들이 많이 모이는 곳에서 이루어지기 마련이다. 이런 통계들만 보아도 왜 페이스북이 SNS 마케팅을 하기에 최적의 플랫폼인지 쉽게 알 수 있다.

페이스북은 여전히 건재한 SNS 플랫폼이다.
(출처: 앱에이프)

페이스북은 그 어떤 광고매체보다 대상을 타깃화하는 데 최적화된 SNS 플랫폼이다. 페이스북에 접속하는 사용자는 매일 자진해서 자신의 생년월일, 고향, 직장, 출신학교, 교육 수준, 거주지 같은 기본 정보뿐 아니라 오늘 방문한 장소, 만난 사람, 평소 좋아하는 스포츠, 좋아하는 영화, 구독한 페이지, 지인과 친구들의 정보까지 담벼락에 남긴다. 점심에 누구와 어디서 무슨 음식을 먹었으며, 다가오는 총선에서 어느 정당의 후보를 지지할 것이며, 주말에 어느 지역으로 여행을 갈 예정인지 자신의 빅데이터를 여기저기 흘린다. 이러한 디지털 흔적들은 페이스북 마케팅에 없어서는 안 될 중요한 마케팅 자료가 된다. 타깃을 정확하게 만들 수 있는 마케팅이라면 그 성과 또한 예측 가능하다. 페이스북은 잠재고객에게 광고를 노출시킬 수 있도록 설계된 정교한 알고리즘을 가지고 있어 기업 입장에서는 타깃으로 정한 소비자층에 최적화된 광고를 집중할 수 있다.

CJ 비비고 냉동면 캠페인은 이러한 페이스북 마케팅의 성공사례로 꼽힌다. 페이스북이 제공하는 별도의 페이지인 '페이스북 비즈니스'에 페이스북을 사용한 성공적인 마케팅 사례로 소개되었다. 보통 페이스북 비즈니스 페이지에 소개된 기업들은 마케팅 분야에서 최고 수준의 성과를 낸 기업으로 평가받는다. CJ는 페이스북과 인스타그램에서 동시에 냉동면 캠페인을 진행하면서 페이스북 머신러닝 기반의 게재면 최적화 방식을 사용했다. 이를 통해 하나의 콘텐츠를 채널별 최적의 광고면에 게재함으로써 소비자에게 더욱 효과적으로 일관된 메시지를 전달했다는 평가를 받았다. 비비고는 냉동면 캠페인을 통해 제품 자체의 간편한 조리법과 뛰어난 맛, 품질을 핵심 메시지로 담은 동영상을 통해 냉동 상태에서 끓는 물에 바로 넣기만 하면 되는 초간단 조리법과 완전히 대비되는 깊은 맛의 육수, 완벽히 재현해낸 맛집 고명, 1만 번 이상 치댄 면 등의 품질 메시지를 효과적으로 전달한 것을 주된 성공 요인으로 꼽았다. 캠페인 이후 비비고 냉동면에 대한 선호도와 구매 의향, 광고 상기도 등이 모두 의미 있는 수준으로 올랐다. 특히 구매 의향은 페이스북 마케팅을 진행한 전체 소비재 평균 상승에 비해 4배가량 높게 나타났다. 이는 매출로도 나타나 비비고 냉동면은 출시 이후 6개월간 약 70억 원의 매출을 올리며 성공적으로 시장에 안착하여 간편식 냉동면 시장의 성장을 주도했다.

페이스북 마케팅에서의 주의사항

물론 페이스북이라고 해서 장점만 있는 것은 아니다. 네트워크가 전파력이 뛰어난 만큼 상대적으로 제어력이 부족할 수밖에 없다. 일단 부정적인 내용이 네트워크를 타고 돌면 사실상 기업 입장에서 이를 제어할 방법이 별로 없다. 일례로 2011년 순위권 안에 들던 국내 토종 커피 브랜드인 탐앤탐스가 공식 트위터에 김정일 북한 노동위원장의 사망 소식에 애도의 뜻을 표하는 트윗을 올린 사건이다. 탐앤탐스 SNS 마케팅팀 담당 직원이 실수로 올린 정치 트윗은 일파만파 퍼지면서 사회에 커다란 논란을 불러일으켰다. 정치와 종교 주제는 건드리지 않는 것이 좋다는 불문율을 어긴 것이 화근이었다. 트윗에는 “여기가 인민커피를 만드는 곳이냐?”, “아예 이참에 평양 1호점을 개점하지 그래?” 같은 비난성 댓글들이 달렸고, 급기야 팀장이 공개적으로 사과하는 사태까지 일어났지만 논란은 한동안 가시지 않았다. 이 기간 동안 회사의 매출에 심대한 타격이 발생한 것은 굳이 말하지 않아도 뻔한 결과였다.

이 외에도 페이스북 마케팅의 단점은 또 있다. 다른 SNS에 비해 높은 비용이 든다는 점, 이미 성숙한 플랫폼에서 초기 시장 진입이 어렵다는 점, 상대적으로 낮은 정보성 때문에 몇몇 기업에 의해 정보가 독점될 수 있다는 점 등이 단점으로 제기된다. 페이스북에는 이미 패션이나 육아, 생활, 음식, 스포츠, 여가, 문화, 게임 등 다양한 주제의 콘텐츠들이 즐비하다. 이미 플랫폼에 유사동종 콘텐츠가 넘

SNS 플랫폼이 제공하는 기능들

소통 communication	자신의 의견을 상대방에게 전달하거나 친구들과 대화를 나눌 수 있는 기능
연결 connection	오프라인상으로 관계를 맺고 있는 사람들과 연락하면서 관계를 유지할 수 있는 기능
정체성 identity	자신의 최근 상황이나 기분, 감정, 생각을 표현하고 자신만의 개성을 표출할 수 있는 기능
공유 sharing	알고 싶은 정보나 음악, 동영상 등의 콘텐츠를 공유하거나 배포할 수 있는 기능
검색 search	전문적인 지식과 그 지식을 소유하고 있는 사람들을 검색할 수 있는 기능

쳐나서 기업 입장에서 페이스북은 레드 오션에 해당한다. 그렇기 때문에 페이스북을 가지고 막 SNS 마케팅을 시작하려는 신생 기업들은 마케팅 성과에 대한 부담을 가질 수밖에 없다.

그럼에도 페이스북은 여전히 마케팅 생태계에서 중요한 위치를 점유하고 있으며, 결코 무시할 수 없는 지위를 누리고 있다. 페이스북을 비롯한 대부분의 SNS 플랫폼은 기업과 고객을 연결하고 소비자와 소비자를 연결하는 연결성을 기반으로 움직이므로 특정한 정체성을 확보하지 못한 상태에서 섣불리 진입했다가는 낭패를 보기 쉽다. 아마존이 거의 독식하고 있는 e-커머스 시장에 등장한 위시Wish는 구글 출신의 엔지니어들이 설립한 모바일 쇼핑 앱인데, 이들은 광고를 페이스북과 인스타그램으로만 진행하고 있다. 현재 위시는 조 단위의 매출을 올리고 있다. 이들의 성공 비결은 정확한 마케팅 정체성을 가지고 움직였다는 것이다. 또한 페이스북 마케팅에서 명심해야 할 사항 중 하나는 분명한 메시지와 스토리, 내러티브가 있어야 한다는 점이다. 스토리가 떠오르지 않는 영상은 아무리 페이스북을 이용한다 해도 소비자의 머릿속에 남아 있지 않게 된다. 이 부분은 다음 장에서 좀 더 자세하게 설명한다.

4장
마케팅 혁명의 승전가
유튜브로 시작하다

Veni, vidi, vici

왔노라, 보았노라, 이겼노라.

– 시저 –

일찍이 1990년대 초 영국 옥스퍼드대학교의 인류학자인 로빈 던바Robin Dunbar는 사람에게 필요한 친구의 최대치를 규명한 것으로 유명하다. 그는 진화심리학을 통해 유인원과 인간의 두뇌 크기, 그리고 다양한 사회관계를 관찰하여 인간이 평소 많은 사람들을 알고 있는 것 같지만, 사실 공동체를 이루며 인간관계를 유지할 수 있는 친구의 수가 고작 150여 명에 불과하다고 주장했다. 이른바 '던바의 수Dunbar's number'라고 하는 이 개념은 SNS가 활발한 요즘에도 꾸준히 연구되고 있다. 던바에 따르면, 던바의 수가 정서적 지지와 물질적 지원을 주고받는 유의미한 관계 맺기와 상호작용의 최대치이자 한계점이 된다는 것이다. 페이스북이나 트위터, 인스타그램 등이 촉발한 'SNS의 폭발' 속에서 이 문제는 마케팅에 매우 중요한 주제를 부각시켰다. 과연 SNS를 통해 상업적으로 영향을 미칠 수 있는 한계는 어디까지일까?

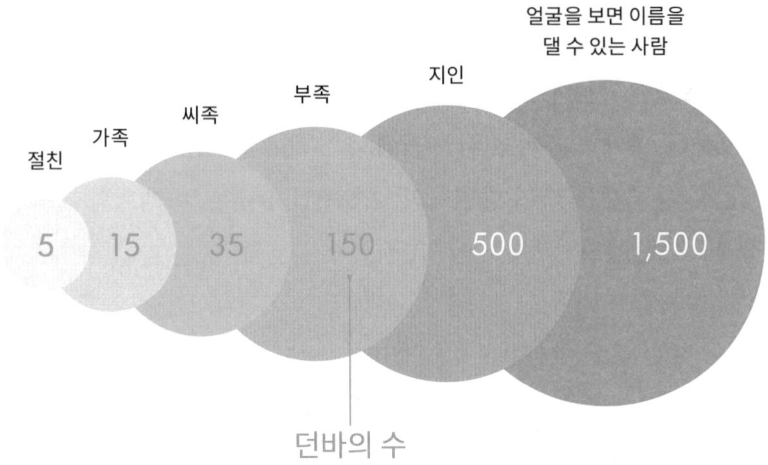

도식화한 던바의 수. 우리가 제대로 아는 사람은 사실 150명밖에 없다고 한다.

사실 던바의 주장처럼 SNS에 고작 150명의 팔로워만 두고 있는 사용자는 드물다. 대부분 1천 명 이상의 폭넓은 인맥을 자랑하며, 그 폭은 시간과 함께 늘어나는 경향이 있다. 개중에는 1만 명 이상의 팔로워를 보유한 이들도 적지 않다. 하지만 곰곰이 생각해보면, 우리가 전혀 알지도 못하는 사람, 일면식도 없는 사람, 이름 정도 아는 사람들이 네트워크 안에 얼마나 많은가? 때로는 "어, 이런 사람도 내 페북 친구였어?"하고 리스트를 보고 깜짝 놀랄 때도 있다. 150명보다 많은 사람을 관리할 수 있는 인지 능력은 제한된 두뇌 크기 때문에 현실적으로 불가능하며, 위계적으로 작은 집단들을 위로 묶어나가며 집단의 크기를 늘려가는 방안 역시 역사적으로 성공하지 못했다. 던바는 제아무리 페이스북 같은 소셜 미디어가 판을 쳐도 핵심 팔로워가 던바의 수를 넘는 것은 불가능하다고 단언한다. 정작 중요한 것은 얼마나 많은how many 사람들과 관계를 맺고 있느냐가 아니라 얼마나 밀접한how close 관계를 맺고 있느냐일 것이다. 즉, 1천 명이라는 팔로워보다 150명이라는 핵심 그룹이 주는 관계의 질이 더 중요하다. 마케터는 바로 이 지점에 주목해야 한다.

이 장에서는 SNS 마케팅의 종착지인 유튜브 마케팅의 전략을 살펴보도록 하자.

유튜브 마케팅

유튜브 마케팅은 최근 세계적인 다국적 기업들이 앞 다투어 뛰어들고 있는 분야다. 기업 마케터들에게 유튜브 광고는 선택이 아닌 필수가 되었으며, 유튜브는 영상 기반의 플랫폼 중에서 가장 많은 노출도와 빈출도를 자랑하는 매체가 되었다. 오늘날 유튜버는 청소년들이 선망하는 직업 중 상위에 오를 정도다. 미국 파서블월드와이드의 최고전략책임자인 밥 길브리스Bob Gilbreath는 유튜브 마케팅이 지닌 가치에 대해 이렇게 말한다. 2005년, 나이키는 매출 137억 달러에 수익 12억 달러를 내는 스포츠운동화업계 최고의 자리를 차지했다고 한다. 그러나 그해 오랜 경쟁사였던 아디다스가 리복을 인수하면서 순식간에 업계 2인자의 자리에 올랐고, 턱밑에서 나이키의 아성을 넘보고 있었다. 엎친 데 덮친 격으로 신생기업 언더아머가 새로운 지형에 등장해 가뿐히 6억 700만 달러의 매출을 올리며 아디다스와 다른 영역에서 나이키를 위협했다. 업계 관계자들은 나이키가 이전에 그러했듯이 막대한 홍보비를 지출하여 경쟁사들을 따돌리는 유사 전략을 쓸 것이라고 예측했다. 1980년대 이후부터 TV에 나이

유튜브

시작일: 2005년 2월 14일

사용자: 대략 20억 명

특장점: 비디오 해상도 기능, 댓글 기능, 오버레이/디스플레이 광고

다른 SNS 플랫폼들과 달리 오로지 동영상을 자유롭게 올리는 데 최적화된 세계 최고의 비디오 플랫폼으로 알려진 유튜브는 '당신(you)'과 텔레비전의 별칭인 '튜브(tube)'를 합성한 말이다. 즉, '당신의 텔레비전' 정도의 의미를 갖고 있다. 그래서 유튜브로 영상을 제작해서 게시한 사람을 '유튜버' 혹은 '크리에이터'라고 부른다. 유튜브는 콘텐츠의 저작권과 그에 따른 수익을 연동시키는 데 플랫폼 운영의 핵심 철학을 갖고 있다. 이는 올린 영상 제작물에 대해 크리에이터가 일정한 광고 수익을 가져가는 정책으로 잘 확인된다. 유튜브가 자체적으로 개발한 알고리즘을 가지고 이용자가 한 번 보았던 영상과 유사한 주제의 영상들을 추천하는 기능이 있고, 댓글 기능이 있어 콘텐츠에 대해 쌍방향 소통이 가능하다는 강점도 있다. 최근에는 레거시 미디어(legacy media)에 대한 대안적 1인 미디어의 하나로 다양한 쓰임새를 갖고 있다는 평가를 받는다.

키 로고가 박힌 운동복을 입은 세계 최고의 선수들을 내세워 단편 광고비로만 수백만 달러의 비용을 지출하면서 지켜온 업계 1위의 자리였다. 하지만 길브리스에 따르면, 나이키는 과거보다 더 약아졌고,

전통적인 TV 광고가 아닌 가치에 집중하는 마케팅에 매달렸다.

> "나이키는 가치 마케팅이라는 개념을 다른 스포츠에도 확장시키고 있다. 그들은 브라질의 축구스타 호나우지뉴의 숨 막히도록 멋진 모습을 담은 2분 46초짜리 동영상을 텔레비전이 아닌 온라인에 올려 유튜브 한 사이트에서만 1,700만 조회 수를 올렸다. 나이키의 전 세계 매출은 4년 만에 100억 달러에서 160억 달러로 훌쩍 뛰었으며, 2007년 2월에는 월스트리트에서 CEO 마크 파커가 향후 5년간 매출을 80억 달러 더 높이겠다고 호언장담했다. 그의 이러한 자신감은 나이키가 새로운 마케팅 모델의 비밀을 알아냈다는 데서 일부 기인한 것이다. 나이키의 영원한 라이벌인 아디다스는 아직도 슈퍼볼 광고를 내보내고 올림픽 유니폼에 로고를 박아 넣느라 수백만 달러를 낭비하고 있다는 사실을 언급해야겠다."[1]

이후 나이키의 유튜브 마케팅 전략은 하나의 공식처럼 굳어졌다. 나이키는 월드컵 기간마다 유튜브를 통해 판타지물이라 불러도 손색없는 축구 영상들을 만들어 지속적으로 올렸다. 지난 월드컵 때는 #riskeverything이라는 캠페인의 일환으로 'Winner Stay'라는 4분짜리 영상을 만들었는데, 축구 팬들뿐만 아니라 전 세계 시청자에게 큰 호응을 얻었다. 이 영상에는 크리스티아누 호나우두, 네이마르, 웨인 루니, 즐라탄 이브라히모비치 등 이름만 들어도 가슴 뛰는

---

1 밥 길브리스(2011), 『마케팅, 가치에 집중하라』, 구세희 역, 비즈니스맵, 76-77쪽.

나이키는 유튜브를 자사 마케팅으로 적극 활용하고 있다.
(출처: youtube.com)

축구 스타들이 등장하며, 광고라기보다는 가히 블록버스터급 영화 같은 퀄리티를 자랑했다. 이후 'Nike Football' 유튜브 채널은 180만 명 이상의 구독자를 확보하면서 구독자 수 6위, 조회 수 9위에 올려놓으며 나이키를 유튜브 내에서 명실상부 세계적인 브랜드로 등극시켰다.

유튜브의 역사

2005년 국제 전자거래 회사인 페이팔에서 동료로 일하던 채드 헐리와 스티브 첸, 자웨드 카림은 함께 의기투합해 유튜브를 설립했다. 헐리는 이베이 페이팔 지부에 입사하기 전 인디애나대학교에서 디자인을 공부했고, 대만계 미국인 첸은 일리노이대학교에서 컴퓨터과학을 전공했다. 방글라데시 출신 아버지와 독일 출신 어머니 사이에서 태어난 카림은 일리노이대학교에서 컴퓨터공학을 전공했다.

셋은 1,150만 달러의 투자금을 받아 스타트업으로 유튜브를 창업했는데, 2005년 4월 '동물원에서의 나me at the zoo'라는 동영상을 처음 게시하면서 세계 최대 동영상 사이트 유튜브는 첫 발을 뗐다. 그해 9월, 유튜브에 올라온 나이키 광고는 첫 100만 뷰를 기록한 동영상이 되었고, 2007년 7월에는 CNN과 함께 첫 대선 토론을 주최하면서 다시 한번 도약하게 되었다.

2006년 구글은 창업한 지 채 1년밖에 되지 않은 유튜브를 16억 5천만 달러(약 2조 2천억 원)에 인수했다. 인수 뒤 몇 년 동안은 적자를 면치 못했지만, 이후 구글과의 합병으로 시장에서 시너지 효과를 내면서 매출에 탄력을 받게 되었다. 유튜브의 2019년 광고 매출은 151억 5천만 달러로 한화 약 18조 600억 원에 이르렀다. 이 매출은 구글 전체 매출의 10%에 달하는 어마어마한 수치다. 과거, 구글 전체 매출의 200분의 1에도 못 미치던 수준과 비교해보았을 때 청출어람을 실감케 하는 성장인 셈이다. 광고 없이 동영상 시청이 가능한 유튜브 프리미엄 구독자 수는 어느덧 2천만 명을 돌파했다. 2019년 현재 유튜브는 전 세계 20억 명의 사용자를 거느린 최대 비디오 공유 플랫폼이 되었다. 플랫폼에서 매일 동영상을 보는 조회수는 1억 뷰, 하루 유튜브 동영상 시청 시간 10억 시간, 분당 400시간 분량의 동영상 업로드, 2,430만 개의 채널 수를 자랑하고 있다.

유튜브 마케팅의 가치와 전망

미국 메인주의 두 호기심 많은 청년이 멘토스를 2ℓ들이 콜라에 멘토스를 넣어 소다 분수를 만드는 영상이 유튜브에 올라오면서 엄청난 화제가 되었다. 이들은 실험실 가운을 입고 고글을 낀 채 마트

각종 멘토스 실험은 엄청난 화제를 낳으며 유튜브 플랫폼의 인기를 크게 끌어올리기도 했다.
(출처: youtube.com)

에서 흔히 살 수 있는 2ℓ짜리 다이어트 콜라에 500개의 멘토스를 넣고 거대한 거품쇼를 일으켰다. 이들은 유튜브 영상에서 라스베이거스 벨라지오 카지노에 있는 분수쇼를 재현하기 위해 이 화학실험을 한다고 밝혔다. 이들의 영상은 엄청난 조회 수를 기록했으며, 그 덕분에 토크쇼인 '데이비드레터맨쇼'에도 출연하여 멘토스와 콜라를 이용한 분수쇼를 재연하기도 했다. 이후 유튜브에는 이와 유사한 영상들이 폭발적으로 등장했으며, 콜라와 멘토스로 물뱀과 물고기를 잡는 영상 같은 아류작들도 만들어졌다. 2017년 우리나라 초등학생들을 중심으로 크게 유행한 액체괴물과 슬라임 콘텐츠 역시 유튜브에 단골로 올라오는 작품이었다.

흔히 정보를 검색할 때 네이버로 들어가면 '아재', 유튜브로 들어가면 '십대'라는 말이 있다. 최근 유튜브가 젊은 세대를 중심으로 얼마나 커다란 인기를 구가하고 있는지 알 수 있는 대목이다. 이제 네이버나 구글로 검색하지 않고 유튜브로 직행하는 사람들이 많아졌다는 뜻이다. 이를 미리 예견한 이들이 바로 구글이었다. 2006년 구글이 인수했을 때만 해도 유튜브는 한 해 한화로 약 5천억 원 수준의 적자를 기록하고 있었다. 이후 유튜브는 흑자로 돌아섰고,

[최근 2년 주요 매체 모바일앱 평균 체류시간 변화]

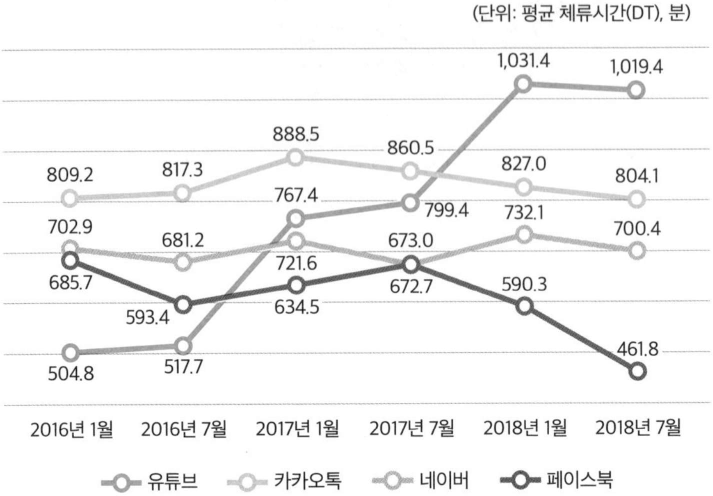

유튜브는 이제 모바일에서 가장 많이 찾는 플랫폼이 되었다.
(출처: incross.com)

2019년 전 세계에서 151억 달러 이상의 수익을 거뒀다. 구글의 부사장 겸 유튜브 CBO 로버트 카인클Robert Kyncl은 일찌감치 "인터넷 트래픽의 90%는 모두 온라인 비디오로 변할 것"이라고 예언한 것이 허풍만은 아닌 셈이다.

우리나라의 상황도 크게 다르지 않다. 디지털 광고 전문기업 인크로스는 2018년 동영상 소비 행태에 따른 광고시장의 변화를 분석한 「마켓인사이트 리포트」를 발표했다. 여기서 대한민국 모바일 이용자가 한 해 가장 긴 시간 머무른 앱은 유튜브(1,019분)라고 밝혔다. 2016년 1월 집계된 유튜브 평균 체류 시간(504분)과 비교하면, 최근 2년 사이에 대략 2배로 증가한 것이다. 이로써 체류 시간 순위는

2016년 1월 카카오톡(809분), 네이버(702분), 페이스북(685분), 유튜브(504분) 순이었으나, 2018년 7월 유튜브(1,019분), 카카오톡(804분), 네이버(700분), 페이스북(461분) 순으로 바뀌었다. 인플루언서가 만든 콘텐츠들의 약진과 함께 유튜버의 수익이 공개되면서 유튜브가 대중 속으로 깊이 파고들었다는 분석이 가능하다. 아직까지 국내에서 네이버의 아성은 무시할 수 없는 수준이다. 하지만 유튜브는 빠르게 네이버의 영역을 잠식해 들어가고 있다.

유튜브 콘텐츠의 형식

유튜브에는 인간의 천태만상이 다 들어 있다. 단순한 리뷰 영상에서부터 강의와 중계 영상, 그리고 기괴한 영상에 이르기까지 콘텐츠의 주제와 형식, 내용에 있어 그 범위와 한계를 가늠할 수 없을 정도다. 여기에 최근 주목받고 있는 길거리 인터뷰와 라이브 스트리밍까지 기존의 영상매체에서는 다룰 수 없었던 쌍방향 콘텐츠를 자유롭게 올리고 시청할 수 있게 되었다. 유튜브에는 어떤 형식의 콘텐츠들이 있을까?

유튜브에서 유통되는 가장 일반적인 콘텐츠는 뭐니 뭐니 해도 리뷰review 영상일 것이다. 연매출 30억 원을 벌어들이는 파워 유튜버 대도서관의 경우, 게임 리뷰를 통해 현재의 위치까지 올라선 사실은 누구나 알고 있다. 대도서관이 올리는 리뷰 콘텐츠가 업계에 상당한 영향력이 있다 보니 그가 방송 중에 플레이한 게임이 출시 이후 비약적인 인기를 얻은 경우도 비일비재하다. e-스포츠업계 역시 유튜버들이 올리는 리뷰 콘텐츠가 게임 유저들 사이에서 인기를 누리고 있다는 사실을 잘 알고 있다. 스웨덴 출신의 유튜버 퓨디파이

유튜브에서 유통되는 영상의 종류

리뷰 영상	게임, e-스포츠, 영화, 드라마, 화장품, 뷰티, 패션, 스마트기기, 전자제품, 독서 등
먹방 영상	음식, 조리, 레시피, 맛집 탐방, 품평, 푸드파이팅 등
강의 영상	튜토리얼, 컴퓨터, 어학, 학습, 취미, 특기, 악기, 기기조작법, 진로상담, 육아, 정보, 운동 등
토크 영상	토크쇼, 인터뷰, 길거리 만남, 비평, 정치 토론 등
현장 영상	집회, 스포츠 중계, 설교, 연설, 강의, 여행, 방문, 브이로그 등
취미 영상	댄스커버, 패러디, 몰래카메라, 가상 드라마, 반려동물, 낚시, 등산, 스키 등

의 경우, 2010년 유튜브 계정에 등록하여 꾸준히 e-스포츠 게임 영상을 올려 한화로 약 72억 원 이상의 수익을 거두고 전 세계 구독자 1억 명가량을 둔 가장 유명한 인물 중 한 명이다. 매번 게임을 하면서 그의 평가와 코멘트는 최소 500만 뷰 이상을 찍어 온라인 게임업체로부터 끊임없이 러브콜을 받고 있다. 스포츠 리뷰 콘텐츠는 남성들에게 인기가 많다. 축구 경기를 중계하는 감스트나 편파 야구 중계를 하는 파자마솔이 대표적이다. 여성 유튜버들의 경우에는 화장품과 패션, 뷰티 콘텐츠가 압도적이다. 아이돌 메이크업으로 유명한 유튜버는 씬님이나 이사배가 대표적이다. 패션 유튜버는 피팅모델이나 의료업계에 종사하는 이들로 한별이나 리안 등이 있다. 한국에만 있는 먹방 콘텐츠도 새로운 마케팅 영역을 개척하고 있다. 밴쯔나 엠브로, 쯔양 등이 여기에 속한다. 밴쯔는 자신의 이름을 걸고 다이어트

보조식품 회사를 차렸고, 엠브로는 돈까스 레스토랑을 개업했다.

최근에는 브이로그가 인기를 끌면서 유튜브에 자신만의 매력을 발산하는 영상들이 올라오고 있다. 자신의 일상을 소개하는 영상 일기의 일종인 브이로그는 기존의 일방적인 동영상과 달리 시청자와 소통의 장이 되면서 유튜브에서 보편적인 장르로 안착했다. 일상뿐만 아니라 요리, 나들이, 여행, 친구들과의 생활 등을 나지막한 목소리로 자신의 잔잔하고 소박한 일상을 소개하는 BJ 온도, 전업 영어강사면서 전동 스케이트보드를 타고 돌아다니며 서울의 곳곳을 영상에 담아내는 BJ 런업, 메이크업 콘텐츠를 올리면서 브이로그를 하는 BJ 조효진 등이 두드러진 활동을 보이고 있다. 이들은 대부분 유튜브를 통해 매달 수천만 원의 광고 수익을 벌어들이고 있으며, 개중에는 별도의 회사를 차리기도 했다.

유튜브 마케팅 전략

마케팅은 매체의 종류에 따라 ATL과 BTL로 양분된다. ATL은 'Above The Line'의 약자로 보통 4대 오프라인 대중매체이자 올드미디어로 분류되는 TV와 신문, 라디오, 잡지, 그리고 뉴미디어로 분류되는 인터넷과 케이블 TV 등을 포함한 직접적인 마케팅 활동을 말한다. 반면 'Below The Line'의 약자인 BTL은 이벤트나 전시회, 스폰서십 등과 같이 매체를 매개로 하지 않는 마케팅 활동을 뜻한다. 수면 위에서 대놓고 마케팅을 하는 ATL은 기업이 손쉽게 의지할 수 있는 가장 직접적인 마케팅 방식으로, 마케팅 효과 역시 직접적이다.

일반적으로 '광고'라고 하면 가장 먼저 TV 광고를 떠올릴 것이다. 일단 TV에 제품 광고가 뜨면, 그 제품의 인지도는 급격하게 상승한다. 특히 황금시간대에 TV 광고가 몇 번 나가면, 소비자는 광고 속 상품과 브랜드를 금세 인식할 수 있다. 라디오나 신문, 잡지도 마찬가지다. 활자화된 인쇄물은 무시할 수 없는 공신력과 신뢰성을 갖는다. 인터넷 광고는 또 어떤가? 배너나 팝업창을 통한 홍보는 오늘날 기업들이 손쉽게 접근할 수 있는 마케팅 방식이다. 올드미디어에 비해 늦게 출현한 뉴미디어는 마케팅에 선택의 폭을 넓혀주었다. TV나 라디오 광고보다 비용도 저렴하고 비교적 효과도 나쁘지 않다. 물론 TV가 가지는 분명한 홍보 효과에 견주기는 어렵다.

반면 BTL은 올드미디어와 뉴미디어 광고 이외에 각종 이벤트와 전시, 스폰서십, 디스플레이, PPL광고, 프로모션, CRM 같은 다채로운 방식으로 이루어진다. 간접적인 마케팅 방식이어서 ATL에 비해 가시적인 효과에 의문이 생길 수 있다. 반대로 기존 광고의 틀에서 벗어난 신선한 광고 형식이어서 도리어 효과가 좋을 수도 있다. BTL의 장점은 ATL의 단점과 겹친다. 무엇보다 ATL에 비해 비용이 저렴하다는 것이 BTL의 가장 큰 장점일 것이다. 들어간 비용에 비해 효과가 매우 좋아서 가성비가 뛰어난 마케팅이라고 할 수 있다. 또한 ATL에서는 광고가 엄격히 제한되던 술이나 담배, 여성 속옷 같은 제품도 BTL에서는 자유롭게 홍보할 수 있다는 장점이 있다. 게다가 불특정다수를 대상으로 광고하는 ATL에 비해 BTL은 좀 더 세분화된 특정 타깃 고객을 대상으로 집중 홍보를 할 수 있다.

그런데 최근에는 ATL과 BTL의 영역을 굳이 나누기보다 하나의 일관된 커뮤니케이션 방향을 지향하는 통합 마케팅의 필요성이

ATL과 BTL

올드미디어(TV와 라디오, 신문, 잡지)와 뉴미디어(인터넷)를 통해 홍보하는 전략을 'ATL'이라고 하며, 오프라인 이벤트나 체험 행사를 통해 홍보하는 전략을 'BTL'이라고 한다. ATL은 기업이 매체를 이용하여 직접 소비자에게 상품을 소개하는 방식을 띠므로 일방향적 성격을 갖고 있다. 반면 BTL은 상품에 대한 소비자의 의견을 묻는 방식을 띠므로 쌍방향적 성격을 갖고 있다. 최근에는 인터넷과 모바일기기의 발달로 이러한 고전적인 마케팅 구분이 모호해지고 있으며, 이에 따라 많은 기업이 두 가지 성격을 섞은 CTL(Cross The Line) 방식을 추구하고 있다. ATL과 BTL을 모두 활용하는 투트랙 전략을 쓰는 것이다.

높아지면서 IMC 마케팅이 등장했다. IMC는 생산자와 소비자가 의사소통으로 통합되었다는 의미의 'Integrated Marketing Communication'의 약어다. IMC는 'Cross The Line'의 CTL이나 'Through The Line'의 TTL로도 불린다. 모두 ATL과 BTL의 크로스오버, 통합적 관점을 나타내는 용어들이다. 인터넷과 소셜 미디어의 발달로 이제 소비자는 광고를 일방적으로 수용하는 객체가 아니라 스스로 원하는 정보를 찾아 능동적으로 검색하고 브랜드를 선택하는 주체로 변하고 있다. 이에 단순히 대중매체에 의존하기보다는 특정 타깃 고객에 접근할 수 있는 효과적인 매체를 선택해서 활용하는 IMC 마케팅이 점차 주류 모델로 자리를 잡아가고 있다. IMC 마케팅은 단순

IMC

IMC는 'Integrated Marketing Communication'의 약자로, 단기적으로는 이익을 끌어내고 장기적으로는 브랜드 가치를 구축하기 위해 전통적인 ATL뿐만 아니라 BTL까지 통합적으로 이용하는 마케팅을 말한다. 최근 소셜 미디어의 등장으로 더욱 중요한 마케팅 수단이 되고 있다. IMC 마케팅 방식의 핵심은 고객이나 잠재고객이 기업에 미칠 재정적 가치를 평가하고 최적화된 설득 커뮤니케이션 방식을 결정하는 것이다. ATL을 통한 매출 증대 같은 단기적인 결과와 BTL을 통한 브랜드 이미지 구축이라는 장기적인 결과에 대한 평가를 통합적으로 거쳐야 한다. 최근에는 유튜브를 통해 내러티브에 중점을 둔 브랜드 마케팅이 각광받으면서 IMC 방식의 마케팅이 더욱 중요해지고 있다.

히 매체에 집중하는 ATL보다 유동적인 대안들을 만들어내는 데 적합하며, 고객과의 만남과 체험을 중시하면서 영업과 동떨어지기 쉬운 BTL보다 적극적인 매출을 끌어내는 데 유리하다. 대표적으로 유튜브 마케팅이 여기에 속한다.

IMC는 쌍방향 온라인 마케팅 전략이 포함된다. IMC가 활용된 대표적인 사례가 유튜브 광고일 것이다. 유튜브 동영상 광고를 통해 광고 타깃을 세분화하여 좀 더 구매력을 높일 수 있고, 동시에 TV 광고의 파급력까지 노릴 수 있다. 이 과정에서 스토리텔링이 활용되기도 하는데, 각 기업은 자사 제품과 어울리는 구체적인 스토리텔링을 통해 콘텐츠를 만들 수 있다. 시간과 주제의 제약이 있었던 TV 광고에서는 시도할 수 없었던 접근이다. IMC 마케팅은 단순히 매체를 선택하는 데서 벗어나 매체에 담길 콘텐츠를 기획하는 단계에서부터 마케팅 전략을 활용할 수 있다는 장점이 있다. IMC 방식은 ATL 방식과 달리 쌍방향 고객 커뮤니케이션이 가능하므로 기업의 브랜드 가치를 올리는 작업이나 기업의 이미지를 확립시키는 광고에도 적합하다.

IMC 방식의 마케팅 전략인 유튜브를 통해 개인이 수익을 얻을 수 있는 방법은 크게 네 가지 정도가 있다. 첫 번째로 가장 손쉬운 방법은 유튜브 광고 수익이다. 광고 수익은 디스플레이, 오버레이, 동영상 애드센스 광고를 통해 얻을 수 있다. 개인 채널 개설자가 유튜브로 수익을 내려면 1천 명의 구독자 수와 12개월간 4천 시간 이상의 시청 시간을 충족해야 한다. 두 번째는 슈퍼챗Super Chat을 이용한 수익이다. 유튜브는 라이브 방송을 송출할 때 슈퍼챗을 통해 시청자로부터 후원금을 받을 수 있도록 설계해놓았다. 법적으로 슈퍼챗을 용인하는 국가의 만 18세 이상 성인이라면 라이브 방송을 스트리밍하면서 후원을 받게 된다. 세 번째는 요즘 유튜브가 밀고 있는 유튜브 프리미엄을 통해 얻는 수익이다. 기존 무료 동영상은 애드센스를 통한 광고 수익이 전부였지만, 프리미엄 채널은 유료 구독자로 등록한 사람들이 일정한 콘텐츠 비용을 지급하고 시청하는 영상을 통해 수익이 발생하도록 했다. 유튜브 프리미엄 구독자는 자신이 올린 영상을 시청하면 유튜브와 구독료를 나누게 된다.

네 번째 유튜브 수익 모델은 기업으로부터 광고를 의뢰받아 올리는 콘텐츠로 수익을 창출하는 것이다. 현재 유튜브는 개별 인플루언서가 활발하게 활동하면서 자체 콘텐츠를 제작하는 자율적인 생태계처럼 보이지만, 사실 수면 아래에서 끊임없이 움직이는 기업들의 PPL이나 기획 광고가 적지 않게 올라온다. 이 중에는 노골적으로 기업이나 광고주의 스폰서를 받고 제작한 콘텐츠들도 있는데, 이 경우 영상에서 이 사실을 소비자에게 반드시 공지해야 한다. 유튜브는 보통 고급 설정에 들어가 동영상에 유료 광고를 포함했다는 부분을 체크해서 영상에 표현될 수 있도록 하고 있다. 이 부분이 어쩌면 기업들이 유튜브 마케팅을 할 수 있는 접점이라고 생각하는데, 기획 단계에서 채널과 인플루언서를 선정하기 전에 반드시 점검해야 할 부분이 있다. 가장 먼저 키워드로 검색되는 콘텐츠들의 조회 수와 댓글, 좋아요 등을 살펴야 한다. 기업 입장에서 이른바 메타데이터를 점검해야 한다. 인기 콘텐츠는 내용 자체의 완성도뿐 아니라 시의성도 매우 중요한데, 이는 대부분의 SNS 플랫폼이 안고 있는 문제이기도 하다. 더불어 인플루언서의 지명도, 자기 관리, 위험도 등도 분석 대상에 포함되어야 한다. 기껏 유튜브 채널을 통해 자사 이미지 광고를 해놓고 자칫 해당 채널 인플루언서가 여러 불미스러운 송사 또는 루머에 휘말리거나 사회적으로 물의를 일으켜 이전의 마케팅 캠페인이 순식간에 물거품이 될 위험이 있기 때문이다.

유튜브가 가진 마케팅 장점에는 어떠한 것들이 있을까? 가장 먼저 구글 기반의 검색 편의성을 들 수 있을 것이다. 유튜브 플랫폼은 스마트폰으로 찍은 영상을 손쉽게 탑재할 수 있는 편의성을 제공한다. 게다가 전 세계 사람들이 가장 많이 사용하는 구글을 통해 검색이 용이하도록 플랫폼이 연동되어 있어 콘텐츠 검색에 더 많은 장점을 갖게 되었다. 또한 유튜브는 중국이나 북한 등 일부 국가를 제외한 거의 전 세계 모든 사람이 손쉽게 접속하고 영상을 검색해서 볼 수 있는 투명성을 갖고 있어 마케팅 도구로 활용도가 매우 높다. 어느 국한된 지역이나 마켓 타깃으로 삼은 해당 국가에서만 구동되는 플랫폼이었다면 글로벌한 프로젝트를 운영하거나 향후 다양한 지역으로의 확장성을 담보할 수 없었을 것이다.

하지만 유튜브가 마케팅 플랫폼으로 주목해야 할 가장 중요한 측면은 무료라는 점이다. 지속적으로 양질의 콘텐츠를 만들어내기 위해 반드시 갖춰야 할 부분은 무료로 이용할 수 있으면서 이로써 콘텐츠 제작자들이 일정한 수익을 얻을 수 있어야 한다는 역설을 해결하는 수익 모델이다. 유튜브는 이를 '광고 수익'이라는 가치사슬로 동시에 해결했다. 시청하고 구독하는 뷰어들이 콘텐츠에 무료로 접근할 수 있도록 진입 장벽을 낮추어 놓으면서 동시에 콘텐츠를 업로드하는 크리에이터에게 노력에 대한 일정한 보상을 약속한 것이다. 그 중심에 광고 정책이 있다. 최근에는 유튜브 프리미엄 서비스를 시작하면서 무료 대중 속에서 더욱 양질의 프로그램을 원하는 고객층을 창출할 수 있게 되었다. 이런 부분은 유튜브를 SNS 플랫폼의 하나로 대중이 더욱 다양하게 즐기고 활용할 수 있도록 해주는 중요한 마케팅 전략이 되었다.

유튜브 마케팅의 성공사례

유튜브는 전 세계 최대의 무료 동영상 공유 사이트다. 검색량도 구글 다음으로 가장 많고, 젊은 층으로 내려갈수록 검색엔진으로서 유튜브의 가공할 파괴력은 더욱 커진다. 유튜브에 따르면, 유튜브에서 동영상을 보는 시청자 수는 전 세계에 10억 명이 넘으며 시청 시간은 매달 약 60억 시간이 넘는다. 유튜브에서는 1분에 500시간 분량의 동영상이 끊임없이 업로드되고 있다. 유튜브가 이렇게 특별해진 이유는 시청자와 크리에이터, 광고주가 언제 어디서든 소통할 수 있는 동영상 플랫폼이기 때문이다. 유튜브에서는 사용자가 동영상을 보는 것은 물론 다른 사람의 동영상을 공유하거나 자신이 만든 동영상을 자유롭게 업로드할 수 있다. 유튜브를 보는 사람들이 수동적인 시청자에서 능동적인 참여자로 돌아설 수 있게 된 것이다.

유튜브 마케팅을 시작하는 기업의 성장 가능성은 한마디로 무궁무진하다. 오늘날의 미디어 환경은 변화를 거듭하고 있지만, 유튜브를 통한 마케팅이 앞으로 기업의 중요한 전략의 하나로 남게 될 것은 분명해 보인다. 기업은 이제 더 이상 시장에서 소비자를 찾아다니지 않고 자사 유튜브를 통해 지속적으로 잠재고객과 소통하고 매출 증대를 꾀한다. 오늘날 소비자의 구매 과정은 과거와 같이 단순한 일방향 형태가 아니며, 다양한 접점으로부터 얻은 정보를 종합적으로 고려해 최종적인 구매를 결정한다. 유튜브는 많은 이용자와 상호작용할 수 있는 거대한 공간이며, 그렇기에 이러한 정보를 수집하고 검색하는 데 더없이 유용한 마케팅 도구가 된다. 앞으로 유튜브 마케팅을 하지 않는 기업은 점점 소비자와 멀어질 수밖에 없어 보인다.

"유튜브는 새로운 검색엔진이다"

유튜브 마케팅으로 기업의 가치를 크게 올린 사례는 얼마든

아이들을 등장시켜 고객에게 잔잔한 미소를 전해준 BMW 유튜브 영상
(출처: youtube.com)

지 찾아볼 수 있다. 그중 세계적인 자동차 브랜드인 BMW는 'BMW first drive' 캠페인을 통해 자사의 사회적 이미지를 높이고 소비자에게 브랜드를 각인시키는 효과를 보았다. 3분 남짓한 유튜브 영상에는 뜻밖에 소년들이 드라이버로 등장한다. 평소 자동차를 좋아하고 미래 자동차 관련 직업을 갖거나 카레이서가 꿈인 이들이 자동차를 직접 운전할 수 있는 성인이 되기에는 족히 10여 년 이상 남아 있는 어린 나이에 첫 번째 자동차 시승식을 갖는다. "기다리기엔 너무 긴 시간이 아닐까요?"라는 자막과 함께 이들은 특수 제작된 BMW 자동차를 생애 처음으로 운전하게 된다. 숨죽인 첫 시승식이 끝나고 해맑게 웃으며 "한 바퀴만 더 타요!"를 외치는 소년을 보여주며 화면에 "드라이빙의 즐거움 미래로 이어지다"라는 자막이 천천히 떠오른다.

2016년 대한민국 광고대상을 수상한 이 캠페인은 유튜브에서

만 2,400여 개의 댓글이 달렸고, 2만 회 이상의 자발적 공유가 이루어졌다. 보면서 나도 모르게 입가에 미소가 지어지는 순수한 아이들의 모습은 고스란히 시청자에게 어릴 적 향수를 떠올리게 한다. '유튜브'라는 플랫폼 덕분에 기존 매체들이 제공한 수동적인 단순 시청과는 비교할 수 없는 소비자의 능동적인 참여가 가능해졌다. 이 캠페인의 댓글들을 유심히 관찰해보면, 단순히 '좋아요' 이상의 가치를 발견하게 된다. "BMW는 그냥 돈만 벌려고 온 게 아니라 멋진 자동차 문화를 만들려는 것 같다"와 같은 긍정적 댓글에서 "정규 BMW 드라이빙 프로그램으로 만들면 어떨까요?", "이런 교육과 체험을 제공하면 청소년층에도 좋은 문화가 생길 것 같네요"와 같은 제안까지 영상을 시청한 사람들은 이 캠페인에 적극 동참하며 자신의 의견을 내놓고 있는 것을 보게 된다. 소비자의 이와 같은 형태의 자발적 브랜드 콘텐츠 참여는 유튜브를 통해 비로소 가능해졌다.

"유튜브 마케팅은 내러티브를 가지고 있다"

2015년 롯데제과는 자사 초콜릿 제품을 홍보하는 CF를 제작하여 페이스북 이벤트 페이지에 업로드하면 추첨하여 아이폰, 종합선물세트 등 다양한 상품을 제공하는 마케팅을 진행했다. 롯데제과는 복고열풍을 가져온 모 케이블TV 드라마 「응답하라 1988」 내에서 1988년 가나초콜릿의 TV광고를 재현하는 행사를 기획하며 아이돌 가수를 섭외하여 실제로 광고 촬영도 마쳤다. 흥미로운 점은 회사 측이 '추억의 1988 가나 CF 패러디하기' 이벤트를 실시하여 유튜브에서 대중의 자발적인 패러디 광고를 유도하는 전략을 벌였다는

유명 유튜버가 가세하면서 이벤트가 한층 대중의 관심을 끌었던 롯데제과의 유튜브 마케팅
(출처: youtube.com)

사실이다. 특히 유명 유튜버로 익히 알려진 대도서관과 윰댕이 이를 패러디하면서 롯데제과의 이벤트는 대중의 큰 호응을 얻었다.

유튜브는 '유튜버'라는 크리에이터의 파워가 매우 강력하다. 사용자는 크리에이터가 만든 콘텐츠에 매력을 느끼고 구독한다. 유튜브만의 독특한 알고리즘 체계는 이들에게 관련 영상을 지속적으로 노출시키고, 구독자는 유사 영상 콘텐츠를 소비하면서 그 분야에 중요한 잠재고객이 된다. 따라서 기업 입장에서 이러한 유튜버와 컬래버를 진행하는 마케팅을 고려하지 않을 수 없다. 실제로 많은 기업이 직접 유튜브 채널을 운영하기보다는 제품과 브랜드 이미지가 맞는 유튜버를 섭외하여 협업을 진행하는 경우가 많은 이유가 여기에 있다. 그런데 여기에는 두 가지 문제가 있다. 첫 번째는 인플루언서를 이용한 마케팅에는 일정한 한계가 있다는 것이다. 콘텐츠에서 유튜버가 드러나고 브랜드가 부차적이 되는 경우가 종종 있다. 기업 입장에서 자사 브랜드의 인지도를 높이기보다는 유튜버의 구독자만 불려주는 들러리 역할을 한다는 것이다. 두 번째는 이보다 심각한 문제다. 유튜버들은 대부분 마케팅에 문외한인 경우가 많고 대중문화에 대한 이해가 떨어지는 일반인이다 보니 때에 따라 돌출행동을 하는 리스크가 상존한다. 아무리 견고하게 마케팅 전략을 짜더라도 자기 관리가 되지 않는 유튜버의 막말이나 기행으로 수년간 공들여 쌓아온 탑이 하루아침에 무너지는 경우가 적지 않다.

5장
마케팅 역사의 대변혁
스마트 마케팅 기술 혁명

Vide et crede
보는 것이 믿는 것이다.
– 로마 속담 –

마케팅이 진화를 거듭하면 어디까지 도달하게 될까? 인터넷으로 시작된 정보기술 혁명은 SNS를 낳았고, 온라인 마케팅으로 시작된 마케팅 혁명은 스마트 마케팅을 낳았다. 기업들은 변화하는 시장, 다변화하는 환경, 디지털화하는 세계에 발맞추어 나갈 수 있도록 전자상거래 솔루션, 신기술 도입 및 혁신적인 경영 기법에 지속적으로 투자하고 있다. 4차 산업혁명 과정에서 인공지능AI, 사물인터넷IoT, 빅데이터 및 가상현실/증강현실VR/AR 등이 스마트 마케팅 분야에서 고객의 요구에 더욱 부응하고 충족하는 플랫폼을 만들어낼 것이다.[1] 마케팅에서 가상현실, 증강현실, 음성인식 구매 등의 활용이 곧 현실이 될 것이다. 기업들은 인공지능을 통해 고객이 원하는

1 4차 산업혁명과 관련해서는 필자의 졸저 『암호화폐가 부의 지도를 바꾼다: 4차 산업혁명의 종결, '블록체인'과 '암호화폐'』(포북, 2019)를 참고하라.

것을 먼저 알 수 있게 되며, 유통과 물류 규모를 실시간으로 파악할 수 있을 것이다. e-커머스를 성공적으로 구현한 기업들은 24시간 내내 주문을 받고 포장할 수 있는 인공지능 로봇을 이용할 것이다. 한 번 구매를 통해 소비자의 취향과 관심을 파악하고, 다양한 빅데이터를 수집하여 마케팅에 응용할 것이다. 제조업체의 경우, 최종 제품이 어떻게 보일지 가상현실로 파악하는 기술을 사용할 것이며, 증강현실로 미리 제품을 경험할 수도 있을 것이다. 이제 새로운 의미에서 '보는 것이 믿는 것'이 되는 시대가 온다.

e-커머스를 4단계로 나눈다면, 인공지능과 증강현실, 가상현실 기술을 마케팅에 응용하는 시기는 e-커머스4.0 시대가 되어야 대중화될 것이다. 전자상거래 1세대인 e-커머스1.0은 PC 기반의 전자상거래 초창기를 일컫는다. 오프라인 상점의 운영과 마케팅 전략은 오랫동안 시간과 공간의 제약을 받았다. 기업들은 전통적인 오프라인 마케팅이 강력한 고객관계 구축을 위한 바람직한 방법이지만, 판매 과정이 장황하고 복잡하다는 사실을 점차 인식하기 시작했다. 물론 처음부터 모든 기업이 전자상거래로 이동한 것은 아니다. 특히 B2B 기업은 기존 영업사원의 필요성이 끊임없이 제기되었다. 그럼에도 적지 않은 기업들이 B2C 형태의 전자상거래 플랫폼으로 옮겨갔고, 그것은 우리가 오늘날 알고 있는 전자상거래의 시작을 알리는 신호탄이었다.

반면 전자상거래 2세대인 e-커머스2.0은 모바일기기 혁신을 통한 전자상거래 중흥기를 가리킨다. e-커머스1.0 시대에는 더 많은 상품을 더 싼 가격에 판매하는 것이 최고의 경쟁력이었다면, e-커머스2.0 시대에는 시공간에 구애받지 않고 소비자 개인이 원하는 물건을 최대한 빨리 쇼핑할 수 있게 도와주는 환경이 성공 요인이었다. 대부분의 기업은 전자상거래가 황금알을 낳는 거위라는 사실을 깨달았다. 이제 온·오프라인 상점을 함께 가지고 있는 기업들은 온라인 플랫폼으로 고객을 몰아가기 위해 포인트나 상품 등 다양한 판촉 활동을 벌이고 있다. 전자상거래는 이전보다 더 강력하고 정교하며 고객 중심적인 플랫폼을 탄생시켰다.

이에 비해 전자상거래 3세대인 e-커머스3.0은 고객보다 먼저 고객의 니즈를 찾아서 알려주는 것이 핵심이다. 즉, 고객이 어떤 상품을 원하기 전에 유통 업체가 먼저 "넌 이 상품이 필요할 거야"라고 추천하는 것이다. 아마 아마존을 이용한 적이 있는 고객이라면, 본인이 한 차례 구매한 이력이 있는 서적과 유사한 주제의 책들을 계정 아래에 제시하는 퍼포먼스를 경험했을 것이다. 이처럼 아마존은 e-커머스3.0 시대로 맹렬하게 움직이고 있다. 아마존의 음성인식 기반 인공지능 알렉사는 모바일의 애플리케이션에 해당하는 스킬 수가 이미 2만 5천 개를 돌파했다. 이를 통해 고객의 집과 거실을 장악한 아마존은 고객의 빅데이터를 빠르게 수집하고 있다. e-커머스3.0 시대의 핵심인 고객의 빅데이터에 기반을 두어 아마존답게 소비자가 필요로 하는 물건을 파악하고 예측 배송을 제안하는 시대로 빛의 속도로 움직이는 셈이다.

"전자상거래의 미래는 4차 산업혁명과 함께 나아갈 것이다"

전자상거래의 전망은 밝다. 오늘날 기업의 72%가 향후 온라인 판매만을 목표로 하고 있으며, 2040년에는 전체 구매의 95%가 전자상거래 형태로 이루어질 것으로 예측된다. 기업들은 이제 자신들의 디지털 전략을 보장할 강력한 전자상거래 플랫폼을 찾고 있다. 이는 기존 인프라 내에 완벽하게 통합될 수 있고, 내부와 외부 시스템을 통합할 수 있으며, 개인화 및 고객 경험을 더욱 강화시킬 수 있는 솔루션을 찾는 것을 의미한다. 조직의 나머지 IT 인프라 내에서 전자상거래 솔루션을 통합하면 비즈니스 이익도 더욱 커질 수 있다는 것이 수치로 입증되었다. 통계는 전자상거래를 통해 기업의 수익성이 평균 21% 향상되었으며, 수입도 22% 증가했음을 보여주고 있다. 고객 수요는 계속해서 진화할 것이며, 향후 몇 년 동안 주요 브랜드 차별화 요소로서 고객 경험이 가격과 제품을 추월하게 될 것이다. 고객은 가상현실과 증강현실, 홀로그램 등을 통해 구매 경험을 대신하게 될 것이고 e-커머스4.0으로의 발전을 견인하게 될 것이다.

전자상거래의 흐름과 미래

구분	마켓 형태	동업 방향	고객 혜택
e-커머스1.0	온라인쇼핑	검색, 콘텐츠 제공	PC 기반의 온라인쇼핑 합리적 소비, 편리함
e-커머스2.0	모바일쇼핑	셀프 주문, 공유	스마트폰, 모바일기기 기반의 플랫폼 혜택 증가, 경험, 재미
e-커머스3.0	신기술 융합	빅데이터 제공	개인화, 온디맨드 서비스
e-커머스4.0	오감화쇼핑	AI, VR, AR	사물인터넷을 통한 시공의 초월

인공지능이 가져온 마케팅 혁명

21세기 4차 산업혁명은 '인공지능의 혁명'이라고 불릴 만큼 기술 면에서 AI의 위치는 절대적이다. 인공지능Artificial Intelligence은 먼 미래의 기술이 아니라 이미 산업기술과 정보통신, 제조업과 마케팅 분야에 널리 활용되고 있다. 에어컨과 공기청정기에서부터 자동차, 스마트 홈, 스마트 팩토리에 이르기까지 AI는 이미 우리 주변에서 쉽게 볼 수 있는 만능의 대명사가 되었다. 그리고 AI는 지금보다 앞으로 더 전도유망한 분야이기도 하다. 언제부터 인공지능이 우리의 삶을 바꿔놓았을까?

인공지능이란 무엇인가

인공지능은 인간의 학습 능력과 추론 능력, 지각 능력, 자연어의 이해 능력 등을 컴퓨터 프로그램으로 실현한 기술로, 마치 인간처럼 사고하고 스스로 학습하며 진화하도록 설계된 컴퓨터 지능이다. 인공지능은 1956년 미국 다트머스대학교에서 개최된 '다트머스 회의'에서 정보학자인 마빈 민스키Marvin Minsky와 존 매카시John McCarthy가 처음으로 제안한 개념이었다. 그들은 어려운 연산을 한 치의 오차도 없이 척척 해결해내는 인공지능이 인류가 안고 있는 여러 케케묵은 문제들을 해결해줄 것이라고 믿었다.

하지만 그들은 처음부터 난관에 부딪혔다. 세계에서 가장 똑똑하다는 학자들이 함께 모여 머리를 싸매고 만든 인공지능이 뻔한 고양이와 개 사진을 놓고도 둘을 전혀 구분해내지 못했다. 인공지능에게는 일정한 공식을 대입하여 수학문제를 푸는 것과 자연계에 존재하는 '비정량적'이고 '비정형적인' 정보들을 파악하는 것이 전혀 다른 문제였기 때문이다. 수학문제를 두고 쩔쩔 맸던 인간이 도리어 인공지능보다 후자를 더 잘 해결했다. 하지만 과학계가 이 문제를 해결하는 데 이후로 거의 50여 년의 세월을 허비할 것이라는 사실을 당시에는 누구도 예상하지 못했다.

'인공지능의 겨울'이라고까지 불리는 이러한 답보상태를 해결한 것은 오늘날 '딥러닝의 대부'로 추앙받는 토론토대학교의 제프리 힌튼Jeffrey Hinton이었다. 그는 2012년 기존의 인공신경망 모형을 획기적으로 개선한 '딥러닝deep learning' 개념을 발표하면서 고양이-개 인식 난제를 깔끔하게 해결했다. 딥러닝이라는 것은 말 그대로 기계가 빅데이터를 학습하고 이를 통해 점차 논리적으로 발전해간다는 개념이다. 마치 어린아이가 학습을 통해 점진적으로 이해하듯이 인공지능 역시 스스로 학습을 통해 문제해결 능력을 개선해나갈 수 있

개와 고양이를 구분하는 것은 오랫동안 인공지능에게 난제였다.
(출처: pixabay.com)

게 된 것이다.

힌튼의 생각은 이러했다. 그는 수많은 데이터 속에서 일정한 패턴을 발견한 뒤 사물을 구분하는 인간의 정보처리 방식을 컴퓨터가 모방하면 인공지능도 얼마든지 고양이를 인식할 수 있을 것이라고 가정했다. 이렇게 되면 인간이 매번 정보를 넣어주지 않아도 컴퓨터 스스로 문제에 봉착했을 때 추론 및 판단을 수행할 수 있게 된다. 그의 생각은 그대로 맞아떨어졌다. AI는 무수한 비정형 데이터를 발굴하여 그 안에서 일정한 법칙을 발견해내어 고양이와 개를 구분했고, 그 정확도는 시간이 갈수록 높아졌다. 2012년 구글 브레인 프로젝트Google Brain Project는 1천만 개의 다양한 이미지를 통해 개와 고양이 사진을 정확하게 구별하는 데 성공했고, 2014년 페이스북의 딥페이스Deepface는 인간의 얼굴을 97.25%의 정확도로 인식하는 데 성공했다.

이렇게 해서 확립된 인공지능은 크게 세 가지로 나뉜다. 약인공지능과 범인공지능, 강인공지능이 그것인데, 첫 번째 약인공지능artificial narrow intelligence은 제한된 기능을 갖고 오로지 한 가지 주어진 임무에 집중하는 인공지능이다. 오늘날 이미 개발되어 있으며, 대표적인 것이 시리Siri다. 오늘의 날씨를 묻거나 분위기 좋은 재즈 음악을 틀어달라는 등의 요구를 수행하도록 설계되어 있다. 호아킨 피닉스 주연의 영화 「Her」에 나오는 컴퓨터 사만다가 여기에 해당한다. 반면 범인공지능artificial general intelligence은 튜링테스트를 통과하여 인간의 의식 수준에까지 도달한 인공지능으로, 사람처럼 자의식과 감정도 갖게 된다. 레이 커즈와일Ray Kurzweil 같은 학자는 지금과 같은 추세라면 2029년경에 이러한 범인공지능이 가능할 것이라고 예

인공지능과 딥러닝

'기계 학습'으로 불리는 머신 러닝(machine learning)은 인공지능 기술에 반드시 필요한 기술이다. 이름에서 알 수 있듯이 머신 러닝은 머신, 즉 컴퓨터를 인간처럼 학습시켜 스스로 규칙을 형성할 수 있도록 한 것이며 보통 비정형 데이터를 처리하는 기술을 통해 이루어진다. 특히 머신 러닝 중에서 딥러닝은 그 학습 정도가 인간의 학습과 유사한 수준에 이른 경우를 말한다. 이처럼 러닝의 단계에 따라 약인공지능과 강인공지능으로 나뉠 정도로 딥러닝 기술은 인공지능에 있어 매우 중요한 부분이다. 2016년 한국의 이세돌 9단과 바둑 대국을 펼쳤던 인공지능 알파고도 이러한 딥러닝 기술을 통해 만들어진 프로그램이다. 알파고는 딥러닝 기술을 통해 과거 수만 번의 기보를 연구한 것으로 알려져 딥러닝의 성과를 대중에게 선보였다.

언하기도 했다. 범인공지능 시대가 도래하면 이를 인간 같은 생명체로 봐야 할지도 모른다. 윌 스미스가 주연한 영화 「아이, 로봇」에 등장하는 로봇이 여기에 해당한다고 볼 수 있다. 강인공지능artificial super intelligence은 범인공지능 시대가 오면 자연스럽게 이루어지는 인공지능의 모습이다. AI는 이제 모든 면에서 인간을 능가할 것이며, 단순히 주어진 임무를 수행하는 것에서부터 감정과 정서, 관계를 나누는 일까지 사람보다 더 사람 같은 존재가 될 것이다. 예를 들면, 조니 뎁 주연의 영화 「트랜센던스」에 나오는 슈퍼컴퓨터가 이와 같을

인공지능의 종류

단계	약인공지능 artificial narrow intelligence	범인공지능 artificial general intelligence	강인공지능 artificial strong intelligence
특성	자의식이 없는 인공지능: 자기 확장적 기능이 없는, 특정 과제에 집중하도록 설계된 인공지능	자의식이 있는 인공지능: 딥러닝을 통해 자기 확장적 학습과 추론이 가능한 인공지능	인간을 넘어서는 인공지능: 모든 면에서 인간을 능가하는 지능과 의식을 갖춘 강력한 인공지능
시기	오늘날	대략 2040년	범인공지능 이후
의미	인간에게 유용함: 자율주행, 의료기기, 경제, 사회 등 다양한 분야에 활용될 수 있음	인간의 직업을 빼앗음: 모든 분야에서 인간과 경쟁하며 스스로 의식을 가질 수 있음	인간성의 위기: 모든 분야에서 인간을 뛰어넘으며 능가하므로 인류에게 위협이 될 수 있음

것이다.

인공지능 마케팅의 가능성

이러한 인공지능이 마케팅 분야에 활용된다면 어떠한 형태를 띠게 될 것인가? 과거 백화점이나 마트에서는 무차별적으로 DM이나 찌라시를 뿌려 소비자를 모으고 물건을 팔았다. 허다한 잠재고객 중에서 극히 일부와 닿을 수 있었던 생산자와 판매자 입장에서는 이런 단편적인 정보를 가지고 소비자가 어떤 물건에 관심을 보이고 어느 정도의 가격대에 구매력을 발동시키는지 도무지 알 길이 없었다. 그들의 구매 호기심을 자극하기 위해 할인 쿠폰을 발행하거나 1+1

끼워 팔기 같은 행사를 통해 매출을 늘리는 것이 고작이었다. 하지만 RFID와 사물인터넷으로 수집한 빅데이터를 분석하고, 분석 결과 나온 고급 정보를 인공지능에 입력해서 그들의 판매 전략을 다시 수립한다면 어떤 변화가 일어날까? AI로 모든 소비자의 비정형적 행동패턴 정보를 수집하여 빅데이터 기술로 분석하고, 인공지능 프로그램을 이용하여 유의미한 구매 습관과 경향을 찾아낼 수 있게 된다면 불필요한 DM이나 짜증나는 스팸메일을 발송하지 않고도 그들의 니즈에 최적화된 제품과 서비스를 적절한 가격대에 제공할 수 있게 될 것이다. 이것이 인공지능이 가져올 미래의 마케팅 모습이다.

인공지능 시대-마케팅의 지향점은 어디인가

기업에서는 다양한 마케팅 정보와 비정형의 고객 정보를 센서와 사물인터넷으로 수집하고 이를 빅데이터 분석 기술을 통해 도출된 고급 정보를 인공지능 프로그램에 반영하여 기업의 마케팅 전략 수립 업무에 이용하게 된다. 인공지능 기술을 마케팅에서 활용하는 원리는 빅데이터 분석으로 도출된 유용한 정보를 인공지능 소프트웨어에 적용하여 기업의 상품 개발과 마케팅 전략 수립 및 고객 서비스 향상 등에 AI를 이용하는 방식이다. 빅데이터는 한마디로 커다란 정보, 방대한 양의 정보를 말한다. 컨설팅 회사 매킨지는 빅데이터를 "일반적인 데이터베이스 소프트웨어가 저장하고 관리·분석할 수 있는 범위를 초과하는 규모의 데이터"로 정의했다. 반면 가트너는 10대 미래 전략 기술의 하나로 빅데이터를 꼽으며, 이를 "더 나은 의사결정을 위해 사용되는 비용이 효율적이고 혁신적이며, 볼륨이 크고, 처리 속도가 빠르며 다양한 특성을 가진 정보 자산"으로 정의했다. 커다란 정보이면서 더 나은 의사결정에 필요한 정보 자산인 셈이다.

사실 빅데이터란 과거 백화점에서 나눠주던 경품응모권에서 발전한 개념이다. 백화점은 고객의 충성도와 구매력을 파악하기 위해 어떤 물건을 어떤 의도로 구입했는지 알아야 했다. 그 정보는 이후 광고 전단지를 만들고 판촉활동을 벌이는 데 유용했다. 응모권이 이후 설문지로 발전했고, 인터넷의 발달과 함께 상업 플랫폼 기반의 소비가 일어나면서 빅데이터는 비즈니스 가치를 창출해낼 수 있는 일체의 소비활동 정보를 의미하게 되었다. 하지만 최근 빅데이터는 더 이상 상업적 용도에 국한되지 않는다. 빅데이터는 다양한 형태로 구성된 방대한 크기의 데이터로부터 경제적으로 필요한 가치를 이용할 수 있도록 설계된 차세대 기술로 활용되고 있다.

빅데이터란 무엇인가

빅데이터에는 크게 세 가지 종류가 있는데, 정형 데이터와 비정형 데이터, 그리고 반정형 데이터가 그것이다. 정형 데이터structured data는 기존의 고정된 필드에 저장할 수 있는 데이터로, 텍스트가 주를 이루는 형식의 데이터다. 반면 비정형 데이터unstructured data는 고정된 필드에 저장할 수 없는 데이터로 이미지나 영상, 음성 등과 같은 복잡한 형식을 가진 데이터를 말한다. 이러한 데이터는 정보의 관점에서 보면 불규칙하고 의미를 파악하기 모호해서 숫자 데이터를 중심으로 설계된 기존의 연산처리 방식을 적용하기 어렵다. 트위터나 블로그, SNS 플랫폼에 돌아다니는 데이터들은 대부분 일정한 기

인공지능과 비정형 데이터

비정형 데이터(unstructured data)는 규격화된 데이터 필드에 저장되지 않은 정보들로, 분석이 가능한 텍스트 외에 이미지나 동영상, 음성 데이터 등을 지칭한다. 비정형 데이터는 본질상 수식으로 표현되거나 규격화할 수 없어 과거에는 분석이 불가능하고 거기서 일정한 의미를 읽어낼 수 없었다. 또한 데이터베이스(DB)에 저장될 때, 정형 데이터에 비해 비정형 데이터는 커다란 저장 공간을 필요로 했고, 함수값을 부여하여 처리할 수 없었다. 하지만 인공지능이 발달하면서 비정형 데이터를 연산하고 처리하는 속도가 빨라지게 되었고, 데이터 마이닝 기술을 통해 정형 데이터처럼 찾아낼 수 있게 되었다. 이에 빅데이터 처리에 적합한 데이터 관리 기술이 검색 등 대용량 서비스를 제공하는 산업계를 중심으로 발전해왔으며, 마케팅을 비롯한 다양한 분야에 적용되고 쓰일 수 있게 되면서 점차 중요해지고 있다. 세계적인 증권 회사인 메릴린치는 잠재적으로 이용 가능한 모든 비즈니스 정보 중 80~90% 정도가 비정형 데이터에서 기원한 것으로 보는 경험 법칙을 제시하기도 했다. 대표적인 빅데이터 처리 기술로는 하둡(Hadoop)과 맵리듀스(MapReduce)를 들 수 있다.

준과 형식으로 저장될 수 없는 비정형 데이터들이다. 비정형 데이터는 불규칙 정도에 따라 반정형 데이터semi-structured data로 구분하기도 한다. 반정형 데이터는 고정된 필드에 저장되어 있지 않지만, 메타데이터나 스키마 등을 포함하는 데이터로 XML이나 HTML 텍스트를 가리킨다.

흔히 빅데이터의 특성을 4V로 꼽는다. 크기Volume, 다양성Variety, 속도Velocity, 가치Value의 이니셜을 따서 붙여진 개념인데, 이 네 가지 특성은 서로 상보적 관계에 있다. 우선 빅데이터의 가장 큰 특징은 처리하는 데이터의 크기가 커졌다는 데 있다. 예전에는 각종 데이터가 오로지 관찰에 의해 수기로 수집되어 한 번에 많은 양의 정보를 모으는 것이 쉽지 않았다. 또한 데이터를 많이 수집했다 하더라도 그것을 처리하는 일 역시 일일이 사람의 손을 거치다 보니 상당한 시간이 소요될 수밖에 없었다. 하지만 인공지능의 등장으로 데이터를 처리하는 속도가 기하급수적으로 빨라지면서 데이터의 크기가 비약적으로 커졌다. 2000년대에는 테라바이트TB 정도였던 것이 2010년대에 들어서면서 페타바이트PB나 심지어 엑사바이트EB로 확대되고 있다.

과거에는 모을 수 있는 데이터에 한계가 있었다. 문자와 사진이 거의 전부였던 과거와 달리 인공지능은 문자나 사진뿐 아니라 이미지, 동영상, 사운드에 이르기까지 거의 모든 빅데이터를 수집하고 처리할 수 있게 되었다. 게다가 어떤 데이터들은 종래의 방식으로 수집하기에 본질적으로 불가능하다. 예를 들어, 인간의 감정이나 진실성, 날씨, 경제 요인, 세계 유가 등이 그러하다. 이런 종류의 데이터들을 처리할 때는 아무리 철저하게 정제한다 해도 불확실성을 제로로 만들 수 없다. 그러나 이러한 불확실성에도 비정형적 데이터들은 분명히 가치 있는 마케팅 정보를 포함하고 있다. 과거에 놓칠 수밖에 없었던 이런 불확실성의 데이터들을 인지하고 수용하는 것이 바로 빅데이터가 지닌 다양성이다.

정형 데이터와 비정형 데이터 비교

정형 데이터	비정형 데이터
기가바이트 수준의 데이터 텍스트 위주 낮은 다양성 정형화된 처리·분석 과정 단순한 프로세스 과정 인과관계 규명	테라바이트/페타바이트 수준의 데이터 동영상, 음원, 이미지 등 높은 다양성 다양한 처리·분석 과정 복잡한 프로세스 과정 상관관계 규명

세 번째는 빅데이터가 가진 속도다. 아무리 많은 양의 데이터와 아무리 다양한 분야의 정보를 모았다 하더라도 데이터를 처리하는 속도가 느리다면 그 데이터 값은 시의성을 가질 수 없을 것이다. 빅데이터가 유의미한 마케팅 정보로 쓰이려면 데이터를 수집하는 과정에서 거의 실시간으로 처리하여 결과물을 내놓아야 한다. 데이터를 습득한 시점에서 6개월이나 지난 뒤에 데이터 처리가 끝났다면 이미 경쟁업체에 시장을 잠식당한 뒤이기 때문이다. 네 번째는 빅데이터가 가진 가치다. 아무리 많은 양의 데이터를 모았다 하더라도 마케팅에 활용될 수 없는 무의미한 허섭스레기에 불과한 정보들이라면 처리하기 거추장스러운 트래픽에 불과할 것이다. 빅데이터가 의미 있으려면 그 데이터가 정확하고 믿을 만해야 한다. 데이터가 많아질수록 엉터리 데이터, 거짓 데이터도 커질 가능성이 높아지기 때문이다. 따라서 빅데이터를 분석하는 데 있어 기업이나 기관에서 수집한 데이터가 정확한지, 분석할 만한 가치가 있는지 등을 살펴야 할 필요성이 생겼고, 이러한 측면에서 빅데이터의 가치가 평가되고 있다.

> "얼마나 많이, 얼마나 다양하게, 얼마나 빨리,
> 얼마나 가치 있게"

빅데이터의 마케팅 활용

IBM에 따르면, 우리는 지금 날마다 250경 바이트나 되는 자료를 생산한다고 추정한다. 이처럼 모래알보다 더 많은 정보와 자료의 홍수 속에서 마케터들에게 유의미한 데이터들을 파악하는 일은 최근에 이루어진 여러 기술적 발달의 결과다. 인공지능의 도래와 함께 새로운 지식 영역이 개척되면서 인간은 데이터를 수집하는 일뿐만 아니라 데이터를 가공하고 처리하며 그 결과에서 의미를 읽어내는 일을 능숙하게 해낼 수 있게 되었다. 그리고 그런 능숙함은 최근 들어 인류의 마지막 산업이라고 불리는 유통업과 마케팅에도 그대로 적용될 수 있게 되었다. 과연 빅데이터는 마케팅에 어떻게 활용될 수 있을까?

좀 지난 이야기지만, 미국 최대 오프라인 유통업체인 월마트는 고객에 대한 방대한 양의 인구통계 자료에서 구매와 소비자 성향에 대한 빅데이터를 추출하고 유의미한 마케팅 전략을 끌어낸 것으로 유명하다. 마트를 찾은 고객이 특정한 시간대에 어디서 무엇을 샀는지 알 수 있다면, 그 제품을 사면서 어떠한 의도를 가지고 있었는지 파악할 수 있고, 다음에 매장을 방문했을 때 동일한 제품을 살 확률 역시 그만큼 높다는 것을 예측할 수 있었다. 일단 월마트가 활용한 빅데이터는 광범위하게 수집되었고, 그중 제품 구매와 관련된 많은 상관관계가 드러났다. 이들 중 몇몇은 명백했다. 진을 사는 사람들은 토닉도 샀다. 그들은 종종 레몬도 샀다. 빵과 버터는 그보다 더 가까운 단짝 친구였다.

그런데 개중에 뜻밖의 상관관계 하나가 월마트 마케터들을 어리둥절하게 했다. 그것은 금요일 오후에 기저귀를 사는 젊은 남성들이 맥주를 사는 경향이 있다는 것이다. 월마트 마케팅부서에 있던 그 누구도 이런 결과를 예측하지 못하여 애초에 아무도 질문하지 않았고, 의구심조차 품지 않았던 조합이었다. 맥주와 기저귀라니, 그러나 빅데이터가 가리키는 것은 매우 구체적이고 정확했다. 빅데이터

맥주와 기저귀의 상관관계는 무엇일까?
(출처: pixabay.com)

덕분에 월마트는 젊은 미국 남성들이 종종 금요일 밤 친구들과 불금을 즐기기 위해 맥주를 대량으로 구입하면서 아내의 부탁으로 기저귀를 함께 산다는 사실을 알게 되었다. 당연히 월마트는 기저귀와 맥주를 매장에 나란히 배치했고, 맥주의 매출을 크게 올릴 수 있었다는 후문이다. 아마도 기저귀만 사러 매장에 들렀던 남성들도 바로 옆에 진열된 맥주를 보고 흔쾌히 구매에 동참했을 터다.

이러한 월마트의 성공 뒤에는 데이터 마이닝data mining이라는 개념이 숨어 있다. 데이터 마이닝이란 기업이 보유한 대용량 데이터들 사이에서 상호 연관성과 패턴 등을 찾아내는 방법론을 말한다. 말 그대로 금광에서 데이터를 캐내는 것과 같다고 할 수 있다. 데이터 마이닝은 1960년대 초 미국의 통계학자인 제임스 마이어와 에드워드 포지가 처음 고안한 것으로 알려져 있는데, 당시 은행에서 새로운 대출 고객의 신용도를 산출하는 데 나이와 수입, 전화 보유 여부 등과 같은 다양한 정보를 캐내어 그들의 신용도를 파악했던 데서 출발했다. 이후 1980년대 중반 미국의 통신 회사인 AT&T가 컴퓨터를 이용한 고객 분석기법을 개발하면서 현대적인 의미의 데이터 마이닝 기법이 확립되었다.

빅데이터 마케팅은 고객관계관리CRM를 향상시키고 고객확보비용CAC과 고객생애가치CLTV를 낮추는 데 활용되고 있다. 빅데이터 알고리즘과 발달한 분석 기법들 덕분에 특정 제품과 서비스에 최적화된 가격을 책정하는 작업이 훨씬 과학적이고 체계적으로 바뀌었다. 판매량이 늘어나고 판매 데이터의 질적 향상 및 잠재고객의 정확한 타깃 등은 모두 오늘날 빅데이터가 마케팅에 적극 활용되는 영역이다. 이미 회사들은 마케팅부서마다 빅데이터 관련 전략팀을 두

데이터의 수집에서 활용까지의 흐름도

데이터 수집 →	데이터 관리 →	데이터 분석 →	데이터 활용
내부 데이터 수집 - database - text files 외부 데이터 수집 - SNS - 블로그 - 뉴스피드	유효 데이터 식별 부적절한 데이터 제거 중복 데이터 제거 분산 파일 시스템 저장 블록체인 DFS에 파일 저장 DFS 모니터링	키워드 추출 키워드 통계 데이터 군집 데이터 분류 자연어 처리 감성 패턴 식별 강도 측정	트렌드 리포트 평판 분석 통계 차트 통계 예측 외부 API 서비스 마케팅 전략
web crawler ETL text parsing	HDFS data filtering HA	text mining NLP realtime analysis	statistics API web service

고 있으며 의사결정 과정에 이들을 투입하고 있다. 기업 입장에서는 빅데이터를 활용하여 고객-제품 수준에서 가격 전략을 차별화하고 최적의 가격을 책정할 수 있다. 매킨지는 일반 회사 수익의 75%가 표준 제품에서 나오며, 매년 기업들이 내리는 수천 건의 가격 결정 중 30%가 최상의 가격을 제시하지 못한다는 사실을 확인했다. 가격이 1% 오를 때 영업이익은 8.7% 증가한다는 사실을 감안할 때, 빅데이터를 활용한 가격 결정은 회사의 수익성 향상에 긍정적인 지표가 될 수 있다는 뜻이다. 또한 기업은 빅데이터를 활용하여 고객 대응력을 높일 수 있다. 한 연구에 따르면, B2C 마케팅 담당자의 44%가 빅데이터를 분석하여 고객 대응력에서 36%의 개선 효과를 얻었으며, 데이터 마이닝을 적극적으로 활용하여 더 많은 고객관계 중심의 전략을 계획한 것으로 나타났다.

최근 한 연구에 따르면, 오늘날 기업의 48%가 고객 분석에 빅데이터를 활용하고 있는 것으로 나타났다. 대부분의 대기업 판매부서에서 빅데이터를 적극 활용하여 고객의 구매를 끌어올리고, 고객의 이탈을 막으며, 고객당 매출과 기존 제품의 품질 개선을 끌어냈다는 것이다. 빅데이터가 마케팅에서 고객을 분석하는 데 핵심 전략임을 통계가 입증하고 있는 셈이다. 또한 최고마케팅책임자CMO의 58%가 오늘날 빅데이터가 검색엔진 최적화와 마케팅, 이메일 마케팅, 모바일 마케팅에 가장 큰 영향을 미치고 있다고 응답했다. 그들 중 54%는 장기적으로 빅데이터 분석이 마케팅 전략에 필수적일 것으로 보고 있다고 답했다. 포브스 인사이트Forbes Insights가 최근 실시한 조사에서 추적한 10개 업종의 상위 기업들은 고급 분석 기술과 빅데이터를 활용하여 고객 참여와 고객 충성도를 높이고 있다. 기업들은 빅데이터를 통해 비즈니스의 핵심 동인 각각에 대해 더 많은 통찰력과 실행 가능한 접근법을 얻을 수 있게 되었다. 여러 통계를 통해 이미 빅데이터가 오늘날 비즈니스 가치를 제공하는 세 가지 핵심 영역은 수익 창출과 비용 절감 및 운영 자본 감소임이 밝혀졌다.

세계적인 패션 브랜드 자라Zara는 빅데이터를 활용하여 성공을 거둔 대표적인 사례로 꼽힌다. 자라는 TV 광고를 내보내지 않는 것으로 유명하다. 할인행사도 1년에 단 2회에 그친다. 그럼에도 자라의 매출은 여느 브랜드 부럽지 않다. 자라는 빅데이터를 활용해 고객의 모든 구매 활동을 추적한다. 매장 내 모든 옷에 무선인식시스템RFID 태그를 부착하여 상품의 재고 상태를 실시간으로 확인하고, 소비자가 어떤 옷을 탈의실에 자주 들고 가는지, 어떤 옷이 실제 구매까지 이어지는지 파악한다. 단순히 옷 한 벌이 아니라 옷에 달린 버튼과 지퍼 하나에서부터 옷감의 색상과 텍스처, 디자인과 디테일한 마감 처리에 이르기까지 확보할 수 있는 모든 데이터를 실시간으로 끌어 모은다.

이렇게 수집된 빅데이터는 체계적인 분석을 거쳐 회사의 재고 관리와 신상 계획 및 모든 의사결정 과정에 적용된다. 고객이 선호하는 옷은 판매량을 늘리고, 고객이 외면하는 제품은 재고를 줄여나간다. 각 제품별 고객의 선호도는 다음 제품 개발에 그대로 적용된다. 그뿐만 아니라 자라는 인스타그램이나 SNS, 설문조사, 온라인 미디어에서 데이터를 수집하여 각각의 평가기준에 맞춰 탄력적으로 소비자를 응대한다. 빅데이터는 실시간으로 데이터센터에 모이고, 이를 토대로 새로운 디자인이 만들어지며, 일주일에 두 차례 신상품이 출하된다. 트렌드에 발 빠르게 대처하므로 시장은 제품에 바로 반응하고, 반응에 따라 신속하게 추가 생산을 하므로 매장에서 소진되지 않는 재고는 거의 없다. 오늘날 자라가 세계적인 패션 브랜드로 정상에 올라선 이유다.

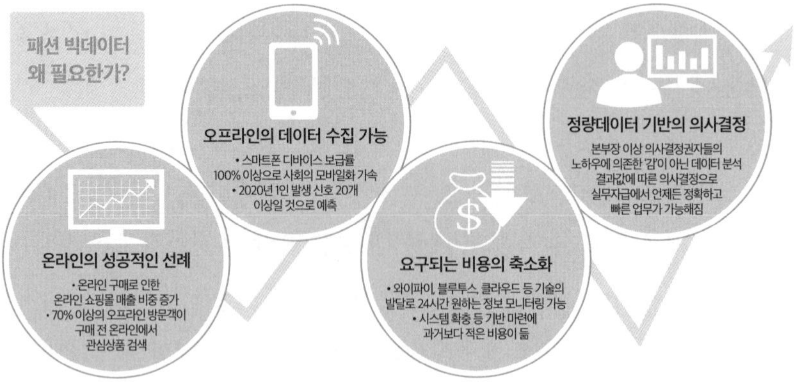

자라의 빅데이터 마케팅

가상현실과 증강현실 마케팅

바야흐로 가상현실과 증강현실이 만나면서 모든 것을 판매할 수 있는 시대가 되었다. 고객이라면 누구라도 구입하기 전에 먼저 제품을 경험하고 싶어 한다. 가구를 사기 전에 거실에 잘 어울릴지, 인터넷에 올라온 신상 드레스의 색상이 나에게 맞을지, 인터넷에서 미리 봐둔 스포츠 운동화를 신고 실제로 트랙을 달리면 어떤 느낌일지 등, 이미 이러한 경험 마케팅은 잠재고객을 성공적으로 끌어들이고, 구매를 독려하며, 충성고객으로 유지시키기 위한 표준이 되었다. 현실을 경험하고 판매를 증강시키는 기술이 바로 가상현실과 증강현실이다. 한 업계에서는 2017년 110억 달러이던 가상현실과 증강현실 시장이 2021년이 되면 연간 113% 성장해 2,150억 달러에 이를 것으로 예상하고 있다. 마케팅의 지형도를 바꾸어놓을 가상현실과 증강현실은 과연 무엇일까?

가상현실과 증강현실의 출현

VR, 즉 가상현실Virtual Reality은 특정 기기를 사용하여 시뮬레이션 된 물리적 세계에 진입하는 것을 말한다. 이를 위해 보통 오큘러스 리프트Oculus Rift나 구글 카드보드Google Cardboard, HTC 바이브Vive 등과 같은 VR 기기를 사용한다. 반면에 AR, 즉 증강현실Augmented Reality은 실제 영상에 디지털 요소들을 추가한 것을 말한다. 이미지나 배경에 3차원의 가상 이미지를 겹쳐서 하나의 영상이나 장면으로 보여주는 기술로, 이미 휴대폰이나 모바일기기에 적용되고 있다. 예를 들어, 세계적인 가구 회사 이케아의 AR 앱인 이케아 플레이스Ikea Place는 집이나 사무실에 자사 가구들을 배치할 때 어떻게 디스플레이 될지 보여주는 증강현실 프로그램이다. 이 두 기술의 차이는 명백하다. 증강현실이 일반적으로 사용자의 휴대폰 카메라나 앱을 통해 디지털로 생성된 이미지를 사용자의 기존 현실 위에 겹쳐 보이게 만든 경험이라면, 가상현실은 이러한 디지털로 생성된 영상을 더욱 의미 있는 신체적 감각으로 느끼게 하는 가상 경험을 제공한다. 전자가 단순히 시각적인 부분에 영향을 주는 것이라면, 후자는 VR 기기를 사용하여 시각과 청각, 심지어 촉각까지 재현하여 소비자에게 몰입감을 주는 것이다. 최근에는 증강현실과 가상현실을 결합한 MR, 즉 혼합현실Mixed Reality 기술도 등장했다. AR과 VR을 결합하여 시뮬레이션 된 환경에 있는 사용자에게 디지털 요소가 어느 방향으로든 나타나게 한다.

가상현실과 증강현실의 스펙트럼

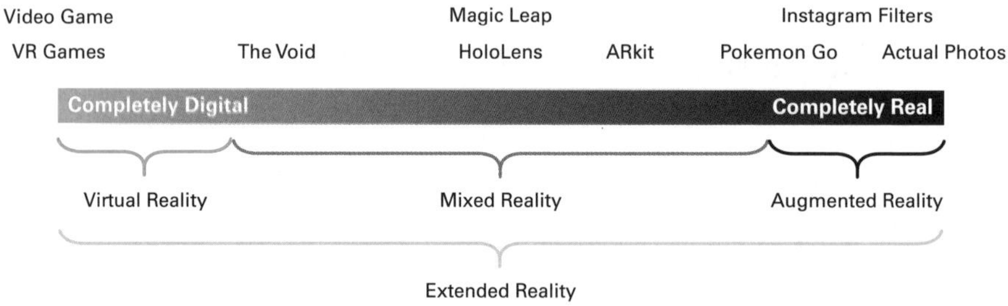

이제 인간이 경험할 수 있는 현실(실제)의 범위가 넓어졌다. 증강현실을 통해 디지털 세계가 실제 우리의 삶을 비집고 들어오더니, 이제는 가상현실을 통해 아예 현실을 벗어나 새로운 가상의 세계, 다

가상현실과 증강현실

가상현실(Virtual Reality)은 1980년대 제론 레니어(Jaron Lanier)에 의해 대중화된 개념으로, 어떤 특정한 환경이나 상황을 컴퓨터로 만들어 그것을 사용하는 사람이 마치 실제 주변 상황·환경과 상호작용을 하고 있는 것처럼 만들어주는 인간-컴퓨터 사이의 인터페이스를 말한다. 반면 증강현실(Augmented Reality)은 1990년대 미 공군 실험실에서 처음 개발된 것으로, 현실 세계에 가상 정보를 더해 보여주는 기술이다. 증강현실을 구현하기 위해서는 다양한 기술이 필요한데, 주변 정보 및 사용자의 위치를 파악하기 위한 카메라와 센서, 컴퓨터그래픽, 디스플레이 기기 등이 유기적으로 맞물려 이루어져야 한다. 오늘날 증강현실은 마케팅 외에도 국방과 교육, 의료, 게임, 레저 등 다양한 분야에서 상용화되고 있다. 한편, 가상현실과 증강현실을 병합한 혼합현실(MR) 기술도 존재한다. VR과 AR, MR은 모두 실제로 존재하지 않는 현실을 구현해 사람이 이를 인지할 수 있도록 하는 기술이라는 점에서 공통점이 있다. 다만 AR은 실제 현실에 가상의 정보를 더해 보여주는 방식이고, VR은 모두 허구의 상황이 제시된다는 점에서 차이가 있다. 1994년 토론토대학교의 폴 밀그램(Paul Milgram)은 가상과 현실의 혼합 비율에 따라 증강현실과 가상현실을 구분했다. 가상현실이란 사용자가 접하는 모든 정보가 가상정보인 반면, 증강현실은 현실과 가상이 어느 정도 공존한다는 관점이다. 가상현실이 새롭게 조성된 공간을 전제로 한다면, 증강현실은 현 시점에 필요한 디지털 정보를 덧입힌 것이다.

른 차원의 현실로 넘어갈 수 있게 되었다. 자연스럽게 제품과 서비스를 구매하고 경험하는 현실 역시 그 범위가 확대되었다. 과거에는 직접 물건을 파는 매장으로 가서 오감을 통해 겪어야 했는데, 이제는 집에 앉아서 물건을 경험할 수 있게 된 것이다. 그뿐만이 아니다. 과거에는 엄두조차 낼 수 없던 무형의 서비스와 제품도 가상현실과 증강현실을 통해 취급할 수 있게 되었다. 덩달아 제품 마케팅의 영역도 넓어졌다. 과거 쇼핑에서는 제품의 외관을 보거나 만지는 것이 전부였다면, 간단한 기기의 도움으로 이제 제품 속을 투시할 수도 있고 직접 써볼 수도 있게 되었다.

VR/AR 마케팅의 실제

가상현실과 증강현실 기술이 갖는 마케팅의 가치는 기업들이 먼저 직감했다. 한 연구에 따르면, 세계 최대 브랜드의 약 75%가 지금까지 VR을 자사의 마케팅 전략에 활용하고 있다는 사실이 드러났다. 노스페이스North Face는 가상현실에 참여한 잠재고객에게 네팔뿐만 아니라 요세미티국립공원을 하이킹할 기회를 제공함으로써 아웃도어 스포츠웨어의 매출을 극적으로 끌어올렸다. 영국에 본사를 둔 여행사 토머스 쿡Thomas Cook은 고객에게 '여행 가기 전에 시도하라try before you fly'는 가상현실 프로그램을 통해 미리 숙박시설과 현지 여행지를 체험할 수 있도록 했다. 뉴욕타임스는 정기구독자에게 가상현실을 체험할 수 있는 구글 카드보드를 발송하기도 했다. 세계적인 언론사로서는 처음으로 고객의 충성도를 높이기 위해 다양한 콘텐츠를 가상현실로 즐길 수 있도록 배려한 것이다. 맥도날드는 햄버거를 먹고 나서 접으면 VR 헤드셋으로 변신하는 해피밀 박스를 출시했는데, 시장의 반응이 뜨거웠다. 구글 카드보드를 기반으로 만들어진 햄버거 상자는 아이들의 호기심을 자극하기에 충분했고, 햄버거보다는 VR 헤드셋을 만들기 위해 해피밀을 구매할 정도였다.

삼성은 미 항공우주국NASA과 협력하여 4D로 달 여행을 즐길 수 있는 VR 중력 체험을 출시했다. 사용자는 VR 헤드셋을 착용한 상태에서 비행복과 하네스를 걸치고 플랫폼에 선다. 그들은 가상현실로 무중력 상태인 달 탐사를 재현하는 시각적이고 물리적인 경험을 다각도로 체험할 수 있다. 삼성 디자인팀과 NASA의 아르고스ARGOS팀은 달 위를 걷는 실제 중력 체험과 영상을 매칭하여 실제로 문 워킹moon walking을 실현했다. 삼성은 이 서비스 상품을 통해 자사의 VR 기술을 홍보하고 회사의 이미지를 제고할 기회를 얻었다.

삼성이 출시한 베드타임 VR 스토리
(출처: youtube.com)

전일본항공ANA 역시 가상현실을 마케팅에 활용한 대표적인 서비스 업체다. 항공사는 엠브리오닉Mbryonic이라는 프로그램을 통해 보잉777-300ER 기종이 제공하는 비즈니스 클래스를 가상현실로 구현했다. 도쿄와 런던에서 론칭 행사를 통해 처음 소개된 이 서비스는 세계에서 가장 큰 민항기인 보잉777편의 비즈니스 클래스 좌석을 가상으로 즐길 수 있도록 360° 화면 환경을 제공한다. 헤드셋을 착용한 사용자는 직접 객실 문을 여닫고, 승무원에게 음식을 주문하며, 조명의 밝기나 의자의 각도도 조절하고, 직접 영화나 게임을 즐길 수도 있다. 소비자의 반응은 뜨거웠다. VR 마케팅을 통해 전일본항공은 예약 증대와 매출 상승을 기록했다. 360° 페이스북 동영상360-degree Facebook Videos 역시 가상현실을 이용한 서비스다. 데스크톱이나 노트북, 스마트폰 또는 VR 장비에서 액세스할 수 있는 360° 비디오는 시청자가 마치 비디오에서 상영되는 똑같은 공간에 있는 것 같은 착각을 준다. 누구나 자신의 콘텐츠를 몰입도 높은 360° 영상으로 직접 만들 수 있고, 자신이 직접 경험한 내용을 실제인 것처럼 다른 사람과 공유할 수 있다. 가상현실과 증강현실을 통해 기업들은 소비자에게 제품과 서비스, 그리고 자사 브랜드에 완전히 몰입시킬 수 있는 독특한 기회를 제공한다. 이전에는 불가능했던 경험까지 판매할 수 있게 된 것이다. 스마트 마케팅 담당자는 온·오프라인 경험과 마케팅 노력을 모두 연결시킬 기회로 인식하여 가상현실과 증강현실을 이용할 것이다.

홀로그램 마케팅

최근 마케팅 분야에서 주목하고 있는 기술의 하나가 바로 홀로

홀로그램

홀로그램(hologram)이란 2개의 레이저광이 서로 만나 일으키는 빛의 간섭 효과를 이용하여 보여주는 3차원 입체 영상을 말한다. '완전하다'라는 뜻의 그리스어 'holos'와 '그림'이라는 뜻의 'gram'의 합성어인데, 1948년 영국의 물리학자 데니스 가보르(Dennis Gabor)가 처음으로 이 원리를 발견해 명명한 것으로 알려져 있다. 가보르는 홀로그램을 발견한 공로로 1971년 노벨물리학상을 받기도 했다. 레이저에서 나온 광선을 2개로 나눠 하나는 직접 스크린을 비추게 하고, 다른 하나는 물체에 비추어 반사되어 나오는 간섭무늬를 스크린에 저장하여 만들어진 홀로그램을 스크린에 다시 쏘아 3D 영상을 만들어낸다. 홀로그램의 용도는 매우 다양한데, 대표적인 것이 위조 방지를 위해 신용카드에 붙어 있는 홀로그램이다. 지폐의 위조 방지 표식이나 정품 인증 스티커 등 보안 용도로 널리 활용되고 있다. 이 밖에도 건축이나 자동차 설계, 마케팅 분야에서 다양하게 활용이 가능하다.

그램이다. 영화 「아이언맨」에서 주인공 토니 스타크가 홀로그램으로 요리하는 장면이 나오는데, 영화 같은 이야기가 실제로 구현되는 것이다. IBM은 향후 5년간 주목해야 할 혁신 기술 중 하나로 3D 동영상 홀로그램 통화를 지목했다. 홀로그램은 실물과 똑같이 입체적으로 보이는 3차원 영상이나 사진을 말하는데, 2011년 과학저널 「네이처」의 발표에 따르면, 조만간 가정의 3D 비디오 스크린에 완전한 홀로그램을 구현하는 기술이 가능할 것으로 전망했다. 또한 미국의 휴렛패커드연구소에서는 무안경식 홀로그램 디스플레이를 개발하여 뇌에서 3D 입체영상을 인식할 수 있도록 빛의 방향을 조작하는 홀로그램 기술을 보여주었다. 경기도 고양시에서 분양한 한 상업시설은 3D 입체 홀로그램을 통해 고객을 유치하여 광고효과를 톡톡히 보았다. 이 상업시설은 북유럽의 멋있고 독특한 설계를 선보이면서 국내 최초로 50m 상공에 홀로그램으로 오로라를 재현하여 잠재고객을 유인하고 구매 욕구를 높였다는 후문이다.

홀로그램 기술은 온·오프라인 경쟁에서 앞서기 위해 소비자의 관심을 끌고 광고 메시지를 더 효과적으로 전달하는 데 활용되고 있다. 최근 홀로그램을 마케팅에 이용하여 자사 광고를 선보인 기업들이 있는데, 독일 포르셰는 2016년 911 신모델을 출시하면서 세계 최초의 인터랙티브 홀로그램 광고를 선보였다. 태블릿PC 위에 '프리즘'이라는 도구를 갖다 대면 포르셰 웹사이트를 통해 홀로그램 스페셜 비디오를 시청할 수 있다. 포르셰 측은 홀로그램 광고에 대해 "이번 광고는 소비자에게 흥미와 호기심을 주기 위한 것"이라고 설명했다. 사실 홀로그램은 앞서 말한 AR이나 VR에 비해 간단한 기술로 알려져 있다. 홀로팬Holofan 같은 최신 홀로그램 디스플레이 시스템은 누구든지 손쉽게 제품을 공중에 떠 있는 것처럼 보이는 이미지를 만들 수 있게 해준다. 이러한 간단한 장비는 소매점이나 점포, 스포츠 행사, 기타 전시회 어디에나 광범위하게 설치할 수 있다. 홀로그램은 소상공인 소매점에서부터 대기업 마케팅 이벤트에 이르기까지 어디에나 설치·활용될 수 있으며 SD카드나 wifi를 통해 소비자에게 3D 비디오 콘텐츠를 보여줄 수 있다. 삼성과 코카콜라, 애플 등 거의 모

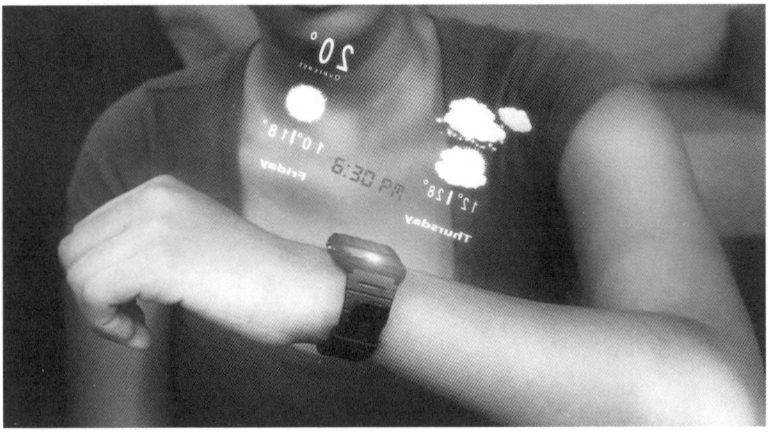

애플 워치의 홀로그램 기술
(출처: pinterest.com)

든 세계 최고의 브랜드가 지난 몇 년 동안 홀로그램 기술을 자사 마케팅에 실험해온 데는 나름 이유가 있다. 오늘날의 기술은 다양한 방식으로 그리고 다른 수준에서 마케팅에 통합될 수 있으며, 홀로그램이 마케팅의 새로운 시대를 이끌어갈 수 있다고 본 것이다.

이처럼 3D로 표현되는 콘텐츠는 평면적인 광고보다 더 선명하고 입체적이어서 실제 제품이 소비자의 눈앞에 있는 것 같은 느낌을 줄 수 있어 업종에 상관없이 각 매장에서 홀로그램을 사용한 제품 전시도 많이 볼 수 있다. 홀로그램은 그간 브랜드가 어떻게 더 강한 고객 관계를 형성하고 그들에게 자사 제품에 대한 더 깊은 통찰력을 줄 수 있는지를 보여주었다. 비록 전체적으로 상용화되기에는 아직 여러 기술적 문제를 안고 있지만, 앞으로 발 빠르게 홀로그램을 마케팅에 활용하여 광고 콘텐츠를 제작한다면 좀 더 경쟁력을 갖춘 상업 활동을 할 수 있게 될 것이다.

2부

마케팅의 보물산-네트워크 마케팅

Treasure Mountain of Marketing–Network Marketing

6장
네트워크-프로슈머 유통의 보석망

Aut viam inveniam aut faciam

길을 찾든지 아니면 길을 만들어라.

– 한니발 –

미래학자 제러미 리프킨Jeremy Rifkin은 자신의 저서 『한계비용 제로 사회』에서 가까운 미래 4차 산업혁명의 결과로 전 세계에 사물인터넷이 보급된 새로운 시장을 상정한다. 3D 프린팅과 오픈소스 소프트웨어, 사물인터넷, 인간의 노동력을 대체하는 많은 유·무형의 인공지능이 미래의 시장을 주도할 것으로 예상한다. 세계 모든 시장은 하나로 통일되어 새롭고 보편적인 인공지능 네트워크를 갖추게 될 것이다. 이 네트워크는 한 번 구동시키면 영원히 돌아가는 영구기관처럼 인간의 추가적인 노동력이 필요치 않는 완전 자동화 단계에 도달할 것이다. 그 결과, 미래 시장은 기본적인 원자재 공급을 위한 최소한의 비용을 제외하면 사실상 아무런 비용도 들이지 않고 제품을 유통시킬 수 있게 되며, 비용이 제로에 수렴하는 한계비용 제로 사회zero marginal cost society를 낳을 것이다.

한편으로는 가슴 벅찬, 다른 한편으로는 조금 섬뜩하기까지 한

기술의 발달이 미증유의 한계비용 제로 사회를 낳을 것이라고 예언한 제러미 리프킨
(출처: assemblyseries.wustl.edu)

예언을 두고 리프킨은 책에서 한계비용 제로 사회가 낳을 세 가지 미래를 그린다. 그중 첫 번째는 에어비앤비나 우버 같은 공유경제의 탄생이고, 두 번째는 생산자(프로듀서)와 소비자(컨슈머)가 만나는 프로슈머의 탄생, 세 번째는 리프킨이 평생 연구한 주제, 즉 노동의 종말이다. 공유경제는 지구상 가장 큰 기업들 중 몇몇을 쓰러뜨릴 정도로 커다란 유통 혁명을 일으킬 것이고, 프로슈머는 현재 화석연료 기반의 에너지산업을 무력화하여 소비자가 스스로 전기를 생산하는 시대를 촉진시킬 것이다. 이는 결국 전 세계를 하나의 공유사회로 연결하여 모든 재화와 서비스를 수평적으로 이동시키는 경제체계를 만들 것이다. 중개인들이 소멸하면서 경제적 권력이 소수에서 다수에게로 넘어가고, 경제생활이 '민주화'될 것이다.

"'협력적 공유사회'라는 새로운 경제체계가 세계무대에 등장하고 있다. 이것은 19세기 초 자본주의와 사회주의의 출현 이후 처음으로 세상에 뿌리내리는 새로운 경제 패러다임이다. 협력적 공유사회는 이미 우리가 경제생활을 조직하는 방식에 변혁을 가하며, 소득 격차를 극적으로 축소할 수 있는 가능성을 제시하고, 글로벌 경제의 민주화를 촉진하는 한편, 환경 면에서도 좀 더 지속 가능한 사회를 창출하고 있다."[1]

협력적 공유사회는 더 이상 어떤 재화를 한 사람이 독점하는 전통적 방식의 '소유'가 아니라 접근이 허용된 다수가 제로비용으로 자유롭게 이용할 수 있는 새로운 방식의 '공유'를 낳을 것이다. 리프킨의 이러한 예측은 매우 급진적이며 도발적이기까지 하다. 하지만 리프킨이 전달하고자 했던 분명한 메시지는 기존 경제를 지탱해온 유통구조가 획기적으로 변할 것이며, 생산자 중심의 경제체계에서 소비자 중심의 경제체계로 탈바꿈할 것이라는 사실이다. 아니 어쩌면 이미 생산자와 소비자의 구분조차 무의미해졌는지도 모른다. 나의 소비 활동이 또 다른 누군가에게 생산 활동이 되며, 그의 소비 활동은 나에게 또 다른 생산 활동을 일으키기 때문이다. 가까운 시일 내에 생산자에서 소비자로 '단방향'으로만 흐르던 유통구조 역시 생산자와 소비자가 서로 재화와 서비스, 정보와 가치를 주고받는 '쌍방향' 유통구조로 바뀔 것이다. 소유권에서 접근권과 공유권으로 경제의 무게추가 이동할 것이다.

기원전 219년 카르타고의 한니발은 코끼리부대와 군사 9만 8천

---

1 제러미 리프킨(2014), 『한계비용 제로 사회』, 안진환 역, 민음사, 7쪽.

명을 이끌고 험준한 알프스산맥을 넘으며 "길을 찾든지 아니면 길을 만들겠다"라고 했다. 네트워크의 도래로 소유권 경제가 공유권 경제로 넘어가는 과정은 어쩌면 인류 그 누구도 가보지 않은 길일지 모른다. 생산자와 소비자로 연결된 네트워크는 이제 소비자와 소비자를 연결하는 네트워크로 진화했으며, 조만간 소비자 네트워크는 공유경제의 근간을 이루게 될 것이다. 이미 그 지형은 여러 곳에서 발견되고 있으며, 우리는 다양한 형태로 그 혜택의 일부를 받고 있다. 그리고 그 중심에 네트워크 마케팅이 있다.

네트워크 파워
부를 연결하는 사회자산망

1969년 하버드대학교의 스탠리 밀그램Stanley Milgram은 미국 중서부 네브래스카주 오마하와 캔자스주 위치타에 사는 주민 300명에게 각기 우편엽서 1통을 나눠주고 이를 미국 동부 보스턴에 사는 한 주식중개인에게 전달하도록 지시했다. 단, 수취인을 알 수 있을 것으로 판단되는 사람에게 '인편'으로 보내는 방식이어야 했다. 그렇다고 특별한 사람을 고른 것은 아니었다. 지나가는 행인 중에서 문제의 주식중개인을 전혀 모르는 사람들을 무작위로 골라서 엽서를 건넸다. 엽서를 다른 사람에게 전해주기 전에 반드시 이를 받은 사람의 이름을 적어 넣어야 했으므로 수취인에게 엽서가 닿을 때까지 몇 사람의 손을 거쳤는지 알 수 있었다. 이러한 전달 방식은 사람들에게 커다란 도전으로 다가왔다. 단순한 추측만으로 수취인을 아는 사람, 혹은 아마도 알 만한 사람을 자신의 좁은 인간관계망에서 골라내야 했기 때문이다.

실험 결과는 놀라웠다. 300통 중 64통이 넘는 엽서가 중개인에게 도착했고, 평균 5.5단계 만에 엽서가 정해진 수취인에게 전달되었다. 어떤 엽서는 3단계 만에 전달되기도 했다. 더 놀라운 사실은 주식중개인에게 엽서가 전달되기 직전 대부분의 엽서가 3명에게 몰렸다는 점이다. 이후 밀그램은 지역을 바꿔 유사한 실험을 진행했다. 이번에는 160통의 편지를 부쳤는데, 그중에서 24통의 편지가 매사추세츠주 샤론에 사는 수취인에게 전달되었다. 놀라운 것은 24통 중에서 16통이 수취인에 전달되기 직전 '제이콥'이라는 의류상에게 집중되었고, 수취인이 근무하는 사무실에 전달된 편지 중 절반은 단 2명의 남성이 전달해준 것이었다는 사실이다. 이 실험은 결국 내가 전혀 알지 못할 것이라고 생각했던 누군가와도 겨우 6단계만 거치면 나와 연결될 수 있다는 사실을 알려주었다. 이 실험은 이후 여러 연구자에 의해 반복되었다.

"전 세계 사람들은 6단계 안에서 모두 연결되어 있다"

케빈 베이컨 게임

그중 대표적인 실험이 이른바 '케빈 베이컨 게임'이다. 이 게임은 1994년 1월, MTV에서 방송된 「존스튜어트쇼」 제작진에게 3명의 대학생이 장난처럼 편지를 보내면서 시작되었다. 그 편지에는 "우리 3명은 하나의 임무를 띠고 있는 사람들이다. 우리의 임무는 전 세계가 케빈 베이컨을 중심으로 돌아가고 있고, 그가 신이라는 사실을 증명해 보이는 것이다"라고 적혀 있었다. 흥미를 느낀 제작진은 이 3명의 괴짜 대학생을 할리우드 대표 국민배우 케빈 베이컨Kevin Bacon과 함께 쇼에 출연시켰다. 이들은 방청석에 앉아 있는 청중이 무작위로 배우의 이름을 대면 그 배우와 베이컨이 몇 단계 만에 연결되는지 척척 말했고, 당장에 케빈 베이컨과 청중을 매료시켰다. 어떻게 이것이 가능했을까?

이들은 밀그램의 개념을 실제 인간관계에 적용하여 '베이컨 지수Bacon Number'라는 것을 만들어냈다. 이를테면, 송강호와 베이컨은 몇 단계에 걸쳐 서로 만날 수 있을까? 베이컨은 1992년 영화 「어퓨 굿 맨」에서 톰 크루즈와 함께 출연했다. 톰 크루즈는 2001년 영화 「바닐라 스카이」에서 틸다 스윈튼과 연기 호흡을 맞췄다. 그리고 틸다 스윈튼은 2013년 우리에게도 익숙한 영화 「설국열차」에서 대한민국 국민배우 송강호와 함께 연기했다. 따라서 베이컨 지수 3으로 케빈 베이컨은 송강호와 연결되어 있는 셈이다. 앞서 소개한 밀그램의 실험으로 6단계만 거치면 세상 모든 사람이 연결된다는 이른바 '6단계 분리six degrees of separation' 개념이 등장하게 되었고, 이 개념은 오늘날 페이스북이나 여타 다양한 SNS 플랫폼의 바탕이 되었다.[2]

---

2 사실 이 원천 개념은 1929년 헝가리 작가 프리게스 카린시(Frigyes Karinthy)가 처음 제시한 것으로 알려져 있다.

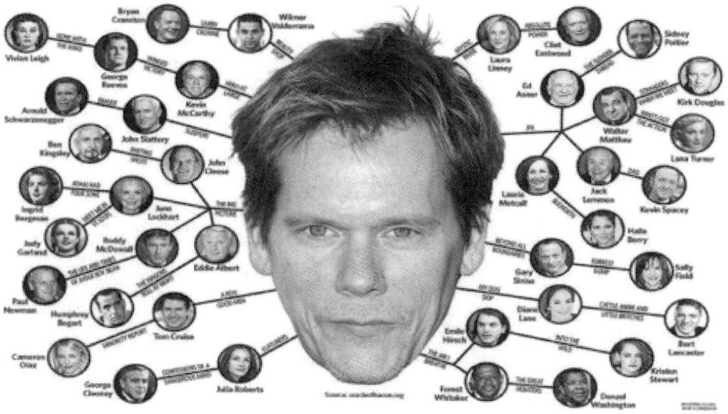

케빈 베이컨 게임. 6단계만 거치면 모든 배우가 연결될 수 있다는 것을 보여주었다.
(출처: thegamewiz.com)

작은 세계 실험

밀그램의 이 개념을 과학적으로 입증하려는 시도가 계속되었다. 미국의 사회학자인 던컨 와츠Duncan J. Watts와 그의 스승인 스티븐 스트로가츠Steven Strogatz는 사람을 꼭짓점으로 표시하고 그들의 관계를 에지로 표시하여 인간관계의 지형도를 그렸다. 주변 사람들하고만 연결된 잘 짜인 100개의 네트워크에서 엉뚱한 곳으로 가지를 뻗은 인간관계를 하나씩 늘려가면서 그때마다 '다른 사람에게 도달하는 데 걸리는 단계'가 얼마나 감소하는가를 계산해본 것이다. 그들은 100개 중 하나의 가닥만 다른 지역으로 연결해도 평균 단계가 10분의 1로 줄어들게 된다는 사실을 밝혀냈다. 인간관계의 네트워크에서 몇 가닥만이라도 엉뚱하게 가지를 뻗으면, 이 거대한 사회가 몇 단계 만에 누구에게든 도달할 수 있는 작은 세상으로 바뀌는 것이다. 그들은 몇 가닥의 무작위 연결만으로 모든 사람에게 쉽게 연결될 수 있는 이러한 네트워크를 '작은 세상 네트워크small world network'라고 불렀고, 이를 1998년 6월 과학저널 「네이처」에 논문으로 발표했다.

2008년 마이크로소프트의 연구원이던 에릭 호비츠Eric Horvitz는 MSN 메신저를 통해 밀그램과 유사한 실험을 진행했다. 그는 연구 동료 주르 레스코벡Jure Leskovec과 공동으로 MSN 메신저를 이용하는 약 1억 8천만 명이 한 달 동안 주고받은 메시지 300억 개가량을 분석하면서 임의로 추출한 2명의 이용자가 서로 연결되기 위해 중간에 거쳐야 하는 인원수를 조사했다. 흥미롭게도 호비츠의 연구 결과는 스트로가츠의 실험 결과와 엇비슷했다. 한 사람이 다른 한 사람에게 도달하기 위해 거쳐야 할 단계는 평균 6.6명에 불과했다. 평균 6.6단계만 거치면 약 2억 명의 이용자가 모두 연결된다는 결론이었다. "제게 이 사실은 매우 쇼킹했어요. 조사 결과는 인류에게 일관된 사회적 연결망이 있을지도 모른다는 사실을 암시해주었으니까요. 사람들은 우리가 정말 가까운지 모종의 의구심을 가지고 있었지만, 우리는 매우 넓은 규모로 이런 생각이 단순한 미신을 넘어선다는 사실을 보여주었습니다."

"인터넷 시대에도 밀그램은 옳았다"

우리는 흔히 "세상 참 좁다"라는 말을 한다. AI 연구자 호비츠의 조사는 이 말이 21세기 디지털 세계에서도 여전히 사실임을 입증했다. 그런데 앞으로 4차 산업혁명이 몰고 올 초연결사회hyper-connected

초연결사회

초연결사회(hyper-connected society)는 캐나다의 사회과학자인 애너벨 퀴안 하세(Anabel Quan-Hasse)와 배리 웰먼(Barry Wellman)이 2001년 처음 사용했으며, SNS 및 IT 혁명으로 사람과 사람, 사람과 단말기, 단말기와 단말기 간에 긴밀하게 연결되어 이메일, 클라우드 컴퓨팅, 문자 메시지 등 다양한 커뮤니케이션 장치로 연결되어 있는 사회를 의미한다. 초연결사회는 IT를 바탕으로 사람, 프로세스, 데이터, 사물이 서로 연결됨으로써 지능화된 네트워크를 구축하여 이를 통해 새로운 가치와 혁신의 창출이 가능해질 것이다. 초연결사회가 가능하려면 빅데이터를 처리하여 이용하는 인공지능 기술과 사물이 네트워크로 서로 접속되는 사물인터넷 기술이 상용화 단계까지 발달해야 한다.

society는 이러한 '작은 세상'을 더욱 작게 만들 것이다. 더 이상 사람과 사람의 연결에 그치지 않고 IT를 바탕으로 사람, 프로세스, 데이터, 사물이 서로 연결되는 지능화된 첨단 네트워크 세상이 도래할 것이다. 가까운 장래에 심화된 연결을 기반으로 하는 새로운 차원의 서비스와 문화, 마케팅의 가능성이 열리면서 사회는 소유에서 공유로, 객체에서 주체로, 이동에서 초월로 나아갈 것으로 예상된다. 그렇게 보면 제러미 리프킨의 예언이 억측만은 아니라는 사실을 깨닫게 된다.

초연결사회와 인공지능의 등장

이런 이야기를 들으면, 세상이 하나의 촘촘한 그물망과 같다는 느낌이 든다. 인터넷과 정보통신 기술의 발달로 과거에는 단지 사람과 사람이 연결되었다면, 미래 사회는 사람과 사물, 사물과 사물 간 연결로 세계가 하나의 거대한 네트워크가 될 것이다. 사물인터넷IoT은 이렇게 초연결사회를 구현하는 데 기반 기술이 될 전망이다. 앞서 말한 것처럼 제러미 리프킨은 『소유의 종말』을 통해 미래 사회의 핵심은 '소유'가 아닌 '접속'이 될 것이라고 단언했다. "소유가 중시되던 시대에는 '빌리지도 말고 빌려주지도 말라'라는 충고가 먹혀들었을지 모른다. 그러나 접속의 시대에 들어와서는 정반대가 되었다."[3] 클라우드 컴퓨팅 기술로 모든 것을 빌리고 나누는 시대, 즉 사용료가 0원에 근접하는 시대가 눈앞에 왔다. 학자들이 사물인터넷 기술이 팀 버너스 리의 월드와이드웹 이후 가장 혁신적인 인터넷 기술이라고 말하는 이유가 바로 그것이다.

케빈 베이컨 게임이 사람과 사람의 네트워크를 입증한 것이라면, 사물인터넷은 사람과 사물의 네트워크를 실현한 것이다. 생물과 생물의 연결에서 이제는 생물과 무생물의 연결, 나아가 무생물과 무생물의 연결로 네트워크가 확대된 셈이다. 앞장에서 말한 것처럼 사물인터넷이 시너지를 내려면 빅데이터와 클라우드 컴퓨팅, 인공지능 기술이 함께 묶여야 한다. 사물인터넷을 통해 실시간으로 수집된 방대한 빅데이터를 분석하여 이를 인공지능이 최적의 결과치로 처리해야 한다. 마케팅 영역에서도 마찬가지다. 빅데이터를 활용한 인

---

3 제러미 리프킨(2001), 『소유의 종말』, 이희재 역, 민음사, 64쪽.

> **사물인터넷**
>
> 사물인터넷(Internet of Things)이란 주변의 모든 사물이 인터넷 네트워크로 연결되는 것을 말한다. 4차 산업혁명이 가져올 5대 핵심 기술 중 하나로, 줄여서 'IoT'라고도 한다. 사물인터넷이라는 용어는 1999년 비누나 샴푸 같은 소비재를 제조 판매하던 P&G에서 브랜드 매니저로 근무하던 케빈 애시턴(Kevin Ashton)이 처음 사용한 것으로 알려져 있다. 사물인터넷이 우리의 일상 속에서 상용화되면, 스마트폰과 모바일기기, 가전제품, 헬스 케어, 자율주행 자동차, 스마트 홈, 스마트 팩토리, 스마트 팜 등에 사용되는 다양한 스마트기기들을 인터넷으로 연결하여 빅데이터를 통합적으로 관리할 수 있게 된다. IT 연구 및 자문 회사 가트너에 따르면, 2009년까지 사물인터넷 기술을 사용하는 사물의 개수는 9억여 개에 불과했으나, 2020년에는 이 숫자가 260억 개에 이를 것으로 내다보았다. 사물인터넷으로 사람과 사람뿐 아니라 사람과 사물이 네트워크로 연결되는 사회가 실현된 것이다.

공지능이 마케팅 툴로 쓰이려면, 무엇보다 정보를 바로 분석해 신속히 처리하는 클라우드 컴퓨팅이 가능해야 한다. 빅데이터를 활용한 시장 예측은 정형적 데이터와 비정형적 데이터를 모두 수집할 수 있어야 하며 이를 분석하여 생산과 물류, 마케팅과 광고에 적용될 수 있어야 한다. 그리고 어쩌면 그 가능성이 네트워크 마케팅에 있을지

모른다.[4]

기하급수적으로 성장하는 수익의 그물망
경제학에서 네트워크의 중요성

눈사람을 굴려본 사람은 대번 알 것이다. 처음에 일정 크기의 눈덩이를 뭉치는 것이 어려울 뿐 어느 정도 눈덩이가 불어나면 별다른 힘을 들이지 않고도 눈사람을 만들 수 있을 만큼 쉽게 커다란 눈덩이를 얻을 수 있다는 사실을 말이다. 네트워크 역시 비슷하다. 네트워크의 성장도 네트워크의 씨앗을 만드는 것이 고단할 뿐이지 일단 네트워크가 뻗어나가기 시작하면 감당이 안 될 정도로 폭발적인 성장이 가능하다. '눈덩이 효과snowball effect'라고 부르는 네트워크 발달 과정은 박테리아의 증식이나 복리複利의 위력에서도 쉽게 볼 수 있다. 경제학에서는 이러한 네트워크의 성장을 다양한 방식으로 연구해왔다.

오랫동안 다양한 네트워크 개척자들은 네트워크의 성장과 그것의 가치를 어떻게 측정할 수 있는지를 모델화하려고 시도해왔다. 학자들은 네트워크가 성장하는 방식과 네트워크 효과의 힘을 설명하려고 했다. 시간이 흐를수록 각각 새로운 법칙들은 과거에 제시된 네트워크의 가치와 성장세가 상당히 과소평가되었다는 사실을 발견

4 ICT 분야의 발전과 4차 산업혁명이 가져올 미래 기술사회의 모습에 관해서는 저자의 졸저 『암호화폐가 부의 지도를 바꾼다: 4차 산업혁명의 종결, '블록체인'과 '암호화폐'』(포북, 2019)를 참고하라.

했다. 물론 이러한 법칙들은 과학적으로 입증된 법칙이 아니다. 다만 다른 종류의 네트워크와 그 네트워크의 가치 사이의 관계를 설명하는 수학적 개념일 뿐이다. 네트워크 마케팅의 원리를 살펴보기 전에 네트워크에 관한 세 가지 법칙을 먼저 들여다보자.

네트워크와 사노프의 법칙

NBC를 이끌며 미국의 라디오-텔레비전 네트워크를 개척했던 데이비드 사노프David Sarnoff는 일찍이 미디어가 지니는 네트워크의 가치는 대해 관심을 가졌다. 그는 텔레비전과 라디오 같은 전통적인 미디어에서 시청자의 수에 비례하여 매체의 가치도 산술적으로 증가한다고 주장했다. 이를 '사노프의 법칙'이라고 하는데, 이 법칙에 의하면 시청자가 많아질수록 네트워크 가치는 직선을 그리며 우상향 상승곡선을 그리게 된다. 이는 단순히 TV 프로그램의 시청률처럼 단일 시간대 시청자를 카운팅해서 미디어의 가치를 따지는 방식인 셈이다. 방송이나 신문 같은 페이드 미디어paid media나 웹사이트나 블로그 같은 온드 미디어owned media도 방문자나 시청자를 이런 방식으로 세고 있다. 예를 들어, 1명이 본다면 네트워크 가치는 1이 되고, 100명이 본다면 산술적으로 네트워크의 가치는 100이 될 것이다. 사노프의 네트워크는 어떤 모양을 가지게 될까?

이를 위해 사노프는 라디오와 텔레비전 시청자(개별 노드)가 중앙 노드를 가진 방송국에 연결된 방사선 형태의 네트워크를 상상했다. 사노프의 법칙이 말하고자 하는 바는 명확했다. 노드를 꾸준히 채우는 것만이 네트워크의 가치를 증가시키는 유일한 방법이고, 여기에는 네트워크를 구축하는 수고를 덜어줄 어떠한 꼼수나 가만 놔

두어도 스스로 알아서 증식하는 마법 같은 전략 따위는 없다. 꾸준히 정기 구독자 수를 늘리고 가능한 한 많은 시청자를 확보하는 수밖에 없다. 전통적인 매체가 만들어내는 네트워크를 설명하는 데 더없이 정확했지만, 결국 그의 네트워크 법칙은 21세기 네트워크가 갖는 위력을 과소평가했다는 비판에 직면할 수밖에 없었다.

네트워크와 멧캘프의 법칙

오늘날 LAN의 근간이 된 이더넷Ethernet의 창시자이자 3Com사의 공동창립자 중 한 명인 밥 멧캘프Bob MetCalfe는 마케팅에서 네트워크의 중요성을 정확하게 간파한 인물로 꼽힌다. 1980년 그는 어떤 네트워크의 가치는 사노프가 말한 것처럼 단순히 그 네트워크에 참가하는 구성원의 수에 비례하는 것이 아니라 제곱에 비례한다고 주장했다. 어떻게 들으면 알쏭달쏭한 그의 주장을 일컬어 오늘날 학자들은 '멧캘프의 법칙MetCalfe's law'이라고 부른다. 멧캘프의 법칙은 유튜브를 비롯한 온라인 네트워크 플랫폼을 구성하는 데 없어서는 안 될 중요한 개념이 되었다. 과연 멧캘프의 법칙은 무엇일까?

멧캘프의 법칙을 간단히 설명하면, 네트워크에 사람이 많으면 많을수록 네트워크에 대해 구성원들이 느끼는 효용성도 덩달아 늘어난다는 것이다. 전화기나 팩스 등 네트워크에 부착된 통신기기를 '노드'라고 불렀는데, 멧캘프는 바로 이 노드가 늘어남에 따라 네트워크의 가치가 2배로 늘어난다고 본 것이다. 예를 들어, 100명의 구성원으로 이루어진 네트워크는 10명의 구성원으로 이루어진 네트워크보다 자신이 속한 네트워크에서 훨씬 더 큰 가치를 발견한다. 멧캘프에 따르면, 각기 네트워크에 속한 구성원은 10배의 차이가 나지만, 구성원들이 느끼는 네트워크의 가치는 20배의 차이가 난다는 것이다.

다만 멧캘프는 인터넷이 상용화되기 이전에 통신기기만 가지고 정량적 분석을 했다는 지적을 받았다. 이후 인터넷이 보편화되면서 1993년 미국의 경제학자 조지 길더George Gilder는 통신기기의 수(노드)를 네트워크에 속하여 직접 네트워크를 이용하는 이용자 수로 대체했다. 사실 오늘날 우리가 알고 있는 멧캘프의 법칙은 이처럼 길더가 수정한 것이다. 법칙에 따르면, 이용자 수가 증가함에 따라 네트워크의 가치 대비 네트워크를 구축하는 비용은 현격하게 낮아진다. 예를 들어, 한 네트워크 이용자가 100명인 상황에서 50명의 이용자가 추가될 경우, 네트워크를 구축하는 데 들어가는 비용은 50% 증가하는 데 그치지만, 그 가치는 10,000(=100^2)에서 22,500(=150^2)으로 125% 증가한다는 것이다. 이는 생산 규모가 증가함에 따라 생산 단가가 하락한다는 '규모의 경제'라는 개념과 매우 흡사한 것이어서 경제학에서 많이 연구되었다.

"네트워크의 가치는 규모의 경제와 닮았다"

앞서 1부에서 소개한 바이럴 마케팅도 사실상 이 원리에서 시작된 것이다. 오늘날 인터넷에서 플랫폼을 기반으로 하는 많은 회사들이 그토록 회원들을 모으는 데 주력하는 이유도 바로 이 법칙 때문이다. 각종 인터넷 사이트는 초기에 홍보비나 마케팅비로 되도록 많은 사람들을 가입시키려고 노력한다. 물론 처음에는 적자를 감수해야 한다. 하지만 어느 지점을 지나면, 늘어난 회원들로 인해 네트워크의 가치가 비용을 뛰어넘게 된다. 일단 그 단계에 진입하게 되면, 네트워크는 이전보다 경제적으로 더 큰 가치를 띠게 된다.

네트워크와 리드의 법칙

물론 멧캘프의 법칙은 네트워크 내의 모든 구성원을 균등한 하나의 노드로 본다는 점에서 한계가 있다. 활발하게 활동하는 회원과 그렇지 않은 휴면 회원 사이에는 네트워크에 미치는 차이가 상당할 수밖에 없다는 점을 간과한 것이다. 이러한 단점을 보완한 것이 바로 '리드의 법칙Reed's law'이다. 앞서 노드의 개념이 중요했다면, 여기서는 '그룹group'이라는 개념이 중요하다. 리드의 법칙에 따르면, 네트워크의 가치는 노드 수를 n이라고 했을 때, 2의 n승에 비례한다는 것이다. n의 2승인 멧캘프의 법칙보다 그래프상 훨씬 더 가파른 기울기를 나타낼 수밖에 없게 된다.

SNS 플랫폼이 인간관계의 새로운 패러다임을 제시하고 있는 오늘날 리드의 법칙이 갖는 가치는 네트워크 내에 서브그룹이 만들어질 가능성을 제시했다는 점에 있다. 네트워크 내에 협력의 가능성이 있다고 본 것이다. 여기서 말하는 협력collaboration이란 단순히 함께 일하는 것 이상의 의미로, 다수의 사람들이 그들 각각으로는 이루어낼 수 없는 것을 함께 시너지를 일으켜 만들어내는 과정을 말한다. 시공간의 초월을 가져다준 통신기술의 발달로 노드와 그룹 간에 협력이 이루어질 수 있게 된 것이다. 이 세 가지 네트워크를 비교하면 다음의 그래프와 같다.

네트워크의 힘은 매체의 발달, 기술의 성장과 함께 증가해왔다. 일방적 네트워크를 표방한 TV나 라디오가 시청자나 단순 시청률로

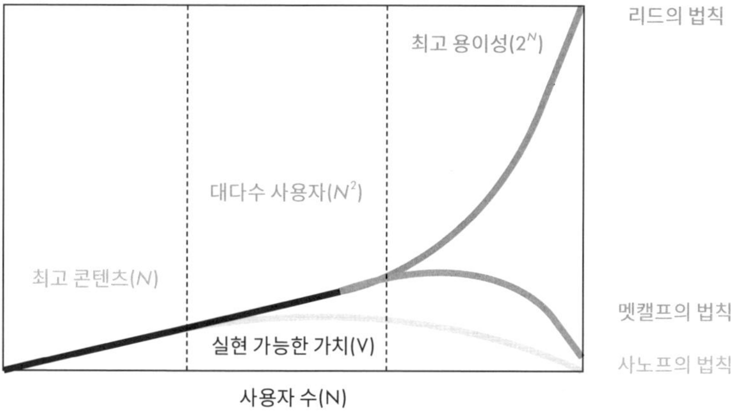

구분	사노프의 법칙	멧캘프의 법칙	리드의 법칙
노드	n(산술급수적)	n^2(비선형적)	2^n(기하급수적)
정의	네트워크 가치$\propto n$	네트워크 가치$\propto n$의 제곱	네트워크 가치$\propto$2의 n제곱
사례	방송, 매스미디어	전화, 이메일	인터넷, SNS
구조	1 : 1 	쌍방향 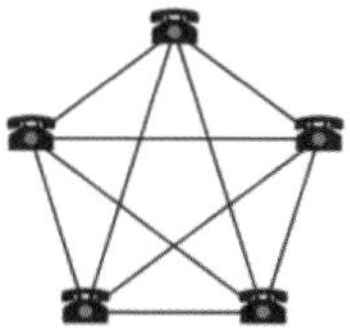	협업 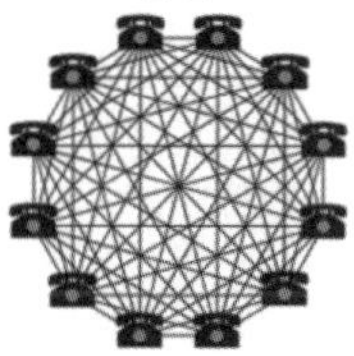

사노프의 법칙 vs. 멧캘프의 법칙 vs. 리드의 법칙 비교

네트워크의 가치를 대변해왔다면, 쌍방적 네트워크를 표방한 이메일은 네트워크를 이루는 인원의 제곱에 비례하여 가치가 성장했다. 하

지만 최근 협업적 네트워크를 표방한 SNS 플랫폼은 그 가치가 기하급수적으로 성장하고 있다. 이제 마케팅과 유통의 가치 역시 네트워크로 평가되며, 구성인원이 얼마나 능동적인가를 네트워크의 중요한 경제적 가치 기준으로 삼을 것이다. 물류와 유통의 구조를 단순화시켜 새로운 마케팅 혁명을 일으켰던 네트워크 마케팅은 SNS와 블로그, 유튜브를 이용한 새로운 네트워크와 접목하면서 이러한 가치를 입증하고 있다. '마케팅 구루'로 불리는 세스 고딘은 자신의 저서 『마케팅이다』에서 성공적인 마케팅의 5단계를 다음과 같이 제시하고 있다.

"첫 번째 단계는 들려줄 만한 이야기가 있고, 세상에 기여할 만한 가치가 있는 물건을 고안하는 것이다. 두 번째 단계는 그것을 소수의 사람들에게 혜택을 주고 사랑받을 방식으로 설계하고 제작하는 것이다. 세 번째 단계는 이 소수의 집단, 최소유효시장에 내재된 내러티브와 꿈에 맞는 이야기를 들려주는 것이다. 네 번째 단계는 모두가 흥분하는 일, 바로 입소문을 퍼뜨리는 것이다. 다섯 번째 단계는 종종 간과되기도 하지만, 오랫동안 꾸준히, 일관되게, 정성껏 일으키고자 하는 변화를 기획하고, 주도하며, 그에 대한 신뢰를 구축하는 것이다. 그래서 사람들에게 후속 작업에 대한 승낙을 받고 이 변화에 대해 배우겠다는 참여를 이끌어내는 것이다. 마케터로서 우리는 비슷한 생각을 가진 동류집단과 교류하며 변화를 일으키는 가운데 아이디어가 퍼져나가도록 꾸준히 노력해야 한다."[5]

---

5 세스 고딘(2019), 『마케팅이다』, 김태훈 역, 쌤앤파커스, 34쪽.

7장
네트워크와 마케팅의 만남
글로벌 유통 혁명의 프런티어, 네트워크 마케팅

Omnes viae Romam ducunt

모든 길은 로마로 통한다.

– 로마 속담 –

모든 거래는 등가교환으로 이루어진다. 판매되는 물건의 가치는 필요에 비례하고, 풍요에 반비례한다. 거대한 산맥과 호수에 막혀 자급자족의 운명에 내몰렸던 고립된 지역들은 변변한 이동수단이 생기기 오래전부터 서로의 특산품을 맞교환했다. 이처럼 인류의 유통은 물물교환에서부터 시작되었다고 봐도 무방하다. 이 교환에서 소외된 지역은 당장의 생존을 걱정해야 했다. 천재지변으로 도로가 끊기고 폭설로 길이 막히면 이쪽저쪽 가를 것 없이 수개월 동안 생사를 넘나드는 고립무원의 각자도생을 이어가야 했다. 산양젖이 필요한 농경 부족은 곡식이 필요한 고산 부족과 정기적으로 약속된 장소에서 만나 서로의 잉여와 결핍을 없앴다. 잉여는 결핍만큼이나 부족 공동체의 생존에 위협적이었다. 남아도는 재화를 빨리 털어내는 공동체일수록 부족한 재화를 얻어올 기회가 상대적으로 더 많았기 때문이다.

경험과 신뢰가 쌓이면서 물건과 사람이 모이는 곳에 자연스레 시장이 들어섰다. 오늘날 터키 이스탄불 구도심에 역사상 가장 오래된 시장인 바자르bazaar가 들어섰다. 과거 중앙아시아를 가로질러 중국과 바자르를 연결하던 실크로드는 문명의 위대한 발자취이자 원시적인 유통과 물류의 흔적이다. 실크로드를 따라 중국의 비단과 차, 인도의 향신료가 유럽에까지 전해졌다. 아라비아의 약대 상인들은 낙타를 타고 사막을 건너 이국적인 특산품들을 실어 날랐다. 우리가 잘 알고 있듯이, 7세기 아라비아사막에서 이슬람교를 창시한 무함마드 역시 이 약대상을 따라 다녔던 천애고아였고, 그와 결혼했던 과부 하디자 역시 실크로드를 따라 대규모 상단商團을 이끌던 여장부였다.

때로 무역로의 차단은 새로운 유통 가능성을 잉태하기도 한다. 오스만튀르크가 소아시아를 점령하여 비단길을 막아서자, 유럽은

실크로드의 종착지 그랜드 바자르

(출처: google.com)

아시아로 갈 수 있는 새로운 교역로가 절실했다. 무슬림과 무역을 트는 것은 자존심이 허락하지 않았고, 아프리카를 우회하는 바닷길은 너무 멀고 비효율적이었다. 결국 1492년 스페인 카스티야공국 이사벨 1세의 지원을 받은 콜럼버스가 대서양을 가로질러 항해를 시작했다. 지구는 둥그니까 서쪽으로 계속 항해한다면 결국 인도에 도달할 수 있을 것이라는 믿음을 가지고서 말이다. 오랜 세월 동안 교역을 통해 동과 서를 연결했던 무슬림이 인류 사상 가장 오래된 무역로를 막아선 장본인이라는 사실은 어찌 보면 괴이한 역사의 아이러니가 아닐 수 없다.

이후 중세를 지나 근대로 넘어오면서 인류는 '산업혁명'이라는 전대미문의 새 시대를 맞게 된다. 인간의 노동을 대신해줄 기계가 만들어지고, 유통과 물류를 빠르게 해줄 교통수단이 개발되었다. 가내수공업으로 한 달에 두세 개 만들던 제품이 이제 공장에서 하루에도 수천 개씩 생산되었다. 오늘날 실크로드를 오가던 낙타는 배로, 자동차로, 비행기로 바뀌었다. 대서양과 인도양, 태평양을 건너가던 수송선은 19세기 시베리아 횡단열차가 대신했고, 20세기 두 번의 세계대전을 치른 뒤에는 비행기가 이를 대신했다. 모세혈관처럼 뻗어 있는 도로망에는 지금도 물류 트럭들이 셀 수 없이 바쁘게 오가고 있으며, 항구로 집하된 하물들은 거대한 컨테이너선에 실려 5대양 6대주를 누비고 있다.

21세기 들어 물류의 역사는 어떻게 바뀔까? 인공위성을 기반으로 한 GPS가 정확한 좌표를 찍어 드론을 날린다. 인공지능이 탑재된 드론은 상품들을 싣고 소비자의 문 앞까지 배달을 완료한다. 스마트시티 내 유기적으로 들어선 모든 건물에는 사물인터넷이 장착되어 고객 자신보다 더 고객의 마음을 알고 필요로 하는 제품의 재고량과 위치, 가격까지 실시간으로 제공해준다. 낙타의 등에서 드론에 이르기까지 가치가 교환되고 물건이 이동하는 데는 차이가 없다. 다만 사고의 전환과 기술의 발달에 따라 유통 방식이 바뀌었을 뿐이다. 유통은 네트워크 마케팅 혁명으로 생산자와 소비자가 바로 만나는 변신을 선택했다. e-커머스와 네트워크가 만나 21세기 소비자는 전자 구전과 네트워크를 통해 소비와 생산을 동시에 하고 있다. 이 장에서는 지구상 마지막 유통 방식으로 불리는 네트워크 마케팅에 대해 구체적으로 살펴볼까 한다.

"사고의 전환과 기술의 발달에 따라
유통 방식이 바뀌었다"

유통의 혁명
네트워크 마케팅의 등장

2019년 국제직접판매협회WFDSA의 발표에 따르면, 전 세계 네트워크 마케팅을 포함한 직접판매 매출액이 1,929억 4,900만 달러에 이른다고 한다. 한화로 230조 5천억 원에 달하는 어마어마한 규모다. 여기서 우리나라는 공동 1위를 기록한 미국과 중국(18%)에 이어 3위(10%)에 오르는 기염을 토했다. 인구 대비로 보았을 때, 이 수치는 우리나라가 믿기 어려울 정도로 네트워크 마케팅 선진국임을 보여주는 통계다. 우리나라는 2018년 869만 9,339명의 사업자가 약 198억 원의 매출을 기록했다. 이들 중에는 풀타임으로 사업에 뛰어든 사업자들과 파트타임으로 활동하는 이들, 회원으로 등록했으나 단순 제품을 구매하는 데 그친 소비자까지 포함되어 있다. 과연 네트워크 마케팅이란 무엇일까?

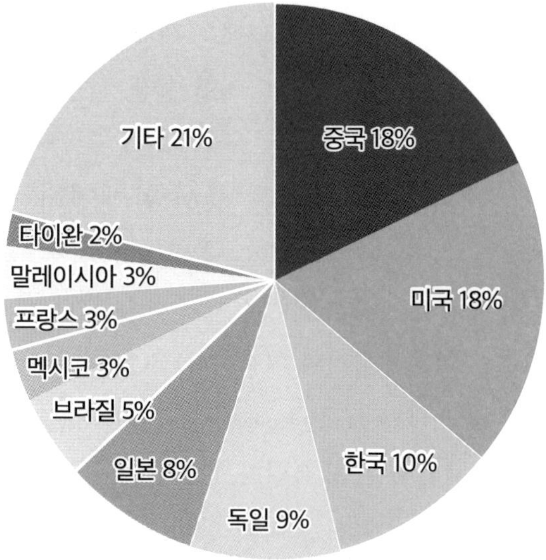

세계 10대 직접판매 국가 비율
(출처: wfdsa.org)

네트워크 마케팅의 역사

21세기 유통 혁명을 주도할 네트워크 마케팅을 이해하려면 그 역사부터 알아야 한다. 네트워크 마케팅의 원리는 다이렉트 셀링direct selling에서 파생되었다. '직접판매'로 번역되는 다이렉트 셀링은 1855년 미국 테네시주 네시빌에 소재한 사우스웨스턴출판사Southwestern Publishing House가 성서를 출판하여 직원이 가가호호 돌면서 판매한 데서 출발했다. 직접판매의 원류가 종교에서 시작되었다는 것이 매우 의미심장하다. 그렇게 보면, 그리스도교의 성장 원리와 네트워크 마케팅의 원리가 매우 유사한 것도 우연은 아닌 셈이다. 본격적인 직접판매는 1886년 뉴햄프셔주 윈체스터에 소재한 화장품 회사인 에이본Avon이 여성용 향수를 직접판매 형식으로 팔기 시작했다. 이렇게 출발한 에이본이 2008년에는 세계 직접판매업계에서 화장품 분야 1위를 기록할 정도로 비약적인 성장을 기록하게 된다.

"직접판매의 출발은 성서 판매였다"

1910년 뉴욕에서 크레디트 어소시에이션Credit Association이 설립되는데, 미국 직접판매협회의 전신이다. 1930년에는 미국 최고의 가정용품 회사인 스탠리Stanley Home Products가 직접판매의 홈파티 방식을 도입하며 매출을 크게 올린다. 1951년 주방용품 회사인 터퍼웨이Tupperware Company 역시 홈파티 방식으로 직접판매를 시작했다. 홈파티 데몬스트레이션은 이후 다단계판매에 응용되어 많은 인기를 누리게 된다. 하지만 본격적인 네트워크 마케팅은 아직 시작되지 않았다. 아마도 네트워크 마케팅을 말하면서 암웨이Amway를 빼놓고는 말을 이어갈 수 없을 것이다. 미국 시카고대학교의 찰스 킹Charles W. King은 『새 전문직업가』에서 네트워크 마케팅의 시작을 1945년으로 잡았는데, 왜냐하면 바로 이때가 암웨이의 전신인 뉴트리라이트 건강보조식품 회사가 오늘날 네트워크 마케팅과 유사한 판매방식을 도입한 해였기 때문이다.

이러한 기발한 방식을 도입한 인물은 칼 렌보그Carl Rehnborg 박

뉴트리라이트와 네트워크 마케팅

칼 렌보그 박사는 1920년대 초, 회사 업무상 중국에 머물면서 중국인의 식생활에 깊은 관심을 가졌다. 중화민국이 수립되면서 미국으로 돌아온 렌보그 박사는 식물영양소 연구를 멈추지 않았고, 그가 가진 24달러를 가지고 LA에 작은 연구소를 세웠다. 그 당시 폴리페놀과 라이코펜 같은 식물영양소에 처음으로 주목한 렌보그 박사는 1934년 알팔파를 주원료로 첫 번째 종합비타민 미네랄 제품을 개발하는 데 성공했다. 여세를 몰아 1948년에는 복합비타민 미네랄 제품인 더블엑스를 개발하며 건강보조식품 회사인 뉴트리라이트가 탄생한다. 그는 제품을 만드는 데 공을 들였지만, 판매에 영 자신이 없어서 새로운 판매 기법을 도입했다. 바로 다단계 마케팅(Multi-Level Marketing)이다. MLM은 네트워크 마케팅의 보상플랜에 핵심이 되는 개념이어서 뉴트리라이트를 네트워크 마케팅의 원조로 보는 것이다. 사실 MLM과 네트워크 마케팅은 유사하지만, 서로 다른 비즈니스를 지칭하는 용어다. MLM이 직접판매를 통해 파생한 보상플랜을 의미하는 법적 개념이라면, 네트워크 마케팅은 수평적 유통 네트워크를 통해 자연발생적으로 매출이 일어나게 하는 비즈니스를 지칭하는 학술적 개념이다.

사였는데, 그는 과거 중국에서 오랫동안 식생활과 영양소에 대한 연구를 진행한 사람이었다. 그는 건강이 평소 식생활 습관과 밀접한 관계가 있다고 판단하고 중국인의 식단을 통해 어떤 영양소가 인간의 몸에 반드시 필요한지 엄청난 양의 임상 자료를 축적하게 되었다. 백미와 육류를 섭취하는 부유층 사람들은 각기병 등의 각종 질병에 잘 걸리는 반면, 돈이 없어 현미와 채소만으로 끼니를 때우는 가난한 농민들은 각기병에 걸리지 않는다는 역설적 사실은 그의 호기심을 자극하기에 충분했다. 특히 그는 중국인이 먹는 식물에 관심이 많았는데, 그중 '알팔파'라는 식물은 훗날 렌보그의 식물영양소phyto-nutrient 이론의 토대가 되었다. 이러한 연구 경험을 바탕으로 그는 1934년 미국에서 '캘리포니아비타민'이라는 회사를 창립했는데, 이 기업은 역사상 북미지역 최초의 비타민 회사였다. 1939년에는 회사명을 뉴트리라이트Nutrilite로 바꾸면서 비로소 다단계판매 방식을 도입하기에 이르렀다. 네트워크 마케팅은 건강보조식품과 역사를 함께한 셈이다.

당시 렌보그는 같은 동네에 살던 심리학자 윌리엄 캐슬베리William Casselberry와 영업 담당자였던 리 마이팅거Lee Mytinger의 조언에 따라 뉴트리라이트의 판매 보상체계를 구축하기에 이르렀다. 1941년 렌보그 박사는 체계화된 보상플랜인 C&M 마케팅 플랜을 가지고 본격적으로 사업에 뛰어들었다. 당시 뉴트리라이트에 의해 시작된 보상플랜은 네트워크 마케팅 역사상 최초로 선보인 브레이크어웨이 방식이었다. 이후 이 보상플랜은 여러 네트워크 마케팅 회사가 차용하고 수정 보완하여 자체적인 보상플랜으로 만들기에 이르렀다. 네트워크 마케팅 보상플랜이 건강보조식품 판매로부터 출발했다는 것은 오늘날 많은 수의 네트워크 마케팅 업체들 대부분이 주력 상품으로 건강기능식품을 활용하는지 설명해준다.

하지만 예상과 달리 사업은 지지부진했다. 사람들은 기존의 유통구조에 익숙해져 있었고, 소비자 역시 다단계판매 방식을 낯설어

했다. 역사에 '만약'이란 없지만, 만약 이런 상황이 수십 년 지속되었다면 네트워크 마케팅은 제대로 성장하지도 못하고 역사의 뒤안길로 사라졌을지 모른다. 바로 이때 네트워크 마케팅 역사의 판도를 뒤집어놓는 인물이 등장하게 된다. 뉴트리라이트에서 정력적으로 판매활동에 임했던 미시건주 출신의 죽마고우 리치 디보스Rich De Vos와 제이 밴앤델Jay Van Andel은 1950년대 이 마케팅이 지니고 있는 잠재성을 정확하게 이해했다. 그들은 건강보조식품보다 더 단순하고 실용적인 제품, 즉 매달 쓰고 없어지는 소비재로 다단계판매를 이어간다면 분명히 승산이 있다고 판단했다.

1959년 오랜 연구 끝에 그들은 생분해성 다목적세제인 L.O.C.라는 제품을 만들어 이를 뉴트리라이트에서 배운 다단계 방식으로 판매하기 시작했다. 이것이 오늘날 세계 최대의 네트워크 마케팅 회사로 불리는 암웨이의 출발이었다. 그들이 자그마한 지하 창고에서 시작한 다단계 비즈니스 암웨이는 이후 승승장구하며 전 세계 네트워크 마케팅의 전도사로 이름을 알리게 되었다. 초라한 주방 세제를 가지고 시작한 그들의 사업은 이후 경영상의 위기를 맞은 뉴트리라이트마저 인수하면서 명실상부 네트워크 왕국을 이뤄냈고, 이후 다단계, 네트워크 마케팅과 암웨이는 하나의 동의어처럼 알려지게 되었다.

때로 위기는 기회가 되기도 한다. 1975년 미국 연방무역위원회FTC에서 다단계판매 방식에 문제를 제기하고 암웨이를 제소하기에 이르렀으나, 4년의 지루한 법적 공방을 거치면서 결국 위원회는 암웨이의 손을 들어주게 되었다. 132쪽 분량의 연방무역위원회 보고서는 다각도의 분석을 내린 끝에 암웨이의 다단계판매 방식이 대중을 유인하거나 사기로 피해를 주는 범죄가 아닌 합법적인 영업 행위라고 결론 내렸다. 이 판결은 매우 기념비적인 사건이었다. 이후 본격적인 네트워크 마케팅이 전개되면서 업계의 고속 성장을 거듭하게 했고, 1980년대 이후 암웨이를 따라 여러 회사가 폭발적으로 늘어나는 계기를 마련했다. 애터미Atomy, 유니시티Unicity, 뉴스킨Nuskin, 허벌라이프Herballife 같은 세계적인 네트워크 마케팅 회사들이 연이어 등장했고, 취급 품목도 단순한 생필품, 건강보조식품에서 통신이나 보험 같은 서비스까지 전 영역을 다루게 되었다.

리처드 포Richard Poe는 네트워크 마케팅을 "독립 판매원이 다른 판매원을 모집하여 사업에 가입시키고, 이들 가입자의 판매 실적으로부터 수수료를 받는 마케팅 방법"이라고 정의했다. 이는 소비자가 상품을 먼저 구입해 사용해본 후 그 상품의 구매 경험을 주위에 권하는 입소문 마케팅이며, 다시 이들 소비자 중에서 구매 경험을 주위에 알려 발생한 매출의 일부를 수당으로 지급받는 마케팅이다. 다단계판매는 네트워크 마케팅의 보상플랜을 일컫는 표현이며, 방문판매나 직접판매 형태의 무한연쇄소개판매無限連鎖紹介販賣를 뜻하는 법률적 용어다. 엄밀한 의미에서 네트워크 마케팅은 다단계판매보다 훨씬 넓은 개념이며, 직접판매보다는 좁은 개념이다. 네트워크 마케팅을 많은 사람이 여러 가지 사회적 문제를 일으키는 피라미드 판매와 혼동하기 때문에 기존 업체들은 네트워크 마케팅을 자신들의 판매 방식을 지칭하는 공식 명칭으로 사용하고 있다.

직접판매와 네트워크 마케팅

직접판매(direct selling)는 생산자가 소비자에게 제품을 직접 배송해서 판매하는 판촉 형태, 즉 제조업자가 총판이나 도매상 등의 중간 유통망을 거치지 않고 소매업자나 소비자에게 다이렉트로 판매하는 방식을 총칭한다. 직접판매의 범주 내에는 산지직송판매부터 직거래, 방문판매, 다단계판매까지 소비자에게 제품을 바로 전달하는 거의 모든 판매 방식이 포함된다고 보면 된다. 따라서 다단계판매가 직접판매의 일종이라는 말은 전혀 틀린 말이 아니다. 하지만 직접판매가 모두 다단계판매인 것은 아니다. 반면 네트워크 마케팅은 직접판매의 일종이지만, 사실 다단계 마케팅보다 판매의 개념이 많이 희석되어 있다. 네트워커들은 물건을 판매하려 하기보다는 교육을 통해 소비자의 의식을 바꾸어주고 그들이 네트워크의 회원이 되어 자발적인 구매를 할 수 있도록 돕는 비즈니스를 펼치기 때문이다.

국내 네트워크 마케팅의 역사

그렇다면 우리나라에서 네트워크 마케팅은 어떤 발전 과정을 거쳤을까? 국내 네트워크 마케팅 산업의 발전 과정은 크게 4단계로 나누어볼 수 있다. 그 첫 번째는 1988~1991년 사이의 기간인데, 이 기간을 국내 네트워크 마케팅의 맹아기로 볼 수 있다. 우리나라 네트워크 마케팅은 해외에 유통시장이 개방되기 전인 1970년대 후반 외국 여행객들에 의해 간헐적으로 다단계판매와 유사한 형태의 유통 방식이 소개되면서 시작되었다. 이른바 보따리상들이 '외제' 혹은 '미제'라는 명목으로 해외 다단계 제품들을 들여와 직접판매 형식으로 집집마다 돌아다니면서 판매했다. 하지만 마케팅에 대한 사회적 이해가 없어서 여러 오해와 부작용이 있었던 것도 사실이다.

1) 맹아기

일본은 1979년 이미 다단계판매를 합법화했지만, 당시 국내 유통시장은 외국 자본에 폐쇄적이었고, 네트워크 마케팅에 대한 사회적 인식도 부족한 편이었다. 이후 1988년 서울올림픽을 계기로 외국 다단계 업체들이 하나둘 유입되면서 네트워크 마케팅이 국내에 본격적으로 알려지기 시작했다. 하지만 이때 국내에 소개된 업체들 중에는 합법적인 다단계 업체들도 있었으나, 안타깝게도 사회적 물의를 일으키는 불법 피라미드 업체들도 적지 않았다. 이들은 불법적인 방식으로 감금과 강제교육, 집단생활 등을 통해 매출을 올리며 다단계판매에 대한 부정적인 인식을 가져왔다. 대표적으로 이 시기에 유입된 재팬라이프는 저가의 자석요를 정가보다 10배 이상 비싸게 팔아 사회적 물의를 일으켰다. 당연히 하위 판매자에게 높은 판매수수료를 약속하며 사재기나 강매를 요구하다 보니 부작용이 속출했다. 이들은 숭민, SMK 등 이름을 바꿔가면서 끈질기게 영업을 진행했고, 2004년 결국 부도 처리될 때까지 국내에 다단계판매에 대한 온갖 부정적인 이미지를 심어놓았다. 1993년에는 이처럼 불법 다단계판매에 대한 사회적 피해가 급증하자, 정부는 재팬라이프뿐만 아니라 암웨이, 썬라이더 같은 외국계 업체 지사장들까지 전격 구속하는 초강수를 두기도 했다. 국내 네트워크 마케팅의 역사는 시작부터 첫 단추가 잘못 꿰어진 셈이다.

2) 도약기

1991년 상공자원부 유통산업과가 '방문판매등에관한법률'을 공표하면서 국내 네트워크 마케팅의 도약기가 시작되었다. 혼탁한 다단계 시장이 완전히 정리되기 전에 졸속으로 법안이 마련되다 보니 네트워크 마케팅은 합법과 불법의 경계가 모호한 채 법적인 지위를 얻게 되었다. 한마디로 적과의 동침이 시작된 것이다. 1992년 7월 1일 상기 법률이 시행되면서 우리나라에서 암웨이, 썬라이더를 비롯한 외국계 업체들이 정식 등록을 마치고 사업을 시작했다. 특히 암웨이는 1988년 우리나라에 현지 법인을 설립한 후, 1991년 5월부터 주력 제품인 L.O.C 세제 5종으로 국내 영업을 시작하여 첫해 50억 원의 매출을 올리기도 했다.

앞서 말한 것처럼 1993년 6월에는 일부 피라미드 업체에 의한 사회적 피해가 급증하고 방문판매등에관한법률이 다단계판매를 전면 금지하는 것으로 해석되면서 정상적인 네트워크 마케팅 업체들까지 영업정지를 당하는 사건이 일어났다. 업체 대표들이 줄줄이 구속되었고, 영세한 업체는 문을 닫고 말았다. 감금과 강매, 사재기를 동원한 불법 피라미드의 사회적 피해 때문에 정상적인 네트워크 마케팅 업체들까지 피해를 보면서 다단계판매에 대한 사회적 인식과 갈등이 심화되었다. 1994년 5월, 상공자원부의 '유통산업과 건전한 네트워크 허용 및 육성 계획'이 언론을 통해 공식 발표가 나오면서 이러한 갈등 국면은 조정 국면으로 전환되었다. 1994년 8월, 공청회를 통해 네트워크 마케팅 양성화를 위해 방문판매등에관한법률을 개정해야 한다는 목소리가 나왔고, 1994년 12월에는 방문판매등에관한법률의 개정 시안이 국회 본회의를 통과했다. 이를 계기로 1995년 1월, 개정된 방문판매등에관한법률이 시행되면서 불법 피라미드 업체와 합법적인 다단계 업체 사이의 구분이 분명해졌다.

3) 성장기

1995년부터 국내 네트워크 마케팅의 성장기로 볼 수 있는데, 당해 9월에 통신판매, 방문판매, 네트워크 마케팅 전반에 대한 좀 더 현실적인 규제를 위한 법률 개정이 있었고, 이를 통해 제품군이 다양해지면서 가입자 증가와 함께 폭발적인 매출이 일어나기 시작했다. 1996년에는 뉴스킨, 허벌라이프, 풀무원, 진로, 웅진, 세모, 김정문알로에 등이 사업에 진출했다. 1996년 말에는 정식으로 등록된 네트워크 마케팅 업체만 총 130개, 총매출은 7,800억 원에 달하게 되었다. 비로소 네트워크 마케팅의 전성기가 시작되었다고 할 수 있다.

1997년 국내 시장은 228개의 네트워크 마케팅 업체들이 난립하면서 최대의 성장 폭을 기록한다. 하지만 양지가 있으면 음지가 있는 법이다. 네트워크 마케팅의 양적인 성장과 더불어 타 산업으로부터 많은 도전을 받게 된다. 내부적으로 많은 경쟁 업체들의 난립으로 회사 간 회원 모집 출혈 경쟁이 심화되었고, 사회적으로 피라미드 시비와 산업의 윤리성 문제로 마찰이 발생하여 네트워크 마케팅 사업은 급격한 변화를 맞이했다. 하지만 곧바로 터진 IMF 외환위기는 아이러니하게도 네트워크 마케팅의 새로운 분수령을 형성한다. 중산층이 몰락하면서 사회적으로 실직자가 넘쳐나고 인력시장에 수

IMF 외환위기는 네트워크 마케팅 사업에서는 기회가 되었다.
(출처: 영화 「국가부도의 날」의 한 장면)

요가 증가하면서 많은 국민이 대거 네트워크 마케팅 사업에 뛰어들게 된 것이다. 이 때문에 "대한민국 국민치고 한두 개 이상 다단계 회사에 등록되지 않은 사람이 없다"라는 말이 나올 정도였다.

4) 성숙기

두 차례의 내홍과 외홍을 겪으면서 국내 네트워크 마케팅 비즈니스는 더욱 성숙해지고 단단해졌다. 21세기로 넘어오면서 조정기를 거친 네트워크 마케팅 산업은 다시 완만한 성장세를 이으며 저변을 넓혀갔다. 2002년 기준 400여만 명의 사업자와 매출 5조 원이라는 성과를 거두면서 네트워크 마케팅이 국내 유통시장의 한 축을 담당하게 된다. 2000년대 지속적인 법률 개정과 사회적 인식의 변화, 관련 단체나 조직의 합법적인 경영은 국내에서 네트워크 마케팅

> **직접판매공제조합과 특수판매공제조합**
>
> 국내 방문판매 비즈니스의 선진화와 개혁을 위해 2003년 1월 1일 직접판매공제조합이 시행되었고, 이후 12월에 요건이 충족되지 않아 이 조합에 가입하지 못한 회사들이 한국특수판매공제조합을 설립했다. 두 조합 모두 가입 예치금을 요구하는데 직접판매공제조합은 3개월 매출의 40%를, 특수판매공제조합의 경우는 3개월 매출의 20%를 맡겨야 가입이 가능하다. 소비자 피해 보상 한도도 다르다. 직접판매공제조합은 소비자에게 600만 원, 판매원에게 1,500만 원, 특수판매공제조합은 소비자에게 300만 원, 판매원에게 600만 원을 보상하고 있다. 공정거래위원회에서 관리하므로 기본적으로 조합에 가입된 기업들은 최소한의 안전장치를 가진다고 볼 수 있다.

이 한층 성숙한 지위를 확보하는 데 견인차 역할을 했다. 이 시기 업계에 또 다른 변화는 공제조합이 설립된 것이다. 2003년 1월, 직접판매공제조합이 설립되어 다수의 업체들이 소비자의 피해를 줄이고 사업자의 안정적인 사업을 지원하는 최소한의 법적 안전장치를 마련했다. 12월에는 여러 가지 조건 때문에 직접판매공제조합에 포함되지 못한 업체들이 한국특수판매공제조합을 결성하여 유사한 지위를 확보했다. 부정적인 인식을 줄이기 위해 '다단계'라는 용어를 대체하려는 움직임도 있었는데, 공모 결과 4,782건이 접수되었고, 그중에서 '회원직접판매'라는 용어가 선정되기도 했다.

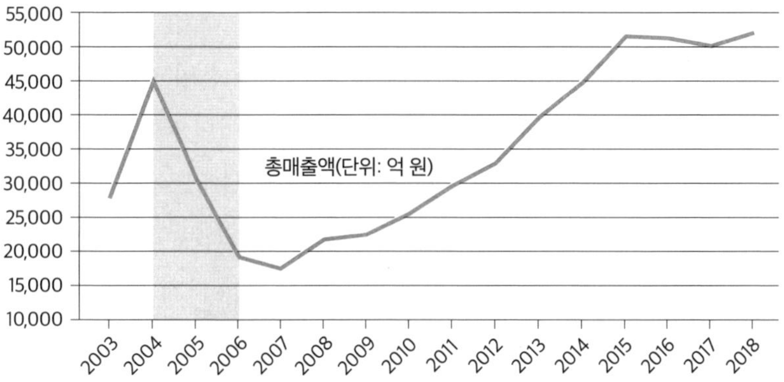

JU네트워크 사태가 고스란히 반영되어 있는 국내 네트워크 마케팅 연도별 매출액 추이
(출처: 2019년, 공정거래위원회 소비자정책국 특수거래과 보도자료)

하지만 이런 성숙기에 찬물을 뿌리는 사건도 있었으니, 바로 최악의 다단계 피해 사건으로 꼽히는 JU네트워크 사태였다. 학원 영어강사 출신인 주수도 회장은 토종 다단계 업체 주코를 설립하여 2000년대 초반 서울을 중심으로 빠른 성장을 일궈냈다. 이후 회사명을 JU네트워크로 바꾸고 '소비자생활 마케팅'이라는 독특한 마케팅 방식과 서민도 이해할 수 있는 즉물적인 보상플랜으로 35만 명의 회원을 모집하는 데 성공했다. 심지어 2003년에는 그간 단 한 차례도 국내 매출 1위를 놓치지 않았던 암웨이도 제치고 다단계 업계 1위를 차지하는 기염을 토하기도 했다. 이후 주수도 회장은 백화점과 편의점, 슈퍼마켓 등의 유통업과 건설업 등 다양한 분야로 사업을 확장해 정·재계 큰손으로 군림하기에 이르렀다.

문제는 물건을 소비하기만 해도 최대 250%까지 수당을 지급한다는 회사의 '토털 네트워크 마케팅' 보상플랜에 있었다. 사람들은 획기적인 수익이라며 열광했고, 이에 힘입어 2005년에만 2조 원의 매출을 달성하게 된다. 하지만 이런 방식이 오래 갈 수 있는 성격은 아니었다. 결국 2006년 그룹의 부실 경영과 불법적인 다단계판매 실태가 언론을 타고 보도되기 시작했고, 곧이어 터진 주가 조작 사건으로 주 회장은 구속되고 만다. 이로 인해 JU네트워크는 부도가 나고 그룹이 해체되면서 수많은 회원의 재산은 하루아침에 날아가고 말았다. 이로써 국내 네트워크 마케팅 업계는 다시 한번 곤두박질치게 되었다.

이 사건이 국내 네트워크 마케팅 업계에 미친 충격은 어마어마했다. JU네트워크 사태 이전의 매출로 돌아가는 데 꼬박 10년의 세월이 걸려야 했다. "비 온 뒤에 땅이 굳는다"라는 말처럼 우여곡절을 겪으며 대한민국의 네트워크 마케팅은 더욱 성숙해지고 깊어졌다. 대중은 더 이상 높은 수익률과 한탕주의에 현혹되지 않고 더욱 건전하고 합법적인 방식으로 매출을 올리는 네트워크 마케팅을 이해하게 되었다. 4차 산업혁명의 시작과 맞물려 국내 네트워크 마케팅은 새로운 전기를 맞이하고 있다. 5G 초고속 인터넷 시대를 맞아 네트워커들이 SNS와 각종 e-커머스 시장의 신흥 강자로 떠오르고 있다. 크로스오버 시대, 통섭과 융합의 아이콘으로 네트워크 마케팅은 앞으로 더욱 적극적으로 재화와 서비스의 합리적인 흐름을 주도할 것이다. 이미 일각에서는 온라인과 오프라인이 융합된 하이브리드형 유통이 생겨나고 있으며, 네트워크 마케팅은 당당히 이 유통의 한 축을 차지하고 있다. 어쩌면 대한민국의 네트워크 마케팅 비즈니스는 이제부터 시작인지도 모른다.

네트워크 마케팅의 원리
네트워크가 가지는 구전의 위력

"루머는 민들레 홀씨와 같다"라는 말은 입소문 마케팅의 핵심을 정확하게 말해준다. 루머는 어느 방향으로 어떻게 퍼질지 아무도 가늠할 수 없다. 루머는 무작위적인 네트워크를 만들어낸다. 그리고 루머의 확산 속도는 시간이 갈수록 기하급수적으로 빨라진다. 한 번 불이 붙은 이야기는 새로운 청중을 찾아 구석구석 굴러다니며 눈덩이처럼 불어난다. 사람들은 그 소문을 믿고 또 확대 재생산한다. 소문은 어쩌면 세상에서 가장 오래된 미디어일지도 모른다. 일본의 사회학자인 마쓰다 미사松田美佐는 자신의 책 『소문의 시대』에서 소문을 "사람에서 사람으로, 사적인 관계성을 통해 확산되는 정보"라고 규정한다. 사람들이 루머를 전달하고 또 그 루머를 믿는 한 가지 이유는 그 사람과 연결되고 싶다는 욕구 때문이라는 것이다. 루머에는 다분히 심리학적인 측면이 있는 셈이다. 자신이 아는 이야기를 남에게 전달하면서 유대감을 형성하는 데 소문만큼 효과가 만점인 기제도 없다. 입소문을 통해 사람과 사람을 연결하는 네트워크로 물건이 이동하는 네트워크 마케팅은 소문의 시대에 가장 기본적인 유통일지도 모른다.

네트워크는 세균 증식을 닮았다

네트워크는 접촉하는 사물이나 공간에 무작위로 증식하는 세균을 닮았다. 세균은 눈에 보이지 않지만 일정한 조건만 맞으면 끊임없이 자신을 분열하면서 개체수를 늘려나간다. 대충 어느 정도의 속도를 가늠할 수 있을 뿐 어느 방향으로 얼마만큼 성장할지 아무도 모른다. 네트워크 마케팅에서 네트워크의 성장이 바로 이러한 세균의 속성을 닮았다. 그렇다면 네트워크는 어떠한 방식이 세균 증식과 닮았을까?

세균이 1분에 2마리로 증식한다고 가정해보자. 밀폐된 병 속에 세균으로 가득 찰 때까지 1시간이 걸렸다면, 세균이 절반만 차는 데는 얼마의 시간이 걸릴까? 대부분의 사람들은 절반만 찼으므로 1시간의 절반인 30분일 것이라고 생각한다. 하지만 정답은 59분이다. 답을 들은 사람들은 어리둥절해할 것이다. "아니, 병 속에서 1시간 만에 세균이 채워졌다면, 병의 절반은 1시간의 절반인 30분 아냐?" 이유는 간단하다. 세균은 1분에 2마리로 증식하므로 병이 가득 차기 직전에는 절반만 찼을 것이다. 즉, 네트워크의 완성은 바로 직전까지 절반에 불과하다. 이 과정을 이렇게 설명해도 좋다. 같은 병에 세균 2마리를 넣으면 얼마 만에 병이 가득 찰까? 역시 정답은 59분이다. 처음부터 2마리로 시작하면, 1마리로 시작했을 때는 1분 후의 상황과 같기 때문이다.

어떤 사람이 하루에 자신이 만나는 단 한 사람에게만 이번 달 동네 골목에 새로 생긴 빵집의 커피가 맛있다는 정보를 준다고 할 때, 그 소문이 퍼지는 속도는 어떠할까? 처음 며칠 동안은 소문이 퍼지는 속도가 더디기만 할 것이다. 첫날은 고작 한 사람이 다른 한 사람에게만 입소문을 내어 2명만 새로 생긴 빵집의 커피 맛에 대한 정보를 들었을 뿐이다. 두 번째 날은 2명이 각기 1명에게 정보를 전달하여 4명으로 불어날 것이다. 세 번째 날은 8명, 네 번째 날은 16명… 이런 식으로 지속적으로 불어나 일주일째 되는 날이면 128명이나

1명 → 2명 → 4명 → 8명 → 16명 → 32명 → 64명 → 128명…

그 소문을 듣게 될 것이다. 첫날에 비해 64배나 늘어났다. 이들이 한 일이라고는 고작 매일 만나는 새로운 사람 1명에게 정보를 전달한 것밖에는 없다.

네트워크 마케팅은 정확히 입소문 마케팅을 구현한 판매 방식이어서 세균이 자가증식하는 형태처럼 자연스럽게 성장하고 불어나는 네트워크를 보여준다. 이를 두고 네트워커들 사이에서 빈번히 오가는 말이 있다. "네트워크는 생물과 같다." 네트워크가 증식한다는 것은 살아서 움직인다는 것이고, 네트워크가 멈춰 있다는 것은 죽었다는 뜻이다.

"네트워크는 생물과 같다"

네트워크 성장의 원리-복리의 마법

1626년 북미 인디언은 네덜란드에서 신대륙으로 건너온 이주민에게 뉴욕의 맨해튼을 단돈 24달러에 팔았다. 당시 인디언은 자신들이 헐값에 넘긴 자그마한 땅덩어리에 오늘날 전 세계 금융을 주름잡게 될 월가가 들어설 것이라고는 꿈에도 생각지 못했을 것이다. 만약 그 돈을 은행에 저축했더라면 지금쯤 얼마의 자산을 가지게 될

까? 월가의 전설적인 투자자 존 템플턴John Templeton은 당시 원주민이 맨해튼을 팔고 받은 금액을 복리의 관점에서 흥미롭게 해석했다. 만약 원주민이 그 돈으로 매년 8%의 복리 수익을 내는 은행 상품에 투자했다면, 템플턴의 계산으로는 1926년의 24달러가 2,550억 달러가 되어 같은 해 미연방 1년 예산의 60배가 넘는 금액으로 불어났을 것이다. 이 금액은 1에이커에 1,500만 달러로, 1만 4천 에이커의 맨해튼을 도로 사올 수도 있는 돈이다. 물론 그러고도 수십억 달러가 남는다. 2003년에는 그 금액에서 다시 95조 달러로 늘어날 것이다. 하지만 24달러를 단리로 계산하면, 고작 9,711달러밖에 되지 않는다. 복리가 가지는 무시무시한 힘이 바로 여기에 있다.

"복리는 세계 8대 불가사의다. 아는 사람은 돈을 벌고 모르는 사람은 손해를 본다." 상대성이론으로 유명한 세계적인 천재 물리학자

북미 원주민이 맨해튼을 판 돈을 복리 이자로 불렸다면?

(출처: wikipedia.org)

아인슈타인의 말이다. 흔히 학자들은 복리를 '72의 법칙'으로 설명한다. 72의 법칙이란 자산을 2배 늘리는 데 걸리는 시간을 손쉽게 계산하는 어림법이다. 72를 이자율로 나누어 원금이 2배가 되는 기간을 계산하거나, 72를 원금이 2배가 되는 기간으로 나누어 필요한 이자율을 계산할 수 있기 때문이다. 만약 500만 원의 적금을 연이율 5%로 하나도 쓰지 않고 저축한다면, 원금 500만 원이 2배, 즉 1,000만 원이 되려면 과연 얼마의 시간이 걸릴까? 정답은 72÷5로 약 15년이다. 이자율이 복리로 연 4%라고 가정할 경우에는 원금 1억 원이 2배가 될 때까지 72÷4로, 18년쯤 걸린다. 반면 단리의 경우, '100의 법칙'이 적용된다. 예컨대 연 3%의 단리 예금 상품에 가입할 경우, 원금이 2배가 되는 데까지는 약 34년이 걸린다. 반면 같은 기간 복리 예금 상품이라면, 원금은 약 24년 만에 2배로 불어난다. 이율이나 기간이 늘어날수록 엄청난 차이가 발생한다. 아래는 이런 상황을 잘 보여주는 단리와 복리 그래프다.

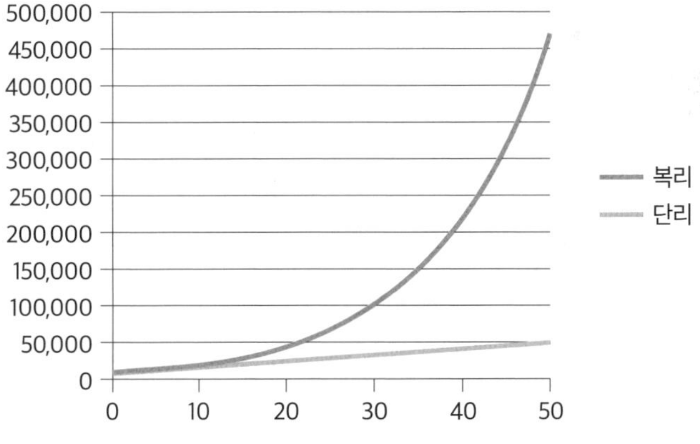

단리와 복리 그래프

네트워크 마케팅의 네트워크는 단리가 아닌 복리의 마법을 부린다. 처음에는 사업자 하나로 출발한 네트워크였지만, 점점 자라나 어느 정도 규모를 확보하면 산술급수가 아닌 기하급수로 성장하게 된다. 1+1이 아니라 1×1의 원리, 즉 더하기가 아닌 곱하기로 불어난다. 처음에는 도리어 더하기가 유리하다. 두 번째 단계에서는 결과에 아무런 차이가 없다. 그러나 세 번째 단계에서부터 두 결과는 확연하게 차이를 낸다. 그리고 네 번째, 다섯 번째로 나아가면서 둘의 격차는 더욱 벌어지게 된다.

단리와 복리 계산의 비교

1+1=2	2+2=4	3+3=6	4+4=8	5+5=10	6+6=12	7+7=14	…
1×1=1	2×2=4	3×3=9	4×4=16	5×5=25	6×6=36	7×7=49	…

지렛대의 법칙-자본주의의 원리

고대 그리스의 철학자 아르키메데스는 "나에게 충분히 긴 지렛대와 지렛목만 준다면 지구라도 들어 올릴 수 있다"라고 장담했다. 그는 아무리 무거운 물체라도 받침점에 최대한 가까이 둔 다음 지렛대를 무한히 길게 만들면 거의 0의 힘으로 그 물체를 들어 올릴 수 있다는 사실을 잘 알고 있었다. 우리는 이 원리를 놀이터의 시소를 통해서도 알 수 있다. 반대편에 자신보다 무거운 사람이 앉아 있으면 같은 거리에 앉아서는 도저히 평형을 맞출 수 없다. 그 사람보다 중심에서 더 멀리 떨어져 있어야 힘의 균형을 이룰 수 있다.

네트워크 마케팅에서 네트워크의 조직은 지렛대, 즉 레버리지

leverage를 활용하는 것과 같다. 영국의 억만장자 롭 무어Rob Moore는 자신의 저서 『레버리지』에서 "레버리지는 과학에 기반을 둔 사고법이며 더 적은 것으로 더 많은 것을 성취하는 것, 더 적은 돈으로 더 많은 돈을 버는 것, 더 짧은 시간을 투자해서 더 많은 시간을 얻는 것, 더 적은 노력으로 더 많은 성과를 얻는 자본주의 속 숨겨진 공식이다"라고 말한다. 무어는 대학 시절부터 실패와 파산으로 점철된 청년기를 보내다가 레버리지의 원리를 터득한 서른 살에 억만장자가 된 입지전적 인물이다. 여러 차례 사업에 실패하며 5만 파운드의 빚더미에 앉아 알코올중독자가 되었으나, 이후 그가 자본주의에서 작동하는 레버리지 원리를 통해 완전한 경제적 자유를 얻는 데까지는 3년밖에 걸리지 않았다.

레버리지는 시간과 돈을 맞바꾸어 상황을 타개하는 전략이다.
(출처: pixabay.com)

"인적 네트워크는 가장 가치 있는 자산이다. 성공은 장기적인 관계와 신뢰로부터 출발한다. 그 관계로부터 레버리지의 크기가 결정되며, 성공은 당신의 비전을 지지하는 사람들과의 조화에 달려 있다. 지식은 분산되어 있으므로 네트워크를 형성해야만 부족한 부분을 채울 수 있다. 당신이 겪은 모든 문제와 고통을 먼저 경험하고 해결하고 더 높은 수준으로 성장한 사람에게 배워야 한다. 비용을 절약한다거나 스스로 부딪치면서 배우겠다며 모험을 떠나는 것은 어리석은 선택이다. … 레버리지의 기본은 다른 누군가가 당신의 일을 하도록 만드는 것이기 때문이다. 적어도 당신이 일하는 시간의 3분의 1은 네트워크를 구축하는 데 사용하기를 바란다."[1]

레버리지는 혼자서 할 일을 여럿이서 함께하므로 시간과 노력을 줄이는 방식이다. 이를 가장 명확하게 볼 수 있는 마케팅이 바로 네트워크 마케팅이다. 세일즈맨이 하루에 판매할 수 있는 제품의 수량은 정해져 있다. 아무리 날고 기는 영업력을 보유한 영업사원이라도 시간과 공간의 제약에서 벗어날 수 없다. 하지만 네트워크 마케팅은 네트워크 안에서 그보다 훨씬 평범한 사람들이 함께 힘을 합쳐서 제품을 유통시키고 보상을 나누므로 엄청난 시너지 효과를 낼 수 있다. 물론 처음에 네트워크를 만들 때는 많은 힘이 들어간다. 하지만 점차 네트워크에 회원들이 채워지고 규모가 커지면 처음보다 적은 힘으로도 얼마든지 커다란 매출을 일으킬 수 있게 된다. 혼자였을 때는 도저히 엄두조차 낼 수 없었던 매출액을 여럿이서 함께 도달할 수 있다. 그래서 네트워크 마케팅이야말로 "한 사람의 열 걸음보다 열 사람의 한 걸음이 더 좋다"라는 말이 딱 들어맞는 전략이다.

---

1 롭 무어(2019), 『레버리지』, 김유미 역, 다산3.0, 147, 149쪽.

“한 사람의 열 걸음보다 열 사람의 한 걸음으로”

파이프라인 우화-시간과 돈을 맞바꿀 것인가

미국의 백만장자이자 베스트셀러 작가, 네트워크 마케팅 사업자인 버크 헤지스Burke Hedges는 네트워커들에게 필독서로 꼽히는 자신의 책 『파이프라인 우화』에서 흥미로운 우화를 들어 네트워크 마케팅의 원리를 설명한다. 우화에는 파블로와 브루노라는 2명의 주인공이 등장한다. 서로 죽마고우였던 그들은 강에서 물을 길어다가 마을에 가져가면 한 양동이에 1페니를 받는 일을 하게 된다. 젊고 야망이 있었던 브루노는 열심히 양동이를 들고 물을 나르는 방법을 택했고, 현명하고 신중했던 파블로는 물지게 대신 강에서 마을로 이어지는 파이프라인을 건설하기로 마음먹었다. 쉽게 말해, 브루노는 노동을, 파블로는 시스템을 선택한 셈이다. 근면했던 브루노는 강과 마을을 오가며 누구보다 부지런히 물동이를 날랐다. 하루에 100번 넘게 물을 날랐던 적도 있었다. 노력은 그를 배신하지 않았다. 그는 매일같이 양동이 1개당 수고비로 1페니를 꼬박꼬박 받을 수 있었고, 받은 돈은 고스란히 저축했다. 돈을 허투루 쓰지 않았던 그는 금세 많은 돈을 모았고, 그에 걸맞은 호화로운 생활을 하게 되었다.

반면 파블로는 파이프라인을 파는 데 혈안이 되어 있어서 물동이를 지고 나르는 일도, 수입도 없었다. 몸으로 직접 부딪치는 일을 하기에 파블로는 체력도 좋지 못했다. 그 대신 꾀를 내어 강과 마을을 연결하는 최단거리 파이프라인 건설에만 올인했다. 처음 몇 년 동안 둘의 운명은 극명하게 갈렸다. 심지어 파블로는 브루노보다 열심히 일하는 것처럼 보이지도 않았다. 마을 사람들은 수군대기 시작

브루노가 될 것인가, 파블로가 될 것인가?
(출처: google.com)

했다. 브루노조차 친구 파블로에게 파이프라인을 건설하겠다는 무모한 생각을 접고 지금이라도 자신처럼 물동이를 짊어지라고 충고했다. "땅을 파서는 땡전 한 푼 안 나온다고. 돈은 어깨에 물동이를 지고 날라야만 벌 수 있어." 하지만 파블로는 브루노의 말을 듣지 않고 계속 땅만 팠다.

시간이 흘러 청춘은 지나가고 둘에게도 중년이 닥쳤다. 브루노는 한눈팔지 않고 젊은 시절 열심히 일만 했던 대가로 어깨가 빠지고 허리가 휘어 어느 순간 더 이상 물지게를 질 수 없게 되었다. 나이보다 빠른 은퇴였고, 은퇴하자마자 당연히 수입은 빠르게 줄어들었다. 그는 젊어서 모아두었던 자금에서 곶감 빼먹듯 돈을 빼서 써야 했다. 그 시기쯤 파블로는 결국 파이프라인을 완성했다. "이제야 끝났구나." 파블로는 환호성을 질렀다. 이제 꼭지만 틀면 강물이 콸콸 흘러나왔다. 더 이상 일을 하지 않고도 마을 사람들에게 물을 손쉽게 공급할 수 있게 된 것이다. "모든 길은 로마로 통한다!" 사람들은 파블로의 파이프로만 물을 공급받게 되었다. 파블로는 꾸준히 '파이프라인'이라는 네트워크를 구축한 대가로 중년이 되어 시간과 부를 모두 얻을 수 있었다. 게다가 파이프라인에는 은퇴도 없었다. 파이프라인 덕분에 그야말로 인세 같은 무한 잉여수익을 얻게 된 것이다.

"파이프라인=네트워크=무한 잉여수익"

책에서 헤지스는 "돈을 레버리지하는 대신 시간 및 사람과의 관계를 레버리지해서 신개념 파이프라인을 구축하라"라고 조언한다.[2] 그가 말한 신개념 파이프라인은 네트워크 마케팅과 e-커머스가 융합된 21세기 파이프라인을 의미한다. 그는 시간과 돈을 맞바꾸는 함정에서 빨리 벗어나 새로운 파이프라인, 즉 인터넷 플랫폼을 중심으로 인적 네트워크를 미리 깔아놓으라고 말한다. 헤지스가 말하는 파이프라인은 사람과 사람을 연결하는 입소문 네트워크다. 입소문 마케팅은 이 책 1부에서 언급했듯이 이미 전자 구전의 시대로 넘어갔다. 다시 말해, 면대면face-to-face에서 블로그로, 일대일one-to-one에서 SNS로 옮겨갔다. 시장이 플랫폼으로, 목소리가 키보드로, 대화가 영상으로 발전했다. 비로소 21세기 네트워크 마케팅의 황금기가 왔다.

네트워크 마케팅-유통 마진을 소비자에게

엘빈 토플러Elvin Toffler나 존 나이스비트John Naisbitt 같은 미래

2 버크 헤지스(2015), 『파이프라인 우화』, 라인, 127쪽.

학자들은 네트워크 마케팅이야말로 21세기 가장 강력한 유통산업의 흐름이라고 전망한다. 유통 단계를 줄여 생산자와 소비자를 직접 연결하는 안전한 유통망에 전자상거래 시스템이 연결되어 소비의 시대를 사는 현대인이라면 거역할 수 없는 마케팅의 흐름이 되었다는 것이다. 경제학자이자 베스트셀러 작가인 폴 제인 필저Paul Zane Pilzer는 이렇게 단언한다. "많은 면에서 네트워크 마케팅은 공유경제를 발명했다. 이 새로운 비즈니스 현상은 네트워크 마케팅 법칙들을 호텔 객실과 여행 같은 더욱 전통적인 분야들에 적용하므로 그 과정에서 어마어마한 부를 창출하고 있다."

1) 전통적인 유통 과정

전통적인 유통방식을 이해하려면 우리 주변을 돌아보면 된다. 오늘 치약이 떨어져서 동네 슈퍼마켓에 가서 치약을 구매했다고 가정해보자. 모 브랜드 치약이 좋다는 친구의 말을 듣고 일부러 그 치약을 선반에서 찾아서 구매했다. 값은 1천 원이었다. 나는 합리적인 소비를 했다고 느끼며 치약을 들고 집으로 왔다. 내가 산 치약은 어떤 유통 단계를 거쳐 나에게 1천 원이라는 가격으로 도달하게 되었을까? 아마 그 치약에는 원가 400원이 들어갔을 것이다. 물론 그 원가는 매우 복잡한 셈법으로 다양한 비용이 들어가 있을 것이다. 재료비, 가공비, 홍보비 등. 하지만 공장에서 출하된 치약은 소비자에게 바로 가지 않고 총판 → 도매업자 → 소매업자 등 다양한 중간 단계를 거치게 된다. 물론 여기에도 일정한 유통 비용이 들어가게 된다. 그래서 원가는 400원일지라도 소비자는 1천 원에 치약을 구매하게 된다.

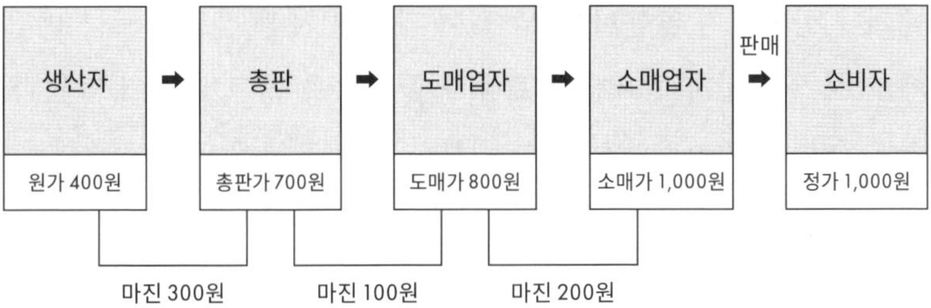

전통적인 유통 과정

다시 한번 말하지만, 이러한 유통 과정에 뭐라고 이론을 제기하는 소비자는 아무도 없다. 만약 자신이 총판업자이거나 도매업자라면 위와 동일한 방식으로 마진을 붙여서 판매했을 것이다. 눈에 보이는 제품의 유통 과정을 설명했지만, 서비스나 무형의 제품 역시 이와 동일한 방식으로 유통된다. 어쩌면 정도의 차이만 있을 뿐 이 세상에 유통되는 모든 물건이 다 이러한 과정의 일부분일지도 모른다.

2) 할인점 유통 과정

우리나라는 1990년대 유통의 혁명으로 할인점이 들어온 뒤에도 이러한 유통 과정은 큰 틀에서 바뀌지 않았다. 총판과 도매업자, 소매업자가 하나로 뭉쳐져 있을 뿐 유통 단계에서 발생하는 마진은 동일하다. 다만 단계를 줄여서 마진의 폭이 좁아진 것 말고는 아무런 차이가 없다. 이마트나 롯데마트, 홈플러스 모두 목 좋은 곳에 일정한 창고형 매장을 지어놓고 생산자에게서 납품받은 제품을 진열해놓은 것밖에 없다. 아마 이들에게 필요한 비용은 물류비와 인건비, 매장 운영비 등일 것이다.

다시 한번 말하지만, 이러한 유통 구조에 어떤 소비자도 화를 내거나 반발하지 않는다. 군말 없이 자신의 차를 몰고 마트나 매장에 가서 일주일치 필요한 식료품과 공산품을 카트에 쓸어 담는다. 물론 동네 슈퍼마켓에서 사는 것보다 싼 가격에 샀다는 생각에 소비자는 매우 만족한다. 계산대에 물건을 올려놓는 순간은 소비자에게 세상에서 가장 바쁜 순간이다. 그것으로 끝이 아니다. 계산을 마친 물건들을 박스에 포장하는 것도 소비자가 해야 할 일이다. 박스를 가져와 담는 것은 보통 가정에서 아버지들의 몫이다. 아무런 불평불만 없이 박스에 테이프를 붙여 물건을 차곡차곡 쌓는다. 복잡한 마트 주차장을 벗어나 차를 몰고 집으로 돌아오면서 좋은 구매, 현명한 구매를 했다고 뿌듯해한다. 이것이 요즘 대부분의 가정이 주말마다 하나의 의례처럼 수행하는 소비 습관이다.

그러나 엄밀히 말해서, 마트에서 물건을 구매하는 행위는 동네 슈퍼마켓에서 사는 것보다 결코 싸지 않다. 사실상 이는 유통의 최종 단계라고 할 수 있기 때문이다. 차를 몰고 가서 주차장에 주차하고, 무거운 철제 카트를 끌고 드넓은 매장을 휘저으며 물건을 일일이 찾아다니며, 물건을 계산대에 올려놓고 박스에 포장하고, 다시 주차장에서 차를 끌고 나와 집으로 가져간다. 그것으로 끝이 아니다. 집이 아파트라면 엘리베이터로, 다세대주택이라면 계단으로 끌고 가서 집까지 올라가야 한다. 이 과정에서 발생한 시간과 노력, 유류비는 모두 소비자가 떠안아야 할 유통 비용이다. 어디 그뿐인가? 필요한 물건을 낱개로 구매할 수도 없어서 불필요한 양을 사야 하며, 견물생심이라고 진열된 상품들을 보다 보면 뜻하지 않게 과소비로 이어지는 경우가 많다.

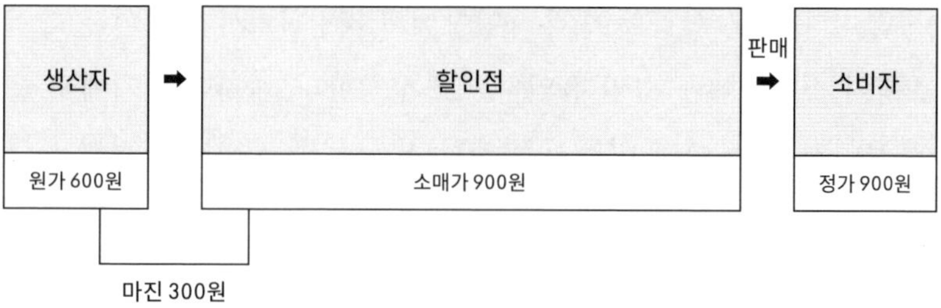

할인점 유통 과정

3) 온라인 쇼핑몰 유통 구조

인터넷이 소비 습관을 바꾸면서 오프라인 매장보다 온라인 쇼핑몰을 선호하는 세대가 늘었다. 이제 소비자는 전자상거래 쇼핑몰에서 물건을 구매하는 습관을 들였다. 어떤 물건들은 온라인 쇼핑몰이 오프라인보다 훨씬 싸지만, 모든 상품이 다 저렴한 것만은 아니다. 온라인 쇼핑몰은 공장에서 상품을 받아서 사이트에 올려놓는다. 그들은 그러면 어떤 부분에서 비용이 발생할까? 우선 그들은 가상의 인터넷 플랫폼에서 영업을 진행하므로 마트나 할인매장을 운영하는 비용은 들어가지 않는다. 인건비도 없고 건물 유지비도 들지 않는다. 하지만 그들도 홍보비와 물류비는 똑같이 들어간다. 어쩌면 과다 경쟁으로 인해 이 부분에서 할인매장보다 더 많은 비용이 들어갈지 모른다.

온라인 쇼핑몰은 창고형 할인매장에서 물건을 구매할 때보다 소비자 입장에서 여러모로 유리한 점들이 있다. 무엇보다 상품이 현관 앞까지 배송된다는 점이다. 과거에는 주기적으로 할인매장에 가서 무거운 물건을 들고 와야 했다면, 이제는 잠옷 바람에 안방에 앉아서 컴퓨터만 켜서 필요한 물건을 클릭하여 전자 카트에 담기만 하면 끝이다. 많은 상품들이 온라인상에서 저렴하기까지 하여 온라인 쇼핑이 소비자에게 훨씬 유익하다고 생각한다. 하지만 여기에도 눈에 보이지 않는 여러 비용이 발생한다. 상품을 소비자가 직접 들고 오지 않는 대신, 일정한 배송료를 내야 한다. 배송료를 무료로 하려면, 역시 필요 이상의 수량을 사야 한다. 또한 온라인 쇼핑몰은 뜻하지 않은 과소비를 더 부추길 우려가 있다. 온라인 쇼핑이 갖는 가장 큰 문제는 역시 배송 시간이다. 소비자 입장에서 물건을 직접 받아볼 수 없고 하루 이틀 기다릴 수밖에 없다. 시간을 돈으로 계산하지 않는 경우 이 단점이 눈에 띄지 않을 수 있겠지만, 사실 빠르게 돌아가는 오늘날 이런 비용도 만만치 않다.

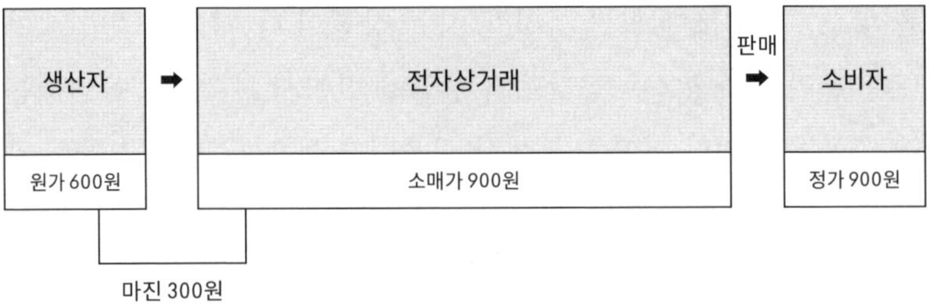

온라인 쇼핑몰 유통 과정

전자상거래를 통해 유통의 장벽과 국경이 무너지면서 상품 가격은 끝도 없어 떨어지게 되었다. 동일한 제품의 가격을 플랫폼별로 비교해주는 사이트들도 등장했을 정도다. 메타검색플랫폼으로 분류되는 이러한 대표적인 사이트로 다나와 같은 플랫폼이 있다. 호텔이나 여행 상품 가격을 비교해주는 아고다나 호텔스컴바인, 익스피디아 같은 업체들도 여기에 속한다. 상황이 이렇다 보니 생산자는 무한

가격 경쟁에 내몰리게 된다. 시장에서 배타적 판매권을 갖지 못한 전자상거래 사이트 입장에서는 동일한 제품을 1원이라도 더 싸게 내놓는 전략을 쓸 수밖에 없다. 물론 이 경쟁의 부담은 생산자에게도 떠넘겨진다. 생산자 입장에서 공룡 전자상거래의 납품 원가를 맞추기 위해 자사 제품의 원가를 낮추지 않을 수 없게 된다. 결국 유통업체들 간의 가격 경쟁, 출혈 경쟁의 종착지는 원가 절감이고, 원가가 떨어질수록 제품의 질은 낮아질 것이 뻔하다. 궁극적으로 소비자는 합리적인 소비로 제품을 싸게 사는 것이 아니라 경쟁으로 내몰린 회사들의 살인적 가격 경쟁의 결과로 저질의 제품을 사는 꼴이 된다. 기존 유통 구조가 갖는 이런 문제점을 네트워크 마케팅 회사는 진작에 알고 있었다.

"살인적인 가격 경쟁은 결국 제품의 질을 하락시킨다"

4) 네트워크 마케팅 유통 구조

네트워크 마케팅은 불필요한 유통 마진을 줄여 소비자에게 직접 상품을 전달하는 혁신적인 유통이다. 소비자 입장에서는 종래 여러 중간상인을 거치며 눈덩이처럼 불어나는 유통-물류비를 지불할 필요 없이 생산자의 질 좋은 제품을 바로 집에서 받아볼 수 있다는 장점이 있다. 게다가 자신이 상품을 써보고 제품의 질과 가치를 전자구전으로 주변에 전달하면서 별도의 수익을 얻을 수도 있다. 얻어지는 수익은 생산자가 따로 지출하는 것이 아닌 유통 과정에서 절약한 광고-물류비에서 발생한다. 매출 향상에 기여한 부분에 대한 보상으로 원가 마진폭의 할인과 소비자가격의 할인, 그리고 일정한 비율의 포인트를 되돌려주는 것이다. 이 수익을 보통 커미션commission이라 부르며 커미션의 규모는 회사마다 천차만별이지만, 현재 국내법으로는 전체 매출의 35%까지 사업자들에게 돌려주도록 명시하고 있다. 국내에서 활동하는 대부분의 기업들은 이 비율에 따라 35%의 커미션을 제공한다고 광고한다.

1970년대 후반, 네트워크 마케팅이 완전한 법적 지위와 사회적 승인을 받게 되면서 비로소 새로운 유통 구조의 하나로 부상했다. 네트워크 마케팅은 생산자와 소비자 사이에 존재하는 모든 중간 단계를 과감하게 걷어내고 직접판매의 기초 위에 물건을 유통시킨다. 그렇다고 소비자를 찾아 돌아다니면서 물건을 판매하는 세일즈맨이 필요한 것은 아니다. 네트워크 마케팅은 크게 두 가지 구조로 제품을 유통시킨다. 첫 번째, 네트워크 마케팅은 제품이 스스로 제품을 알리도록 한다. 네트워크 마케팅은 오로지 입소문 마케팅을 통해 제품을 판매하므로 제품의 질을 향상시키는 데 더 많은 공을 들인다. 별도의 광고를 하지 않는 상황에서 제품의 질까지 좋지 않으면 소비자가 선뜻 그 제품을 구매하지 않기 때문이다. 따라서 회사는 R&D에 더 많은 비용을 들여서 좋은 제품을 생산하는 일에 집중하게 된다. 좋은 제품은 발이 달려 저절로 자신을 알리는 일을 할 것이다. 이것이 첫 번째 유통 구조다. 이러한 유통 구조가 가능한 이유는 시장에서 독점적인 판매권을 주장할 수 있는 제품을 갖고 있기 때문이다. 즉, 네트워크 마케팅이 유통시키는 제품은 독점적이어서 타사와 경쟁할 필요가 없다.

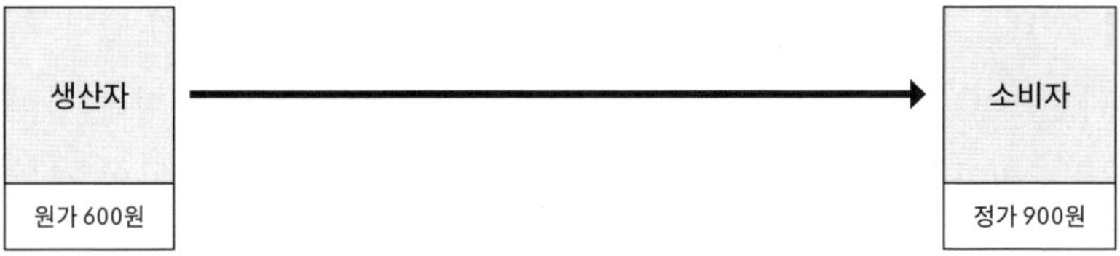

네트워크 마케팅 유통 과정

첫 번째 유통 구조에서 만들어진 300원의 마진은 어디로 갈까? 이 300원의 마진은 입소문 마케팅을 통해 새로운 소비자를 찾아 매출을 일으킨 능동적인 소비자에게 일정한 비율로 배분된다. 바로 여기서 두 번째 유통 구조가 만들어진다. 네트워크 마케팅은 물건을 유통시킨 소비자에게 인센티브를 주어 원활한 구매의 연쇄가 일어날 수 있도록 한다. 바로 여기에 비즈니스 모델이 존재한다. 이 수익은 소비자를 확보한 규모에 따라 차등적으로 배분되므로 비즈니스 모델을 정확하게 이해하고 수년 동안 꾸준히 사업을 진행하면 상상할 수 없는 큰 수익을 거둘 수 있다.

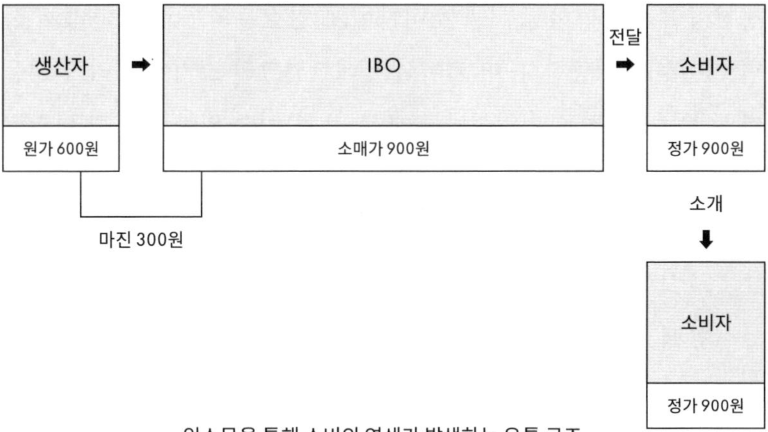

입소문을 통해 소비의 연쇄가 발생하는 유통 구조

네트워크를 타고 제품이 유통되는 과정에는 두 가지가 있다. 하나는 IBO를 통해 소비자에게 제품이 '전달'되는 것이고, 다른 하나는 소비자의 입소문을 듣고 제품을 '소개'받는 것이다. 전자의 경우, 회원가와 소비자가 사이의 마진이 발생할 수도 있다.[3] 후자의 경우, 제품의 가치를 입소문을 통해 전달하면 그 정보를 들은 또 다른 소비자가 그 제품을 살 수 있다. 오늘날 네트워크 마케팅 업체는 모두 자사 인터넷 쇼핑몰을 운영하고 있어 간단한 가입절차를 거치면 누구나 전자상거래를 통해 제품을 구매할 수 있다. 외형상 전자상거래 플랫폼에서 물건을 구매하므로 언뜻 앞서 언급한 전자상거래 유통 구조와 비슷하다고 착각할 수 있으나, 사실 이 둘은 전혀 다른 구조를 가지고 있다. 전자의 경우, 아무리 가격이 싸다 하더라도 가격적인 이익 이외에 소비자에게 주어지는 혜택은 전무하다. 간혹 포인트나 쿠폰을 주기도 하지만, 포인트로 사이트에서 살 수 있는 물건은 극히 제한적이다. 쿠폰 역시 독립적으로 쓸 수 없고, 새로운 구매를 통해 부가적으로 사용할 수 있을 뿐이다. 반면 후자의 경우, 가격의 장점이 주어지면서 동시에 소비자에게 입소문의 노력에 따라 무한한 커미션을 제공한다. 이 커미션은 네트워크의 크기에 따라 인생을 바꿀 수 있을 정도의 엄청난 규모로 불어날 수 있는 잠재성을 갖고 있다.

5) 모두가 윈-윈인 사업

판매자(사업자) 입장에서는 무자본으로 무점포 비즈니스를 시작

3 대부분의 네트워크 마케팅 회사는 회원가격과 소비자가격에 차등을 두고 있다. 이는 사업자 입장에서 판매마진을 얻을 수 있도록 배려하고 있는 정책이다.

할 수 있다는 장점이 있다. 자그마한 구멍가게 하나를 내더라도 일정한 임대료와 꾸준한 인건비, 고정적인 관리비가 들어간다. 게다가 업종에 따라 광고비와 물류비도 들어갈 수 있다. 하지만 네트워크 마케팅은 가시적인 점포를 두고 물건을 유통시키는 사업이 아니어서 임대료와 인건비, 관리비가 일절 들어가지 않는다. 네트워크 마케팅은 외부 불특정다수에게 광고나 홍보를 통해 제품을 판촉하는 것이 아니라 직접 개별 소비자나 지인들에게 입소문으로 홍보하는 방식이어서 별도의 광고비가 들지 않는다. 창고를 따로 두고 재고를 비축하지 않으므로 물류비 역시 불필요하다. 동시에 세계적으로 훌륭한 품질의 제품을 독점적으로 판매할 수 있는 권리가 사업자 누구에게나 주어지며, 구축한 네트워크의 규모에 따라 인세 같은 수익을 얻을 수 있다는 것은 네트워크 마케팅이 갖는 최고의 가치이기도 하다.

기업(회사) 입장에서도 네트워크 마케팅은 훌륭한 장점들을 갖고 있다. 무엇보다 회사는 '네트워커'라는 유통의 개미군단을 보유할 수 있다는 점을 들 수 있다. 기업 입장에서 인터넷 마케팅이나 온라인 쇼핑몰이 안고 있는 고질적인 문제는 고객의 충성도(로열티)일 것이다. 회사는 R&D를 통해 최고의 제품만 개발하면 충성도가 높은 소비자 집단이 자연스레 구축되어 이를 유통시킬 수 있으므로 판로를 걱정할 필요가 없다. 신상품이 출시되면 어느 정도의 매출이 일어날지 예측할 수 있어 기업 입장에서 물류비와 창고비, 기타 인건비를 획기적으로 줄일 수 있다. 또한 고객 이상의 마케팅 컨설턴트는 따로 없다. 소비자인 동시에 사업자인 회원들은 회사와 지속적인 쌍방향 커뮤니케이션을 통해 상품의 질을 개선하고 새로운 제품군을

네트워크 마케팅과 프랜차이즈 마케팅의 차이점 비교

네트워크 마케팅	구분	프랜차이즈 마케팅
필요 없음(무점포 사업)	점포	필요함
광고비 없음(입소문 마케팅)	광고	광고비 있음
별도의 로열티 없음	로열티	로열티 있음
인건비 없음	인건비	인건비 있음
교육을 통한 이익 창출	사업	판매를 통한 이익 창출
무한증식의 확장성	시장	지역성/확장성의 한계
기하급수적 성장	성장	산술급수적 성장

요청할 수 있다. 제품의 개선 방향과 품질 업그레이드는 시장의 목소리를 듣고 접근할 수 있어 기업은 시장조사와 기타 설문에 드는 비용을 지출하지 않아도 된다.

결국 네트워크 마케팅은 생산자(기업)와 소비자(고객), 사업자(네트워커) 모두가 상생하는 지극히 합리적인 유통구조를 갖추고 있다. 네트워크 마케팅은 소비자에게 구매와 동시에 사업의 기회를 제공하는 몇 안 되는 사업 분야다. 미국의 베스트셀러 저자인 케빈 도널드슨Kevin J. Donaldson은 네트워크 마케팅을 두고 이렇게 말했다. "오늘날 세상에서 최고의 재택 사업 기회가 무엇일까? 의심의 여지없이 네트워크 마케팅이다. 이 사업을 좋아하든 싫어하든, 네트워크 마케팅은 역사상 다른 어떤 산업에서보다 더 많은 백만장자를 만들어냈다." 동시에 네트워크 마케팅은 기업에도 다른 곳에서 찾아볼 수 없는 황금의 마케팅 기회를 제공한다. 기업은 커다란 마케팅 비용을 들이지 않고도 강력한 소비자 네트워크를 보유하게 된다. 속담처럼 모든 길은 로마로 통한다. 이제 공유경제가 보편화되는 미래에 모든 기업은 네트워크 마케팅의 전부 혹은 적어도 일부를 공유하는 전략을 들고 나올 것이다. "모든 마케팅은 네트워크로 통한다!"

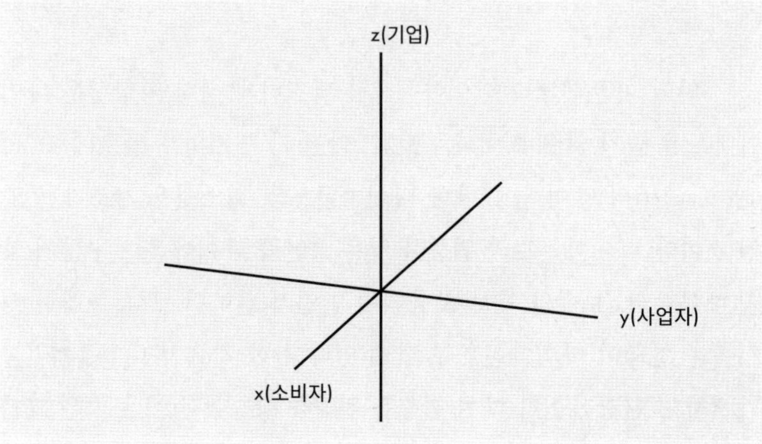

네트워크 마케팅은 소비자와 사업자, 기업 모두 윈윈하는 혁신적인 유통 모델이다.

8장
네트워크 마케팅 기업 선정
성공의 관문, 흑진주 찾아내기

Extra ecclesiam nulla salus

회중 밖에는 구원이 없다.

–키프리아누스–

“만약 아무데서나 다이아몬드를 발견하게 된다면 당신은 다이아몬드를 줍지 않을 것이다.” 프랑스의 작가 귀스타브 플로베르Gustave Flaubert의 말이다. 그만큼 다이아몬드의 희소성을 강조하는 말일 것이다. 다이아몬드가 귀중한 것은 그만큼 다이아몬드가 많지 않기 때문이다. ‘보석의 황제’로 불리며 만인이 원하던 보석, 그래서 성서에는 천국이 다이아몬드로 깔려 있다고 한 것은 아니었을까? 불가에서도 ‘금강석’이라 하여 귀중한 진리를 상징했던 이 보석은 그간 무수한 전설과 역사를 낳았고, 세대와 시대를 통틀어 소중하고 가치 있는 것을 가리키는 상징으로 쓰였다. 때로 좁쌀만 한 다이아몬드 하나가 국가 간 전쟁을 일으키기도 했고, 한 나라의 평화와 번영을 상징하기도 했다.

다이아몬드는 희소하다. 그만큼 다이아몬드는 가치 있다.
(출처: pixabay.com)

대표적인 예가 코이누르Koh-I-Noor일 것이다. '빛의 산'이라는 뜻의 이 105.6캐럿 다이아몬드는 세계에서 가장 오래되고 가장 커다란 다이아몬드 중의 하나이며, 빛깔과 커팅에 있어 가장 아름다운 보석으로 정평이 나 있다. 원래는 인도에서 발굴되어 과거 무굴제국의 보물이었으나, 1739년 델리를 점령한 나디르 샤가 왕국의 상징으로 약탈해 갔다. 아프샤르 왕조 멸망 이후, 코이누르는 아프가니스탄의 두라니 왕조의 창건자인 아흐메드 샤에게 넘어갔다가 두라니 왕조가 멸망하자 펀자브의 시크 왕국의 소유로 다시 넘어갔다. 1849년 시크 왕국이 동인도회사에 멸망하자, 코이누르는 다시 대영제국 빅토리아 여왕의 손아귀에 들어갔다. 지금은 엘리자베스 2세 여왕의 왕관에 박혀 런던탑에 고이 전시되어 있다. 코이누르는 인도의 성물이었으나, 이제는 영국 왕가의 상징으로 칭송되고 있다. 소유한 자가 세계를 지배한다는 전설을 가진 다이아몬드.

세상에는 다이아몬드 같은 이야기가 돌아다닌다. 많은 사람의 입에 회자되고 시대를 초월하여 민족과 대중이 기억하는 이야기들이 있다. 총과 칼로 틀어막고 모조리 책을 불살라도 사라지지 않는 불멸의 이야기들이 우리 주변에 흘러 다닌다. 이 이야기는 스토리텔러의 입을 통해 전해지고, 작가의 펜대를 타고 신화로 재탄생한다. 그리고 과거의 모든 것이 더 이상 아무런 의미가 없어진 21세기 새로운 시대에는 네트워크를 타고 입소문이 돌아다닌다. 성난 파도 위를 서핑하듯 그 입소문을 잘 타고 다니는 사람들에게 세계를 하나로 엮어주는 네트워크는 성공의 관문(포털)을 제공해주며, 자신의 노드에서 퍼져나간 네트워크에 물건을 유통시키고 지식을 유통하면서 네트워커는 한 편의 드라마처럼 과거 한 번도 볼 수 없었던 새로운 억만장자로 태어난다. 그는 이야기에서 다이아몬드를 캐낸 사람이다. "천국은 마치 밭에 감추인 보화와 같으니, 사람이 이를 발견한 후 숨겨 두고 기뻐하며 돌아가서 자기의 소유를 다 팔아 그 밭을 사느니라."(마태복음 13장 44절)

이 장에서는 입소문을 다이아몬드로 바꾼 영웅들의 이야기를 해보려고 한다.

네트워크 마케팅의 꽃
다이아몬드

예수는 일찍이 "거룩한(귀중한) 것을 개에게 주지 말며 진주를 돼지 앞에 던지지 말라"(마태복음 7장 6절)라고 했다. 아무리 좋은 것을 주더라도 받는 사람이 그 가치를 알지 못한다면 아무 짝에도 쓸모없을 것이다. 세상에는 세 가지 다이아몬드가 존재한다. 네트워크와 네트워커, 그리고 네트워크 회사. 이 세 가지 중에서 어느 것 하나라도 소중하지 않은 것이 없다. 네트워크가 견고하게 만들어지지 않으면 아무 물고기도 잡을 수 없다. 네트워커가 부지런하지 않으면 네트워크가 줄줄 새고 만다. 아무리 네트워크를 단단하게 만들어도 네트워크 회사가 사라지면 네트워크는 무용지물이 되며, 네트워커는 헛수고를 한 셈이다. 이 세 가지 다이아몬드 삼각 네트워크는 어느 것 하나 빠지지 않고 모두 중요하며, 어느 것 하나 뒤처지지 않고 모두 으뜸의 우선순위를 갖는다. 네트워크 마케팅의 3요소라고 할 수 있다.

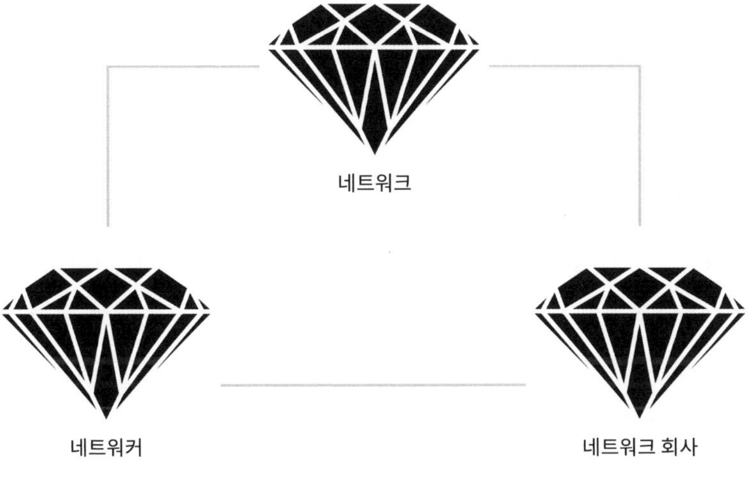

다이아몬드 삼각 네트워크

건실한 네트워크 회사-옥석 가리기

다이아몬드 삼각 네트워크에서 건실한 네트워크 마케팅 업체의 존재는 더없이 중요하다. 네트워커가 수년 동안 열심히 네트워크를 만들었는데 하루아침에 갑자기 회사가 사라져버리면, 그 모든 수고와 노력이 헛수고가 되기 때문이다. 상위 10개 업체가 모두 최상의 선택이라고 할 수는 없을 것이다. 하지만 적어도 오랫동안 시장에서 검증을 거쳐 살아남은 회사라면 나름 믿을 만한 회사가 아닐까?

우리나라는 2020년 현재 130여 개의 네트워크 마케팅 업체가 있고, 전국에서 903만 명의 회원이 한 해 5조 원 이상의 매출을 올리고 있다. 이 중에서 등록된 회원의 17.3%에 해당하는 156만 명이 회사로부터 한 해 동안 1조 7,817억 원의 수당을 받았다. 2019년 7월, 공정거래위원회 소비자정책국 특수거래과가 배포한 보도자료에 따르면, 상위 10개 업체의 매출액은 약 70%에 해당하는 3조 6,187억 원이었다. 10여 개 업체라고 하지만, 상위 5개 업체가 국내 전체 네트워크 마케팅 매출의 59.7%를 차지하고 있다.

실제로 국내 130개 네트워크 마케팅 업체 중에서 나의 파트너로서 함께 네트워크를 이뤄갈 믿을 만한 회사를 골라내는 다섯 가지 질문이 있다. 가장 먼저 살펴보아야 할 부분은 공제조합 가입 여부다. 우리나라에는 부당한 다단계판매로부터 소비자의 피해를 방지하기 위해 공정거래위원회 산하 2개의 공제조합을 두고 있다. 직접판매공제조합과 특수판매공제조합이다. 물론 이 공제조합에 가입되어 있다고 해서 모든 회사가 다 정도경영을 한다고 단언할 수는 없지만, 적어도 최소한의 안전장치는 가지고 있는 회사라고 볼 수 있다. 그다음으로, 회사가 사업을 진행한 햇수가 얼마나 되는지 따져보아야 한다. 네트워크 마케팅 사업자들 중에서 사업 성장에 신생 회사가 좋은지 오래된 회사가 좋은지에 대한 문제는 끊임없는 논란이 되었다. 장단점이 있을 것이다. 신생 회사는 가파른 성장 곡선을 그릴 수 있지만, 또 그만큼 하루아침에 사라질 수도 있다. 오래된 회사는 성장이 완만할 수 있지만, 그만큼 튼튼하고 검증된 회사일 수 있다.

네트워크 마케팅 업체 중에서 옥석을 가리는 여섯 가지 질문

트렌드에 적합한가?
공제조합에 가입되어 있는가?
사업을 진행한 햇수가 얼마나 되는가?
경쟁력 있는 주력 제품을 가지고 있는가?
보상플랜은 합리적인가?
회사가 표방하는 사업 문화는 건전한가?

토종 기업이 좋은가, 외국계 기업이 좋은가도 많은 네트워커가 갑론을박하는 문제다. 물론 각기 장단점이 있을 것이다. 토종 기업은 국내 소비자와 시장을 잘 파악하고 있어 최적화된 제품을 출시할 수 있다는 장점이 있지만, 해외로 비즈니스를 넓히는 데 한계가 있을 수 있다. 반대로 외국계 기업은 전 세계 시장에서 검증된 비즈니스라는 장점을 가지고 있지만, 국내 소비자와 시장에서는 토종 기업에 비해 아무래도 둔감할 수밖에 없다.

네트워크 마케팅은 제품을 유통시키는 사업이다 보니 제품의 중요성도 무시할 수 없다. 시장에 독점적으로 내놓는 주력 제품이 있는지, 주력 제품의 품질은 어떠한지, 경쟁사의 제품보다 어떤 면에서 뛰어난지 꼼꼼히 따져보아야 한다. 회사가 주력 제품에 특허를 가지고 있는지, R&D를 하는지, 시장에서 제품에 대한 평가는 어떠한지 살펴보자. 보통 건실한 네트워크 마케팅은 건강보조식품, 화장품, 생필품 등을 주력 제품군으로 가지고 있으며, 주력 제품에 특허권을 가진 자체 연구소와 연구 인력을 갖추고 있다. 개중에는 특허나 주력 상품에 대한 연구가 일절 없는 상태에서 타사로부터 OEM 방식으로 납품받은 제품을 자사 주력 제품으로 둔갑시켜 시중에 유통시키는 업체들도 있다.

그리고 무엇보다 네트워크 마케팅은 평생 돈의 노예로부터 해방되기 위해 진행하는 사업이므로 보상플랜이 얼마나 합리적인가도 회사를 결정하는 데 중요한 기준이 된다. 네트워크 마케팅 업체들은 서로 경쟁적 관계에 있어 상대의 보상플랜의 단점을 지적하는 경우가 종종 있다. 중요한 것은 보상플랜이 얼마나 합리적인가 하는 문제이며, 훌륭한 회사일수록 합리적으로 매출을 일으키는 구조를 가지고 있다. 아무리 회사의 보상플랜이 훌륭해도 그 플랜이 내 상황과 맞느냐 하는 문제도 중요하므로 사업을 진행하기 전에 자신의 상황과 회사의 플랜을 꼼꼼하게 맞춰봐야 한다.

마지막으로 네트워크 마케팅 업체가 표방하는 사업 문화를 보는 것이다. 같은 회사라도 라인에 따라 천차만별의 사업 스타일을 가지고 있으니 주의하자. 인적 네트워크로 움직이는 사업이다 보니 상위 스폰서가 어떤 사람인지, 내가 속한 그룹에 어떤 분야의 사업가들이 주로 활동하고 있는지, 종교나 특정 정치적 색채는 있는지, 연령대와 성별은 어떠한지 구체적으로 알아보도록 하자.

"네트워크 마케팅은 스폰서의 역량으로 출발한다"

2019년 기준 상위 6개 네트워크 마케팅 기업은 암웨이, 애터미, 뉴스킨, 유니시티, 허벌라이프, 시크릿이었다. 암웨이는 이 중에서 가장 오래된 회사로 공기청정기나 정수기 같은 생활가전에서부터 더블엑스 같은 건강보조식품, 글리스터 치약 같은 생활용품, 아티스트리 화장품 등 거의 모든 영역의 제품을 취급하고 있다. 특히 외국계 기업이라는 부정적인 인식을 탈피하고자 '원-포-원'이라는 전략을 통해 국내 중소기업 우수 제품을 소개하는 일에도 앞장서고 있다. 이에 비해 애터미는 상위권에서 유일한 국내 토종 네트워크 마케팅 기업으로, 최근 들어 비약적인 성장을 거듭하고 있다. 애터미는 애터미 헤모힘, 에터미 앱솔루트 셀렉티브, 애터미 친생유산균 같은 건강보조식품과 애터미 치약플러스, 애터미 칫솔 등의 생활용품, 침구류나 셔츠, 언더웨어 같은 의류 등 다양한 제품군을 갖추고 있어 거의 전 생활 영역에서 애터미를 실현할 수 있는 토털 마케팅이 가능하다.

미국 유타주에서 출범한 뉴스킨은 크게 화장품군과 건강보조식품(파마넥스)군을 가지고 있다. 최근 '빅플래닛'이라는 제품군을 출시했는데, '이코스피어'라는 친환경세제, '딥씨플러스'라는 해양심층수, '러닝큐'라는 화상영어 프로그램을 판매하고 있다. 반면 유니시티는 '렉솔'이라는 세계 최고의 제약 회사를 기반으로 2001년 엔리치인터내셔널과 합병하면서 사업적 시너지를 내며 성장하는 네트워크 마케팅 기업이다. '바이오스라이프'라는 독보적인 건강보조식품군을 가지고 있으며 화장품과 치약, 비누 같은 생활용품을 함께 판매하고 있다. 특히 오랜 제약 회사의 기술을 가지고 있는 유니시티 건강보조식품군은 다른 기업들과 차별화된 품질을 갖고 있다는 평가다. 미국에서 창업한 허벌라이프는 특히 다이어트 제품군으로 유명하다. 주로 쉐이크와 허벌티, 알로에겔 등을 묶어서 한 달 패키지로 판매하며 그 밖에 비타민제제와 글루코사민, 오메가3 같은 건강보조식품들도 취급한다. 시크릿은 이스라엘 사해 인근에서 생산된 미네랄을 활용한 화장품 제품군을 취급한다. 와우팩, 더블업팩, 미네랄 리치 리파이닝 토너, 밸런싱 페이셜 세럼, 바디 버터 등 바디, 페이스, 헤어케어 라인으로 60여 종의 제품을 보유하고 있다.

합리적인 네트워커

다른 마케팅도 그렇지만 네트워크 마케팅도 결국 사람이 하는 일이다. 따라서 인적 구성 역시 매우 중요한 변수임에 틀림없다. 아무리 훌륭한 업체와 네트워크를 가지고 있다 하더라도 그 안에 속해 있는 네트워커들이 불법적인 방식으로 매출을 올린다면 사기와 다르지 않다. 그 대표적인 사례가 바로 폰지 사기다. 사실 폰지 사기Ponzi scheme의 개념은 오랜 역사를 가지고 있다. 영국의 작가 찰스 디킨스Charles Dickens의 1857년 소설 『리틀 도릿』에도 이러한 형태의 사기 수법이 등장하기 때문이다. 여기서 힌트를 얻은 것인지 정확히 알 수는 없으나, 이탈리아계 이민자 출신 노동자인 찰스 폰지Charles Ponzi는 외국에서 구매한 만국우편연합 국제반신권의 차익을 이용해서 투자자들에게 45일 내에 50%, 90일 내에 100%의 수익률을 낼 수 있다고 대대적으로 광고하면서 투자금을 모았다. 그의 방식은 간단했다. 앞서 모집한 투자자들의 배당금을 뒤이어 들어온 투자자의 투자금에서 빼내준 것이다. 그리고 그 투자자의 투자금과 배당금은 그다음에 진입한 투자자의 투자금에서 다시 빼주는 방식이었다.

사실 이러한 폰지 사기는 최근에도 심심찮게 일어나고 있다. 몇 년 전 150조 원 상당의 금괴를 실은 러시아 함선 돈스코이호를 발견했다며 투자자들로부터 투자금을 끌어모아 암호화폐를 발행한 신일그룹 임직원들도 사기 혐의로 징역형을 선고받은 일이 있었다. 그들은 존재하지도 않는 보물선을 마치 발견한 것처럼 보도자료를 내고 인양 작업에 투자하면 고수익을 돌려주겠다고 홍보해왔다. 최근 미국에서도 존재하지도 않는 태양광 시설에 투자하라며 투자자들로부터 10억 달러에 달하는 투자금을 받아 착복한 사건이 일어났다. 'DC솔라'라는 회사는 투자금의 30%에 대해 연방정부의 세액 공제를 받을 수 있다는 점을 홍보해 기업들의 투자를 유치했다. 여기에 속아 투자의 귀재로 불리는 워런 버핏의 버크셔 해서웨이도 거액을 투자한 것으로 알려졌다. DC솔라는 1만 7천여 개의 태양광 발전 설비를 만들어 통신사 기지국, 스포츠 경기장의 조명 장치 등에 설치해 돈을 벌겠다고 홍보해왔지만, 실제 만들어진 설비는 고작 700여 개에 그쳤다. 이들은 대신 새 투자자로부터 돈을 받아 기존 투자자에게 수익으로 돌려주는 폰지 사기를 벌여온 것이 드러났다.

합리적인 네트워커가 되기 위해서는 어떠한 자세가 필요할까? 무엇보다 네트워크 마케팅에 대한 환상을 버리고 자신이 가지고 있는 기존의 본업에 대한 부업의 개념으로 시작하라고 충고하고 싶다. 네트워크 마케팅은 안정적인 네트워크를 구축하는 데 적지 않은 시간이 걸리는 마라톤과 같다. 직장을 그만두고 일확천금을 노리며 달려들 수 있는 류의 비즈니스가 아니다. 마케팅의 개념과 원리를 정

폰지 사기

1920년경 이탈리아계 이민자 출신이던 미국인 찰스 폰지(Charles Ponzi)는 투자자들에게 거액의 수익을 올리게 해주겠다며 투자를 받아 그 돈으로 또 다른 투자자들을 모은 뒤 이들의 투자금으로 기존의 투자자들에게 약속한 배당을 지급하는 금융사기를 저질렀다. 이후 고수익을 미끼로 투자금을 가로채는 범죄를 그의 이름을 따서 '폰지 사기'라고 일컫는다. 폰지 사기는 임계점이 되면 기하급수적으로 투자자가 모이는 시기가 끝나고, 기존 투자자들에게 약속한 배당률을 지급하지 못하는 시기가 오게 된다. 결국 야반도주하여 판을 엎어버리는 형식으로 '먹튀'를 감행하는 수법을 쓴다. 간혹 대중이 다단계판매를 이런 폰지 사기로 착각하는 경우가 있는데, 폰지 사기와 다단계판매는 유사한 보상플랜을 가지고 있으나 완전히 다르다. 전자는 사람을 끌어들이는 사기라면, 후자는 물건을 유통시키는 사업이기 때문이다.

확히 배우고 이해하는 데 일정한 기간이 필요하며, 회원과 소비자를 만나는 데도 시간과 노력이 든다. 네트워크 마케팅은 '사람 장사'가 아니다. 진정한 네트워크 마케팅은 나 자신이 먼저 변하고 상대방을 변화시키는 교육 사업이다. 그러기 위해 먼저 끊임없는 독서와 공부로 자신을 계발하고 정기적으로 긍정적인 모임과 인간관계를 가져야 한다.

“네트워크 마케팅의 핵심은 자기계발이다”

네트워크 마케팅에서 자기계발은 매우 중요하다. 보통 네트워커들은 사업 설명을 STP(즉 '쇼더 플랜show the plan')라고 하는데, 쇼더 플랜을 하기 전에 상대방에게 꿈을 보여주는 STD(즉 '쇼더 드림show the dream')를 먼저 해야 한다고 말한다. 세상은 빠르게 변하고 있다. 날마다 새로운 기술 혁명이 일어나고 있으며, 눈만 뜨면 어제 없던 새로운 상품들이 쏟아져나온다. 상대방에게 미래의 방향을 제시하고 비전을 심어주기 위해서는 올바른 시대정신과 다양한 세계관, 사회의 변화와 경제의 다변화된 가치사슬, 사업에 중요한 시사와 정책점 등 알아야 할 것들이 많다. 책을 늘 가까이 하고 공부에 게으르지 않아야 정보를 따라갈 수 있으며, 비즈니스 파트너와 회원들에게 정확하고 시의적절한 정보를 꾸준히 제공할 수 있다. 적어도 네트워크 마케팅을 진지하게 고민하는 사업자라면 다음의 필독서들은 꼭 읽어보기 바란다. 모두 온라인 서점에서 구매할 수 있는 것들이다.

네트워크 사업을 위한 네트워커의 필독서

로버트 기요사키, 『부자 아빠 가난한 아빠』
버크 헤지스, 『파이프라인 우화』
스펜서 존슨, 『누가 내 치즈를 옮겼을까?』
롭 무어, 『레버리지』
리처드 세일러, 캐스 선스타인, 『넛지』
마크 야넬, 르네 리드 야넬, 『네트워크 마케팅 1년 버티면 성공한다』

민성원, 『money=x^2: 부자들의 시스템』
로버트 알렌, 『머니트리 키우기』
스티븐 코비, 『성공하는 네트워커들의 7가지 습관』
클라우드 M. 브리스톨, 『신념의 마력』
오그 만디노, 『아카바의 선물』

"엑스트라 엑클레시아 눌라 살루스"는 "모임 밖에는 구원이 없다"라는 말이다. 본래 그리스도교에서 시작된 이 명제는 교인들의 모임인 교회(엑클레시아) 안에서 진정한 구원(살루스)을 구해야 한다는 신앙의 본질을 가르쳐준다. 네트워크 마케팅의 비전과 꿈을 공유한 사업자들의 모임 역시 마찬가지다. 가치를 공유한 회중 바깥은 네트워크 마케팅에 대해 긍정적인 사람들보다 부정적인 사람들이 차고 넘치는 곳이다. 당연히 모임에 참여하고 미팅이나 세미나를 등한히 하지 않는 것이 비즈니스에 대한 자신의 신념과 믿음을 지킬 수 있는 방편이 된다. 부정적인 말을 지속적으로 듣게 되면 나도 모르게 비즈니스에 대해 부정적인 사고방식과 확증편향을 갖기 마련이다. 사업자라면 정기적으로 참여할 수 있는 공부 모임과 세미나, 사업자 미팅 등에 우선순위를 매겨서 참석하는 것을 습관으로 삼아야 하는 이유다. 내가 속한 엑클레시아가 술 퍼마시는 대책 없는 모임인지, 책 읽고 내일을 준비하는 모임인지 따져보라. 더불어 내가 선택한 업체의 비즈니스 문화가 얼마나 정직하고 바른지, 회사 설명과 철학이 실제 사업자들의 활동과 일치하는지, 주변의 그룹과 모임이 건전한 마케팅을 진행하고 있는지 살펴보라.

영원한 네트워크 만들기

불가에서는 '인드라망'에 대한 이야기가 전해온다. 본래 인드라Indra는 인도의 수많은 신 가운데 하나로, 한역하여 우리나라에는 '제석천帝釋天'으로 알려져 있다. 부처의 전생 때부터 수행의 장에 수행을 돕는 신으로 등장한다. 그런데 이 제석천의 궁전에는 무수한 다이아몬드로 만들어진 '인드라망'이라는 그물이 존재한다고 한다. 하늘을 뒤덮는 그 그물은 끝도 없이 넓은데, 그물코마다 다이아몬드가 박혀 있으며 그 보석은 서로를 비추는 관계로 연결되어 있다. 그래서 모든 사람은 이 인드라망 안에 들어 있으며, 인드라망의 영향을 받는다. 세상 사물 하나 소외됨 없이 이 인드라망 안에 포섭되어 모든 그물 속에 그물코처럼 다 같이 유기적으로 이어져 있다. 네트워크 마케팅에 이 인드라망만큼 적절한 비유가 또 있을까 싶다. 그물은 '네트워크'를 뜻하고, 그물코는 네트워크를 이루는 각 '노드'를 의미한다. 각 노드는 네트워크를 서로 이어주는 마디가 되면서 동시에 네트워크를 지탱하는 힘이 된다. 또한 어떠한 노드 하나 소외되지 않고 연결되어 있어 네트워크에서 일어나는 모든 일에 동일한 영향을 받는다.

네트워크 마케팅은 그물코에 다이아몬드를 박아 넣는 과정이다. 불멸의 네트워크를 만들기 위해서는 진짜 다이아몬드와 가짜 다이아몬드를 구별할 수 있어야 한다. 여기서 다이아몬드는 상징적인 의미로서가 아니라 사실적인 이미지로 드러난다. 건전하고 튼튼한 회사와 함께 파트너십을 맺고 구축한 네트워크는 영원한 잉여소득의 파이프라인이 되기 때문이다. 네트워크를 구축한 1세대뿐만 아니라 2세대에게까지 유산으로 물려줄 수 있는 진정한 재정의 자유를 누릴 수 있는 이 사업은 성경에 등장하는 땅에 감추인 보화를 캐어 내는 농부가 되는 사업일지도 모른다.

네트워크 마케팅은 인맥을 통한 입소문 마케팅이다. 구전도 대상이 있어야 가능할 것이다. 따라서 명단list은 이 사업에서 가장 중요한 자산이다. 네트워크 마케팅 사업에서 명단은 크게 세 가지로 분류할 수 있다. 이는 나를 중심으로 심리적 친밀도와 공간적 밀착도에 따라 동심원으로 표현될 수 있는데, 1차 명단은 가까운 가족, 친척, 친구, 직장 동료가 포함된다. 2차 명단은 그보다 더 넓은 인맥으로 사무적인 관계에서 만나는 사람, 1차 명단을 통해 파생된 인맥, 지인의 소개로 알게 된 사람들이 포함된다. 3차 명단은 우유배달부, 집배원, 택배원, 상점직원 등 일상에서 만나는 제3자가 포함된다. 새롭게 네트워크 마케팅을 접한 다음 바로 지인에게 전화를 돌리지 말고 우선 한두 달 동안 제품을 쓰면서 차근차근 사업과 마케팅 원리에 대해 배우는 것이 좋다. 명단 작성은 네트워크 마케팅을 하는 동안 지속적으로 해야 하는 작업이다.

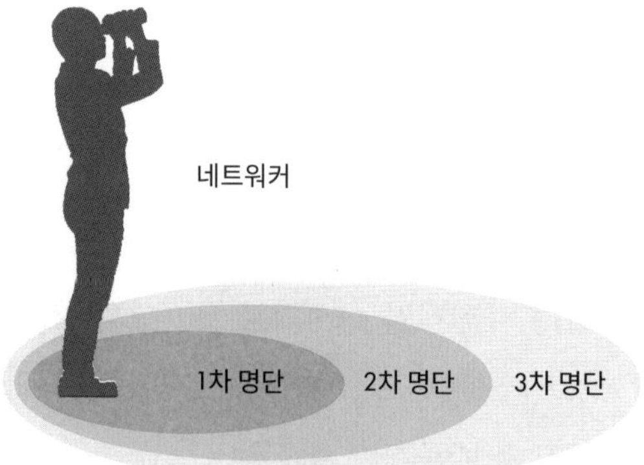

명단 작성은 네트워크 마케팅 비즈니스의 첫 번째 단계다.

팔로우 업과 팔로우 스루

팔로우 업(follow-up)은 쇼더 플랜을 했던 잠재적 사업자를 지속적으로 후원하면서 사업에 관심을 갖도록 하는 후속조치다. 반면 팔로우 스루(follow-through)는 사업자와 소비자를 구분하여 적절하게 케어하는 후속조치다. 속성상 팔로우 업은 한두 번으로 짧게 끝나지만, 팔로우 스루는 평생 지속되기도 한다. 팔로우 업은 STP를 끝낸 다음 1~2일 내에 바로 진행하는 것이며, 팔로우 스루는 생각날 때마다 종종 찾아가며 비전을 심어주는 것이다. 물론 다른 비즈니스 요소들도 중요하지만, 무너지지 않는 네트워크를 만들려면 무엇보다 네트워커들이 팔로우 업과 팔로우 스루에 집중해야 한다.

네트워크가 영원하려면, 충성도 높은 회원과 소비자로 구성되어야 한다. 팔로우 업과 팔로우 스루는 이러한 탄탄한 네트워크를 만드는 데 가장 중요한 요소다. 팔로우 업은 STP를 위해 만난 다음 다시 그를 콘택트하여 소비자와 사업자 중에서 분류하는 과정을 말하며, 팔로우 스루는 그렇게 해서 소비자나 사업자로 분류된 대상을 범주에 맞게 관리, 조언 및 교육하는 과정을 말한다. 팔로우 업 없이는 팔로우 스루도 없다. 팔로우 업은 막연하게 작성한 명단을 명확하게 하는 작업이며, 진흙 속에서 진주를 찾아내는 과정이다. 반면 팔로우 스루는 일단 정해진 범주를 구체화하는 과정이다. 소비자에게는 제품에 대한 정보를, 사업자에게는 사업에 대한 정보를 제공한다.

네트워크에는 회원과 단순 소비자, 충성고객과 적극적인 사업자가 모두 필요하다.

팔로우 업의 목적은 사업의 시작을 돕기 위한 것이다. 접촉한 사람들에게 플랜에서 보여준 숫자와 이론에 대해 좀 더 깊이 있게 설명해주고, 네트워크 마케팅이 그들에게 어떤 장밋빛 미래를 줄 수 있는지 비전과 청사진을 제공해주는 과정이다. 적어도 STP를 한 다음 2~3일 내에 팔로우 업을 진행한다. 이 시간을 지키는 것은 매우 중요하다. 왜냐하면 상대를 너무 오래 기다리게 하면 비즈니스에 대한 그들의 믿음이나 기대감이 약해져 기회를 잃기 때문이다. 반면 팔로우 스루는 상대의 질문과 염려를 구체적으로 해결해주는 단계다. 비즈니스의 모델과 원리를 아직 다 이해하지 못한 이들에게 체계적인 설명을 해주고, 제품의 특징과 사용법을 알고 싶어 하는 이들에게 시연과 데몬스트레이션을 보여줄 수 있다. 팔로우 업과 팔로우 스루에 네트워크 마케팅을 설명하는 책자나 테이프, 브로셔를 전달하거나 SNS로 사진, 동영상을 올려주는 것도 좋다.

네트워커가 가장 명심해야 할 부분은 네트워크의 방향을 인위적으로 조정하지 말라는 것이다. 네트워크는 자가증식적인 속성을 가지고 있다. 자생력이 있는 네트워크가 영원한 네트워크다. 핵심 사업자의 손에 의해 좌지우지되는 네트워크는 그 인물이 빠지면 금세 무너져버린다. 가장 자연스러운 네트워크가 가장 강력한 네트워크다. 일단 씨앗이 옥토에 심어졌다면 네트워크는 빠르게 성장할 것이다. 물을 주고 비료를 준다면 네트워크는 무럭무럭 성장할 것이다.

"가장 자연스러운 네트워크가 가장 강력한 네트워크다"

네트워크 마케팅 진행 순서

명단 작성 → 접촉/만남 → STP → 팔로우 업 → 팔로우 스루

스폰서는 단지 가지치기와 솎아주기를 통해 주변을 정리해주는 것 이상의 손을 쓸 필요가 없다.

네트워크 마케팅 보상플랜

겉으로 보기에 다 같아 보여도 사실 네트워크 마케팅을 표방하는 회사마다 내세우는 보상플랜은 다양하다. 개중에는 수십 가지가 존재하지만, 공통된 특성에 따라 크게 세 가지로 수렴된다. 브레이크어웨이breakaway 방식, 유니레벨unilevel 방식, 바이너리binary 방식이 그것인데, 세계적인 네트워크 마케팅 회사들은 대부분 이 세 가지 보상플랜 중 하나를 갖고 있다.

브레이크어웨이 방식

브레이크어웨이 방식은 네트워크 마케팅의 원조격인 암웨이가 도입한 보상플랜이다. 이 방식은 물건을 판매한 이들에게는 차등 보너스를, 사업 리더들에게는 그룹 보너스를 지급한다. 브레이크어웨이 방식의 매력은 차등 보너스보다 그룹 보너스에 있다. 차등 보너스는 개별 사업자의 지위(핀)에 따라 각 단계별 보너스가 다르게 지

레그, 뎁스, 위즈

네트워크 마케팅에서 네트워크를 구축하는 데 레그와 뎁스, 위즈에 대한 개념 이해가 필요하다. 레그(leg)는 나로부터 출발한 하위 그룹을 일컫는 말로 네트워크 성장에 매우 중요한 '다리'와도 같다. 레그의 성장에 따라 네트워크의 성패가 갈리기 때문이다. 네트워크 마케팅은 레그의 구조에 따라 여러 종류로 나뉘는데, 브레이크어웨이는 레그의 숫자와 규모에 제한이 없다. 반면 바이너리는 레그를 단 2개만 두어야 한다. 레그를 아래로 펼치는 것을 '뎁스(depth)'라고 하고, 옆으로 펼치는 것을 '위즈(width)'라고 한다. 뎁스는 레그의 안정성을 확보하는 데 중요하며, 위즈는 사업자의 매출을 일으키는 데 중요하다. 뎁스와 위즈를 모두 고려하면서 레그를 펼치는 것이 브레이크어웨이 방식의 사업자들에게 매우 중요한 전략이 된다. 반면 유니레벨은 위즈에는 제한이 없으나 뎁스에 제한을 두고 있어 대수(level)마다 올라오는 매출이 다를 수밖에 없다. 또한 바이너리 방식은 뎁스에는 제한이 없으나 위즈에 제한이 있다. 레그가 2개로 제한되어 있으므로 위즈는 신경 쓸 필요 없이 오로지 뎁스만 깊이 파면 된다.

급되고, 그룹 보너스는 일정한 매출을 일으키는 그룹을 만들어내면 그 하위 그룹을 '분리시키는breakaway' 형태로 지급된다. 결국 브레이크어웨이 방식은 안정적으로 일정한 매출을 일으키는 그룹을 자신에게서 독립시키는 형태로 사업이 진행되도록 유도한다. 그래서 '브레이크어웨이'라는 이름이 붙은 것이다. 독립시키는 그룹 수에는 제한이 없다. 많은 그룹을 떼어낼수록 더 많은 보상이 주어진다. 단계를 차근차근 밟고 올라간다고 해서 '스테어스텝stairstep 방식'이라고도 한다.

보상플랜 중에서 가장 오래되었고 가장 보편적인 방식인 이유가 바로 여기에 있다. 사업자로 하여금 끊임없이 새로운 사업자를 찾도록 유도하는 방식이어서 회사와 사업자 모두에게 윈-윈이 된다. 그렇다면 왜 이런 방식의 사업이 생겨난 것일까? 이유는 간단하다. 네트워크 마케팅 회사 입장에서는 나로 인해 발생한 매출액에 대해 보너스를 지급하는 비율을 무한정 늘릴 수 없기 때문이다. 회사가 사업자들에게 무작정 보너스를 주다가 도산하지 않기 위해서는 어느 정도 보너스 비율이 넘어서면 적정 비율에서 커미션을 주는 몫을 '잘라내야' 한다. 물론 그 비율은 회사마다 다르다.

비유하자면, 이는 마치 세포 분열과 같다. 하나의 완전한 모세포가 분열을 통해 새로운 세포를 증식시키면서 동일한 2개의 세포가 탄생하듯, 나로 인해 발생한 판매 조직 역시 똑같은 DNA 복제를 통해 새로운 판매 조직을 탄생시킨다. 따라서 일단 하위 그룹을 독립시키면, 그 그룹으로부터 보너스가 올라오지 않게 된다. 완전히 두 집 살림을 차린 것과 같다.

브레이크어웨이 방식의 장단점은 명백하다. 암웨이와 허벌라이프 같은 굵직한 회사들에 의해 오랫동안 검증된 보상플랜이라는 점, 일단 구축된 네트워크는 사업자에게 매우 안정적인 수익을 가져다준다는 점, 수입의 높고 낮음에 대한 극대화를 이룰 수 있다는 점은 브레이크어웨이 방식이 갖는 뚜렷한 장점이다. 반면 브레이크어웨이 방식이 갖는 단점에는 네트워크를 구축하는 데 시간이 많이 소요된다는 점, 마케팅 플랜이 어렵고 복잡하다는 점, 여러 레그를 펼쳐야 한다는 점 등이 있다.

"네트워크는 세포 분열과 같다"

유니레벨 방식

반면 유니레벨 방식은 브레이크어웨이 방식보다 매우 간단한 구조를 갖고 있다. 이 방식은 하위그룹에서 발생하는 매출에 대해 단계별로 고정된 비율을 책정해서 수익이 창출되는 방식인데, 재구매 매출이 잘 일어나는 아이템으로 장기적인 사업이 진행될 때 하위라인에서 일어나는 모든 매출을 걸림 없이 바로 받을 수 있다는 장점이 있다. 유니레벨 방식의 커미션은 사업자 개인 매출에 대해 정해진 비율로 지급된다. 또한 사업자가 어떤 단계(핀)로 승급했는가에 따라 보너스가 발생한다.

브레이크어웨이가 일정 매출에 도달한 하위그룹을 독립시키는 방식이라면, 유니레벨은 하위그룹의 매출에 일정한 비율의 보너스를 챙기므로 독립시킬 필요가 없다. 예를 들어, 1대 매출에 2%, 2대 매출에 3%, 3대 매출에 4%를 받는다면, 하위그룹의 매출이 높으면 높을수록 나의 수익은 올라가게 된다. 첫 한두 단계에서는 큰 수익을 기대하기 어렵지만, 단계가 아래로 내려가면서 그룹이 깊게 형성되면 상상하지 못한 수입이 발생하기도 한다. 물론 이렇게 무한히 하위그룹의 매출에서 보너스를 받을 수 없으므로 유니레벨 방식을 보상플랜으로 사용하는 대부분의 네트워크 마케팅 회사들은 보통 단계의 제한을 둔다.

브레이크어웨이 방식과 마찬가지로 유니레벨 방식의 장단점 역시 명확하다. 일단 유니레벨은 보상플랜 자체가 매우 단순하다. 브레이크어웨이처럼 복잡하지 않아서 새로운 사업자를 물색하거나 보상플랜을 설명할 때 누구라도 쉽게 이해시킬 수 있다. 재구매가 매달 꾸준히 일어날 수 있는 일상품이나 소비재를 취급하는 회사에 적합한 제도이며, 하위그룹을 튼튼히 만들어놓으면 꽤 만족스러운 보상을 받을 수 있는 방식이다. 브레이크어웨이 방식에서처럼 하위그룹을 얼마나 많이 독립시켰느냐에 따라 수당을 받는 것이 아니라 뎁스의 레벨에 따라 바로바로 정해진 비율의 수당을 받을 수 있어 가입한 첫 달부터 수익을 낼 수 있다.

"그 어떤 것도 완전하지 않다.
모든 보상플랜에는 각기 장단점이 있다"

하지만 회사가 하위 매출에 대한 보너스를 무한정 지급할 수 없어 깊이(뎁스)에 제한을 두고 있으므로 어느 단계에서 보상을 늘리려면 폭(위즈)을 넓히는 수밖에 없다는 단점이 있다. 폭을 늘려야 한다는 이야기는 꾸준히 사업자를 찾아야 한다는 뜻이다. 그래서 대부분의 회사들은 유니레벨 방식 하나만을 가지고 보상플랜을 운영하기보다는 다른 방식과 혼합하여 운영하는 경우가 많다. 또한 유니레벨 방식에서 수익을 보장하지 않는 레벨로 내려간 뎁스에 대해 스폰서가 관리를 하지 않는다는 점도 커다란 단점이 아닐 수 없다. 이를 해결하기 위해 유니레벨 방식을 보상플랜으로 채택한 회사들은 롤

롤업과 압축

유니레벨은 기본적으로 위즈에 제한이 없고 뎁스에 제한이 있어 사업자 스스로 수당이 지급되는 최저선 레벨을 넘기지 않으려는 동기가 발동하기 쉽다. 보통 9레벨 아래로 내려가면 아무런 수당도 받을 수 없어 사업자는 9레벨을 넘기지 않으려고 한다. 이를 해결하기 위해 유니레벨 방식은 롤업(rollup)과 압축(compression)이라는 방식을 사용하기도 한다. 이 둘은 거의 같은 개념으로 왕성하게 활동하는 사업자의 판매량을 한시적으로 활동하지 않는 사업자 레벨로 끌어올려 커미션을 주는 방식이다. 한마디로 자격에 미달되는 레벨은 빼내고 하위에서 발생하는 매출을 '올려붙여서' 중간중간에 이빨 빠진 것처럼 누수가 일어나는 레벨을 인위적으로 '압축하는' 기법이다. 이렇게 하지 않으면 어느 레벨 아래로 내려간 뎁스는 돈이 되지 않아서 사업자가 전혀 돌보지 않고 방치해버리는 현상이 일어날 수 있기 때문이다.

업과 압축이라는 방식을 이용해 사업자들을 독려하고 있다. 우리나라에서 유니레벨 방식은 유니시티가 활용하고 있는 보상플랜이다.

바이너리 방식

바이너리 방식은 앞선 두 가지 보상플랜에 비해 상대적으로 최근에 개발된 방식이다. 브레이크어웨이 방식과 유니레벨 방식은 모두 폭(위즈)에 제한을 두고 있지 않지만, 바이너리 방식은 폭에 엄격

> **바이너리 방식**
>
> 바이너리 방식은 최근 신생 네트워크 마케팅 기업들이 특히 선호하는 보상플랜으로 애터미, 시너지, 유사나, 시크릿 등이 채택하고 있다. 바이너리 보상플랜은 1992년 마켓 아메리카(Market America)의 제임스 리딩거(James Ridinger)가 처음 제안한 방식으로 기본적으로 하위그룹을 왼쪽과 오른쪽 각기 하나씩 둘 수 있도록 정해두고 있다. 브레이크어웨이 방식과 달리 오로지 2개의 레그만 구축해도 되므로 초기에 네트워크를 만드는 데 수월하며 꽤 안정적이다. 특히 사업을 막 진행하는 사업자에게 "딱 2명만 소개해도 된다"라는 말은 리크루팅에 부담감을 덜어주기에 충분하다. 물론 사업은 그런 말로 되는 것은 아니다. 실제로 바이너리 방식을 채택한 사업자들도 수십 명 이상의 사업자들을 소개해야 한다. 사업의 성장을 원하는 경우에 스필오버(spillover)로 뎁스를 내리는 작업을 하게 되는데, 과도한 뎁스 작업은 도리어 하위그룹을 타성에 젖게 만들어 버리기도 한다.

한 제한이 존재한다. 바이너리 방식은 오로지 2개의 레그만 갖는다. 바이너리 사업자는 마치 두 다리로 보행하는 사람처럼 2개의 레그만 가지고 뚜벅뚜벅 걸어간다. 문제는 두 다리 중 한쪽, 즉 부피가 작은 다리에 대해서만 커미션을 지불한다는 점이다. 한쪽 레그의 매출이 1천만 원이 넘더라도 다른 한쪽 레그의 매출이 1백만 원밖에 되지 않는다면, 최종 매출은 1백만 원으로 정해진다. 사실 사업을 진행해 보면 알겠지만, 나로 인해 시작된 2개의 레그는 제멋대로 뻗어가며 아무리 노력해도 두 레그의 매출을 정확하게 맞추는 것은 거의 불가능하다. 결국 바이너리 방식의 사업자는 두 레그의 매출을 엇비슷하게 맞추는 것이 모든 사업의 핵심 과제가 되고 만다.

바이너리 방식은 유니레벨보다 상대적으로 간단한 보상플랜을 갖고 있어 네트워크 마케팅을 잘 모르는 사람이라도 쉽게 시작할 수 있는 장점이 있다. 게다가 2개의 레그만 펼칠 수 있어 여러 라인을 구축해야 하는 부담도 없다. 새로 발굴된 사업자는 자연스럽게 하위레그에 붙이므로 스폰서와 하위그룹의 밀도를 높일 수 있다. 이를 넘쳐흐른다고 해서 '스필오버spillover'라고 한다. 브레이크어웨이나 유니레벨처럼 월 단위 매출의 마감이 따로 존재하지 않아서 보통 주급이 주어진다는 점도 장점 중 하나다. 하지만 바이너리 방식에도 명백한 단점이 공존한다. 매우 단순한 보상플랜과 달리 수당 비율을 정확하게 알 수 없다. 마감이 없다는 것은 그만큼 수익이 되지 않는다는 말도 된다. 깊이(뎁스)의 제한이 없어 회사 입장에서는 무한정 사업자에게 수당을 풀어줄 수 없다. 따라서 어느 선에서 법정 수치인 35%가 넘어가면 자동적으로 보너스는 끊어진다. 또한 매주 양쪽 레그에서 올라오는 매출을 맞춰 적은 쪽을 보너스로 주므로 수입이 일정치 않고 들쭉날쭉한 경우가 많다. 안타까운 사실이지만, 보통 2개의 라인에서 올라오는 매출은 서로 일치하지 않는 '짝다리'가 된다. 세 가지 대표적인 보상플랜을 도표로 정리하면 다음 표와 같다.

이 외에도 보상플랜 중에는 매트릭스matrix 방식과 하이브리드hybrid 방식도 있다. 매트릭스 방식은 스필오버를 구체화시킨 보상플랜이다. 행렬(매트릭스)처럼 폭에 일정한 제한을 두어 새로 가입한 사업자가 자동적으로 하위라인에 붙는 방식이다. 사업자가 새로운 사

대표적인 세 가지 네트워크 마케팅의 보상플랜 특징 비교

브레이크어웨이	유니레벨	바이너리
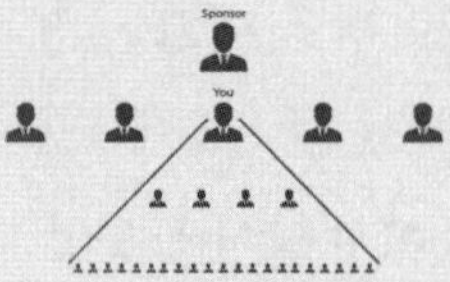		
복잡한 구조 레그의 제한이 없음 깊이의 제한이 없음 상대적으로 높은 보상 매우 안정적인 네트워크 네트워크 조직의 어려움 할당이 있음 시간이 오래 걸림 월 수당	단순한 구조 레그의 제한이 없음 깊이의 제한이 있음 명확한 수당 체계 단순한 네트워크 할당이 있음 롤업 시간이 가장 빠름 월 수당	단순한 구조 레그의 제한이 있음(2개) 깊이의 제한이 없음 할당이 없음 비대칭적인 매출 불명확한 수당 스필오버 시간이 빠름 주 수당
암웨이, 허벌라이프, 썬라이더, 뉴스킨 등	유니시티 등	애터미, 시크릿, 유사나, 지큡 등

람들을 끊임없이 소개할 필요가 없어 리크루팅의 부담은 없지만, 도리어 그러한 이유로 네트워크의 확장이 더딘 경우가 많다. 하이브리드 방식은 위의 열거된 보상플랜 중에서 한두 가지를 섞어서 보너스를 지급하는 방식이다. 각기 장점을 합쳤다는 점에서 사업자에게 유리할 수 있지만, 반대로 각기 단점 역시 배가될 수 있는 약점도 함께 가지고 있다.

네트워크 밖에는 구원이 없다
네트워크 마케팅의 이해

영화 「국가대표」를 보면, 스키점프 국가대표팀을 이끄는 감독 방종삼(성동일)의 딸 수연(이은성)이 훈련장에 내려와 선수들에게까지 자석요를 강매하는 장면이 나온다. 영화가 만들어진 당시에 불법 다단계가 얼마나 사회적으로 이슈가 되었는지 알 수 있는 대목이다. 하지만 진품이 있으면 가품도 있는 법이다. 모조품은 아무리 진품과 비슷해도 어딘가 모르게 다르다. 가방이 제아무리 A급 짝퉁이어도 정품이 될 수는 없는 노릇이다. 살구가 있으면 개살구가 있고, 참배가 있으면 돌배가 있다. 옛말에 "길고 짧은 건 대봐야 안다"라고 했다. 마케팅에서도 불법과 합법을 가르는 기준은 명확하다. 다단계 마케팅과 네트워크 마케팅은 언뜻 유사해 보이지만 완전히 다른 기반 위에 세워져 있는 시스템이다. 많은 사람이 다단계판매를 네트워크 마케팅과 같은 것으로 혼동하는 것은 겉으로 표방하는 보상플랜이 비슷하기 때문이다.

네트워크 마케팅과 다단계판매의 차이

네트워크 마케팅과 다단계판매, 직접판매는 각각 어떤 차이가 있을까? 해외에서는 보통 '직접판매'라는 용어로 포괄되어 있으나, 사실 네트워크 마케팅과 다단계판매, 직접판매는 상황과 목적에 따라 혼용되고 있다. 대한민국은 방문판매등에관한법률(방판법)에 의거하여 네트워크 마케팅과 다단계판매를 규정하고 있어 법적으로 '방문판매'로 불리는 것이 마땅하다. 하지만 실제 '방문판매'라는 용

법률상 다단계판매의 지위

	방문판매	후원방문판매	다단계판매
등록	시·군·구 신고제	시·도 등록제	시·도지사 등록제
자본금	제한 없음	제한 없음	5억 원 이상
공제조합 가입	권고	의무	의무
후원수당 제한	제한 없음	총매출의 38% 이내	총매출의 35% 이내
가입 결격 사유	없음	미성년자/공무원/ 교직원 불가	미성년자/공무원/ 교직원 불가
상품 가격 규제	없음	160만 원 초과 금지	160만 원 초과 금지
판매원 단계	2단계 이내	3단계 이상	3단계 이상

어로 모두 묶일 수 없는 차이점들이 서로 존재하기 때문에 지금까지 방판법은 여러 차례 개정되어왔다. 일부에서는 그럼에도 개정된 방판법에 여러 문제의 소지가 있으며, 오히려 개악되었다는 주장도 제기되고 있다. 현행법에 의하면, 2단계까지 판매원을 둔 경우를 '방문판매'로, 그 이상을 '후원방문판매'로, 그중에서 후원수당이 발생하는 경우를 '다단계판매'로 규정하고 있다. 하지만 이러한 혼란은 모두 네트워크 마케팅과 다단계판매 사이의 차이를 정확하게 파악하지 못해서 발생한 것이다.

다단계판매는 '법률적 용어'다. 방판법에 따라 다단계는 법률적 지위를 드러내는 용어이며, 네트워크 마케팅 역시 법률적으로는 이 범주에 든다고 볼 수 있다. 그렇다고 다단계판매 안에 네트워크 마케팅이 포함된다고 이해해서는 안 된다. 우선 네트워크 마케팅은 '학술적 용어'다. 네트워크라는 그물망 안에서 유통과 소비가 일어나는 마케팅 시스템을 가리키는 학술적 개념으로 보는 것이 마땅하다. 네트워크 마케팅이 제도적으로 방판법에 묶여 있고, 법률적으로는 다단계판매에 속하므로 네트워커들은 흔히 "네트워크 마케팅이 다단계판매에 전세 들어 살고 있다"라는 말을 종종 한다. 하지만 네트워크 마케팅과 다단계판매는 다음과 같은 이유로 다르다.

"다단계판매가 법률적 용어라면
네트워크 마케팅은 학술적 용어다"

다단계판매가 재화를 움직이는 사업이라면 네트워크 마케팅은 정보를 움직이는 사업이다. 무엇보다 다단계판매는 사업자가 상품을 구매해서 소비자에게 판매하는 기법을 기본으로 한다. 수익은 이러한 판매를 통해 발생하며, 이익 역시 판매에 비례해서 커진다. 반면 네트워크 마케팅은 '소개'를 중심으로 한다. 좋은 정보를 구전을 통해 전달하여 매출을 일으킨다. 전자가 일정한 마감이나 강매가 필요한 사업적 측면이 강조된다면, 후자는 마감이나 강매를 필요로 하지 않는 자발적이고 자연스러운 구매를 유도한다. 취급하는 주력 제품이 모두 값비싼 내구재가 아니라 매달 먹고 쓰고 바르는 값싼 생필품이어서 소개를 받은 사람들은 부담 없이 구입할 수 있다. 두 번째로 다단계판매가 회원을 가입시키는 리크루팅을 수익의 큰 부분으로 잡는다면, 네트워크 마케팅은 오로지 회원들의 구매를 통해 매출을 일으킨다. 다단계는 회원의 증가가 중요하지만, 네트워크는 구매의 증가가 중요하다. 네트워크 마케팅에서는 회원이 100명이라도 아무도 구매에 나서지 않는다면 수익은 제로로 잡힌다.

네트워크 마케팅은 다단계판매와 놀라울 정도로 유사하지만, 사람보다는 네트워크를 구축하는 데 초점을 맞추는 경향이 있다. 네트워크 마케팅은 제휴 파트너나 합작회사를 만드는 것과 매우 흡사하다. 다단계판매가 진입하는 데 일정한 비용이 필요한 비즈니스라면, 네트워크 마케팅은 오로지 시간과 노력만 필요하다. 양자 간 보상플랜 역시 상이하다. 다단계판매가 이따금씩 비현실적인 수익을 홍보한다면, 네트워크 마케팅은 합리적인 선을 지킨다. 우선 둘 다 법적으로 후원수당은 35%까지 풀어줄 수 있게 되어 있다. 혹자는 "소비자나 사업자 입장에서 회사가 40%나 50%를 풀어준다면 더 좋은 게 아닌가?"라고 반문할 수 있겠지만, 우리나라가 총 매출액의 35%라는 규정을 둔 이유는 업체 간의 과도한 경쟁을 지양하고 업체의 안정적인 운영을 보장하기 위해서다. 35%는 회사가 아닌 정부가 설정한 법적 마지노선인 셈이다. 따라서 나를 후원한 스폰서가 "우리 회사는 보너스를 50%까지 풀어준다"라고 자랑하면 일단 의심해보는 것이 좋다. 다음은 네트워크 마케팅 회사와 다단계판매 모두에 적용되는 법적 기준이다.[1]

1 법적으로 네트워크 마케팅이 어떠한 기준 위에 있는지 자세히 알려면 직접판매공제조합 사이트(www.macco.or.kr)를 방문해보라.

네트워크 마케팅사와 다단계 판매사에 공통으로 적용되는 법적 기준

1. 수당 35% 규정
2. 유형의 물품 규정
3. 단일 물품 160만 원 이하 규정
4. 자본금 최소 5억 원 이상 규정

다단계판매나 네트워크 마케팅은 모두 합법적인 비즈니스다. 실제로도 다단계판매와 네트워크 마케팅 사이에 교집합 부분이 적지 않다. 합법과 불법의 경계를 넘는 기준은 어쩌면 사업자들에게 있을지 모른다. 다만 네트워크 마케팅은 종래 다단계판매의 여러 문제점을 보완하고 극복한 차세대 비즈니스 모델로 이해하는 것이 바람직하다. 아무래도 다단계판매에 비해 합리적인 매출을 일으키고 정도경영을 실천하는 문화가 정착했을 가능성이 높다. 공정거래위원회 자료를 보면, 그간 수많은 다단계 회사들이 설립되고 나서 채 1년도 버티지 못한 채 사라진 경우가 적지 않다. 오늘날 직접판매공제조합과 특수판매공제조합에 정식 등록된 업체 수는 고작 130개지만, 26년간 1천여 개 이상의 업체가 탄생했다가 소리 소문 없이 사라졌다. 안정적인 기업이 네트워크 비즈니스에서 얼마나 중요한지 알 수 있는 대목이다.

네트워크 마케팅에 대한 국내외 학술 연구가 활발하다. 「벤처창업연구」에서는 최근 '네트워크 마케팅 독립사업자 창업가의 개인 특성, 배경 특성이 기업가정신과 인지된 경영성과에 미치는 영향(2018)'이라는 주제의 논물을 발표했다. 「전자공학회지」 46호에는 '블록체인과 네트워크마케팅 생태계(2019)'라는 흥미로운 주제의 논문도 실

네트워크 마케팅과 다단계판매의 차이

네트워크 마케팅	구분	다단계판매
학술적 용어	용어	법률적 용어
비즈니스 구조 중심	정의	보상플랜 중심
자발적 구매	구매	의도적 구매
합리적 소비 소개	방식	제품 판매
구매실적, 판매실적, 후원수당 등 다양한 수당	수당	회원모집, 직급을 통한 제한적 수당
매출에 의한 수익	수입원	리크루팅에 의한 수익
하위 사업자 확보, 초도 구매 의무 없음	확장구조	하위 사업자, 초도 구매 확보 의무 있음

렸다. 「프랜차이즈경영연구」에는 '네트워크 마케팅 산업에서 독립 사업자의 기업 선택 속성이 경제적 및 비경제적 만족과 신뢰, 추천의도에 미치는 영향(2019)'이라는 학술논문이 발표되었다. 「한국외식산업학회지」 14호에는 '네트워크 마케팅 독립사업자의 기업 선택속성 중요도 만족도에 관한 연구(2018)'가 실렸다. 이처럼 네트워크 마케팅은 다단계판매와 달리 학문적 영역에서 차세대 유통 방식의 하나로 활발히 연구되고 있다.

네트워크 마케팅 기업 선정하기

이러한 이유 때문에 자사를 다단계 회사로 소개하는 업체는 드물다. 모든 다단계 회사들이 네트워크 마케팅을 전면에 내세우고 영업하고 있다. 여기에는 다단계에 대한 사회적인 인식도 한몫을 하는 것 같다. 따라서 건전한 네트워크 마케팅 업체를 선정하는 일이 무엇보다 중요하다. 수입을 강조하는 플랜, 짧은 시간 안에 커다란 커미션을 약속하는 업체, 장밋빛 청사진만 제시하는 사업자는 위험하다. 네트워크 마케팅은 영업력이 뛰어난 열정적인 사람들이 물건을 사재기해서 주변에 팔아치우는 사업이 아니다. 새로운 판매원을 가입시키고 높은 직급으로 가기 위해 강매를 요구하는 사업은 더더욱 아니다. 네트워크 마케팅은 치밀한 준비와 꾸준한 노력, 네트워크와 집단의 레버리지를 이용하는 비즈니스다.

1) 세월은 속이지 못한다

되도록이면 창업한 지 10년 이상 된 네트워크 마케팅 업체들을 선택하라. 마케터들 사이에서 떠도는 이야기 중에 "신생기업일수록 비즈니스 기회가 더 많다"라는 말은 때로 위험한 주장일 수 있다. 리크루팅을 하면서 '네트워크 초기'니 '선점하라'라는 주장은 모두 네트워크 마케팅을 피라미드의 일종으로 여기는 발상에서 비롯된 것이다. 오랜 업력을 자랑하는 기업일수록 더 탄탄한 재무구조와 자본비율, 안정적인 수익 모델과 지속적인 보상플랜을 가지고 있다. 신생기업은 아직 시장에서 검증되지도 않았을뿐더러 상황에 따라 보상플랜이 빈번하게 바뀌기도 한다. 경영진들은 보통 괜찮은 수익을 올리자마자 회사를 고의로 폐업시켜 적절한 수당 지급을 회피하는 행태를 일삼는다. 반드시 그렇지 않더라도 안정적인 제품 공급과 소비자 및 사업자 보호를 위한 여러 가지 정책이나 법적 장치가 부재할 확률이 높다. 그만큼 회사가 부도나서 어렵게 만든 네트워크가 하루아침에 공중 분해될 위험성이 상존한다. 매출 상위에 오른 세계적인 네트워크 마케팅 회사들은 대부분 업력이 10년 이상, 개중에는 20여 년 이상인 업체들임을 명심하라.

2) 보상플랜이 핵심이다

합법적인 네트워크 마케팅 업체를 정확하게 선택할 수 있는 또 다른 기준은 보상플랜이다. 네트워크 마케팅 업체의 수익은 신규 회원의 분담금이나 가입금이 아닌 상품 판매와 네트워크 매출에서 나오는 것이 정상이다. 고객관리나 소비자 확보보다는 회원모집이나 리크루팅에 열을 올리는 회사라면 건전한 네트워크 마케팅 업체라고 할 수 없다. 의외로 적지 않은 회사들이 1명의 회원을 가입시키는 것에서 일정한 수당을 약속하는 정책을 편다. 이런 방식으로 사업을 진행할 경우, 결국 하위로 내려갈수록 더 이상 회원모집이 불가능한 사업자가 나오면서 네트워크가 급속히 붕괴되고 만다. 판매원들이 가져가는 정확한 커미션과 고위 직급자를 제외한 신규 판매원들의 연평균 실제 수당을 살펴보는 것이 필요한 이유다. 우리나라 법상 네트워크에 가입하면서 반드시 구매해야 하는 '스타터 키트starter kit'도 금지되어 있으므로 가입하면서 소비자 입장에서 일정한 금액의 상품을 구매해야 할 의무도 없다. 만약 가입과 동시에 스폰서가 50만 원 이상의 물품을 초도 구입해야 한다고 노골적으로 요구한다면, 보상플랜과 회사의 안정성을 의심해야 한다.

3) 결국은 제품이다

아무리 고상한 설명을 갖다 붙여도 네트워크 마케팅은 제품을 구매하는 과정에서 이익이 발생한다. 따라서 제품 구성과 품질, 가격, 성장 가능성, 독창성, 확장성, 실용성, 인지도 등은 네트워크 마케팅 업체에 대한 가장 중요한 평가 기준이 될 수밖에 없다. 선불리 보상플랜이나 회사 브랜드만 보고 회사를 선정하지 말고, 제공하는 제품이 얼마나 훌륭한지, 제품의 가격이 얼마나 합리적인지, 또 품질은 홍보하는 것처럼 정말 좋은지 등을 면밀하게 살펴봐야 한다. 시장에서 상위권에 드는 네트워크 마케팅 업체들은 대부분 실용적이고 저렴한 생필품을 취급해왔다. 주력 상품을 보면 건강보조식품이나 주방세제, 화장품, 생활용품 등이 주류를 이루고 있다. 회사가 내세우는 주력 상품이 한 번 구매하고 마는 고가의 제품이라면 매출을 일으키는 데 적지 않은 부담이 될 수밖에 없다. 보통 불법 유사수신 업체는 판매 상품은 언급조차 하지 않고 그저 회원가입과 하위 라인을 거느려 돈 버는 비즈니스만 강조한다. 몇몇 업체는 이른바 만병통치약이라고 하는 수십만 원대의 낯선 건강기능식품을 판매하는데, 효과나 성분은 강조하지 않고 오로지 고수익만을 보장한다고 말한다.

네트워크 마케팅 업체가 유통시키는 제품은 유형의 물품이어야 한다. 외국에서는 무형의 서비스나 문화 공연, 여행 같은 상품들도 판매하지만, 우리나라에서는 아직 법적으로 금지되어 있다. 이 규정 역시 소비자를 보호하기 위해 정부가 마련한 조항이다. 눈에 보이지 않는 권리나 서비스를 가지고 얼마든지 유사수신 사기를 칠 수 있어 불법적인 비즈니스 가능성을 미리 차단하기 위함이다. 또한 단일 물품이 160만 원을 넘어서도 안 된다. 원가는 얼마 되지 않는 200만 원이 넘는 자석요나 300만 원이 넘는 안마기를 판매해서 사회적 물의를 일으켰던 불법 피라미드 사업의 전철을 밟지 않겠다는 의도다. 마지막으로 자본금이 최소 5억 원 이상은 되는 업체여야 한다. 자본금은 그 회사의 재정 안정성과 규모를 짐작케 한다. 이 규정 역시 소비자와 사업자를 보호하기 위한 안전장치다. 방문판매등에 관한법률 제24조에서는 판매원에 대해 상품권 같은 무기명증표 등의 유가증권을 판매하면서 이를 회사가 다시 구매하거나 타인이 구매하게 하는 행위, 재화 거래를 위한 것으로 볼 수 없는 수준의 후원수당을 지급하면서 판매하는 행위를 금지하고 있다.

4) 소비자 보호 정책은 필수다

훌륭한 네트워크 마케팅 업체는 대부분 훌륭한 소비자 보호 정책을 가지고 있다. 구매 이후 최소 15~30일 이내 일체의 제품을 환불 및 교환해줄 수 있는 업체를 찾아야 한다. 괜찮은 상품을 판매한다고 주장하는 업체 중에서 취급하는 상품에 하자가 발생하거나 소비자의 변심으로 환불을 요구할 때 여러 가지 이유를 대면서 일부러 시간을 끌거나 괜히 절차를 복잡하게 만드는 회사들이 있다. 이를 알아볼 수 있는 한 가지 방법은 사용하지 않은 상품(개봉 전이거나 개봉 후)을 전액 환불 가능한지 확인하는 것이다. 우리나라의 경우, 앞서 말한 것처럼 직접판매공제조합과 특수판매공제조합에 가입한 업체인지 파악하는 것도 이를 알아볼 수 있는 간편하고 좋은 방법 중 하나다. 사이트에서 업체명을 검색하여 조합 가입 여부를 바로 알 수 있으며, 조합은 불법적으로 운영하는 다단계 업체를 처벌하기 위해 자체적으로 신고포상제를 운영하고 있기도 하다. 네트워커인 올라왈 다니엘Olawale Daniel은 이렇게 말했다. "많은 이들이 네트워크 마케팅 기회를 속임수라고 여긴다. 하지만 그들은 '트랩'이라는 뜻이 위험을 감수하여 번영하는 것임을 깨닫지 못한다." 다이아몬드처럼 빛나는 네트워크 마케팅 업체를 통해 합법적이고 타당한 비즈니스를 일으키는 것이 중요하다고 할 수 있다.

9장
네트워크와 SNS 홍보의 랑데부
네트워크 마케팅의 실제

Creatio ex nihilo

무에서 유를 창조하다.

– 성 아우구스투스 –

우리에게 'DanTDM'으로 알려진 영국의 게임 유튜버 대니얼 미들턴Daniel Robert Middleton은 평범한 마트 아르바이트생에서 연간 180억 원을 벌어들이는 잘나가는 인플루언서로 변신했다. 2020년 초 그의 유튜브 구독자는 약 2,250만 명을 육박한다. 그가 올리는 영상은 아무리 못 나가도 300만 뷰 이상은 찍으며, 게임업계는 너도 나도 미들턴 모시기 경쟁을 벌이고 있다. 현재 구독자가 7천만 명이 넘는 코코멜론cocomelon은 아동 콘텐츠를 제공하여 전 세계 부모들에게 커다란 호응을 끌고 있다. 세계적으로 선풍적인 인기를 누렸던 '아기상어' 같은 동요들처럼 학령기 이전의 유아들이 보고 즐길 수 있는 콘텐츠를 송출한다. 이에는 못 미치지만 유튜브에 주로 먹방을 올리는 쯔양tzuyang은 구독자 205만 명을 보유한 국내 인플루언서다. 여성이면서 키 161cm에 몸무게 49kg의 호리호리한 체격인데, 앉은 자리에서 보통 성인 남성이 먹는 양의 서너 배는 거뜬히 먹어치

먹방계의 신화, 쯔양. 말 그대로 먹으면서 돈을 버는 인플루언서다.
(출처: youtube.com)

우는 그녀는 유튜버를 꿈꾸는 국내 시청자의 워너비가 된 지 오래다. 라면은 보통 20봉지를 끓여 먹으며, 치즈볼 150개, 곱창 23인분을 먹는다. 여기에 디저트는 별도다. 현재 그녀는 어림잡아 월 8천만 원 이상 벌어들이는 것으로 알려져 있다. 말 그대로 먹으면서 돈을 버는 셈이다. 이미 공중파에서도 러브콜을 보내고 있을 정도로 여러 업계에서 모시기 경쟁이 한창이다.

"크레아티오 엑스 니힐로", 무에서부터의 창조. 그리스도교의 교리로 알려진 이 말만큼 유튜브 마케팅과 네트워크 마케팅을 설명하는 어구가 따로 없을 것이다. 10년 전만 하더라도 1인 방송을 통해 억대의 수입을 얻을 수 있는 세상이 올 것이라고 상상한 사람은 아마 한 명도 없었을 것이다. 마찬가지로 제품을 소개하고 비전을 설명하여 네트워크를 만들고 이를 통해 억대의 수익을 거두는 네트워크 마케팅이 새로운 유통 혁명을 일으킬 것이라고 예상한 사람도 아마

거의 없었을 것이다. 말 그대로 아무것도 없는 데서 네트워크를 만들고, 그 네트워크를 통해 새로운 수익을 창출해낸 것이다.

요즘 아이들에게 꿈을 물어보면 너도나도 '유튜버'라고 답한다고 한다. 어디 아이들뿐이랴? 2019년 조사 결과에 따르면, 성인 10명 중 약 6명이 미래의 직업으로 유튜버를 꿈꾼다고 한다. 취업난, 구직난을 겪는 요즘 세대, 직장생활에서 비전을 찾지 못하는 젊은이들에게 유튜버는 수입과 재미를 동시에 누릴 수 있는 새로운 직업으로 선망한다. 이들이 기대하는 수입은 월평균 396만 원으로 나타났다. 그러나 실제로 한 해 억대 수입을 올리는 유튜버는 채 1%도 되지 않는다고 한다. 한국방송광고진흥공사에 따르면, 유튜버를 비롯한 1인 방송 활동을 하는 콘텐츠 제작자 1만여 채널 중 연간 1억 원 이상 버는 채널은 100개 정도로 나타났다. 나머지 99%가 넘는 채널이 평균 소득도 벌지 못하는 셈이다. 모두가 쉽고 즐겁게 돈을 벌 것이라고 기대하며 뛰어들지만 현실은 호락호락하지 않다는 이야기다.

어떤 분야든 마찬가지가 아닐까? 위와 같은 비율은 사실 네트워크 마케팅이라고 다르지 않다. 누구나 '21세기 꿈의 비즈니스', '지상 최후의 성공 사다리'라고 말하지만, 네트워크 마케팅으로 다이아몬드에 입성하는 사람 역시 채 1%도 되지 않는다. 2019년 공정거래위원회 통계에 따르면, 국내 네트워크 마케팅 회사에서 수당으로 연 3천만 원 이상을 수령한 인원은 0.62%(9,756명)에 그쳤고, 그중에서 모두의 꿈이라고 하는 연 1억 원 이상의 소득을 받은 다이아몬드는 고작 2,039명에 불과하다. 1%가 채 되지 않는 확률이다. 네트워크 마케팅을 통해 후원수당을 지급받은 판매원의 84%는 연 50만 원 미만의 수익을 얻었다. 12개월로 나누면 한 달에 약 4만 2천 원도 못

챙긴 셈이다.

책의 마지막 장을 들어가기에 앞서 이런 냉엄한 현실을 언급하는 이유는 무엇일까? 개인적으로 네트워크 마케팅에 대한 부정만큼이나 환상도 위험하다는 말을 하고 싶어서다. 통계적으로 유튜브로 성공하는 사람이 1%밖에 안 된다고 해서 1인 콘텐츠 크리에이터를 하고 싶어 하는 사람이 유튜브 방송에 진입하지 않겠는가? 치킨집으로 롱런하는 사람이 1%도 안 된다고 해서 지금 이 순간에도 새로운 치킨집이 창업하지 않겠는가? 마찬가지다. 네트워크 마케팅 역시 사업이다. 누구나 다 성공한다면, 그것은 요술방망이이지 사업이 아닐 것이다. 네트워크 마케팅의 실제는 바로 이러한 현실에서 사업을 정확하게 판단하는 가운데 터득할 수 있다. 모든 이론에는 실제가 있다. 모든 실제는 이론과 일정한 이격, 예외가 존재한다. 그렇다고 실제가 이론을 부정하고 뒤집어엎는 것은 아니다. 도리어 이론이 골격이라면 실제는 살덩어리일 것이다. 디테일이 살아있는 그림을 그리기 위해서는 미학이론과 색채학도 배워야 하지만, 직접 붓을 들고 물감으로 캔버스 위에 그림을 그려봐야 한다.

SNS 홍보를 통한 네트워크 구축하기

매미는 7일간 나무에 올라가 시끄럽게 울어대기 위해 7년을 땅속에서 애벌레로 지낸다고 한다. 애벌레는 그 어둡고 축축한 곳에서 오랜 세월을 견디며 푸르른 창공을 바라보며 날아오를 날을 기다린다. 드디어 때가 되면 탈피를 하고 이전의 모습과 완전히 다른 새로운 모습의 존재로 거듭나 땅 밖으로 기어 나온다. 꼬물꼬물 기어가는 애벌레가 날개를 달고 곤충이 되는 변태metamorphosis 과정은 무에서 유를 창조하는 자연의 드라마틱한 생명력을 고스란히 보여준다.

애벌레로 태어나 몇 번의 변태 과정을 겪으며 한 마리의 멋진 곤충으로 다시 태어나는 과정은 언제 봐도 눈물겹다. 네트워커의 성장 역시 이와 같다. 네트워크 마케팅을 비즈니스로 시작하기로 마음먹는 일은 사실 쉬운 일이 아니다. 일상의 관성이 우리를 끌어당기고 방해하기 때문이다. 주변의 반대와 사회의 부정적인 인식도 나태함을 더욱 가중시킨다. 나름 번듯한 직장이 있고, 건강과 체력이 뒷받침된다고 여기며 지금의 안전지대에 남아서 살아가기를 선택한다. '시간이 없다', '아는 사람이 없다', '물건을 팔 수 없다', '사회적 지위와 위신이 서지 않는다'라는 등의 변명에 숨고도 싶다. '아이가 아직 어려서', '자녀가 아파서', '너무 가난해서' 못하겠다고 둘러대는 것이 미지의 사업에 뛰어들어 결과가 불확실한 일에 시간을 투자하는 것보다 훨씬 더 쉬운 법이다. 하지만 누구에게나 노년은 다가오며, 시대가 바뀌어도 말년에 재정은 절대적으로 필요하다는 사실을 부정할 수 없다. 21세기 4차 산업혁명의 시대가 와도 변하지 않는 한 가지는 결국 누구나 돈이 필요하다는 사실이다. 우리는 네트워커가 될 것인가, 그냥 소비자로 남을 것인가?

네트워커는 전문가나 세일즈맨보다 자산이 많거나 지식이 많은 사람이 아니다. 어쩌면 네트워커는 전문가보다 지식이 부족할 수 있고, 세일즈맨보다 판매에 서투를 수 있다. 하지만 네트워커는 사람과 사람을 연결하고 네트워크를 구축하는 데 뛰어나다. 네트워커는 행운보다 확률에 의존한다. 파레토의 80 대 20의 법칙에 따라 자신이 잘할 수 있는 일과 서투른 일을 구분하고 후자는 과감하게 다른 사람에게 맡기거나 아웃소싱을 주는 데 주저함이 없는 사람이다. 네트워커는 한 사람이 가진 능력보다 열 사람이 가진 단결력이 더 소중하다는 사실을 잘 알고 있는 사람이다. 이렇게 네트워커는 네트워크에서 자생하는 법을 터득한다.

반면 세일즈맨은 사람보다 성과에 집착한다. 사람보다 숫자에 민감하다. 21세기는 세일즈맨이나 전문가를 요구하지 않는다. 판매

유통의 중간에 연결고리가 될 것인가, 유통의 말단에 세일즈맨이 될 것인가?

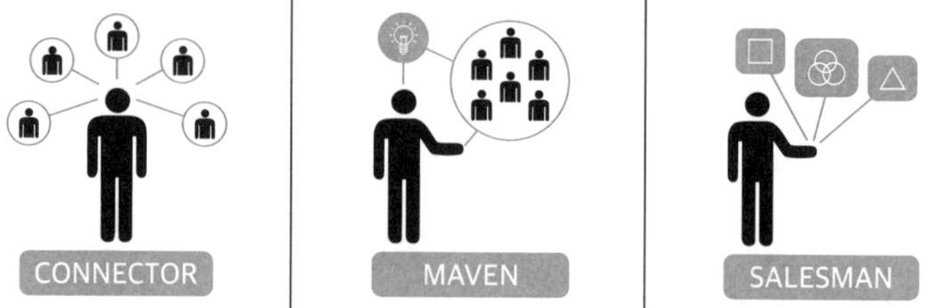

연결자connector	전문가maven	세일즈맨salesman
네트워커 연결하는 사람 초점: 인맥 성공: 자유 시간이 갈수록 노력↓ 시간이 갈수록 보상↑↑	전문직 종사자 전달하는 사람 초점: 지식 성공: 교육 시간이 갈수록 노력↑ 시간이 갈수록 보상↑	자영업 종사자 판매하는 사람 초점: 영업 성공: 매출 시간이 갈수록 노력↑↑ 시간이 갈수록 보상↓

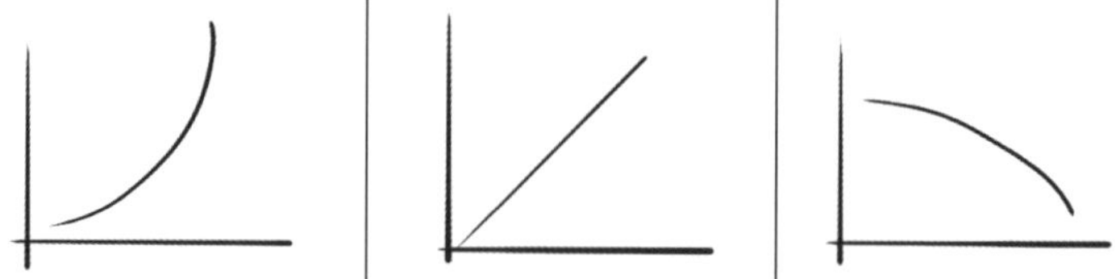

왕이나 보험왕, 특정 분야의 전문가를 찾지 않는다. 21세기는 연결자, 즉 '네트워커'를 찾는다. 네트워크 마케팅은 이런 시대적 조류trend에 적합한 마케팅이다. 특히 21세기가 되면서 네트워크 마케팅이 전자상거래와 SNS가 접목되면서 새로운 형태의 사업으로 변모했다. 달리는 말에 날개가 달린 셈이다. 학자들은 종래의 네트워크 마케팅과 구분 짓기 위해 이를 'e-네트워크 마케팅e-network marketing'이라고 부른다. 전자상거래 플랫폼이 네트워크 마케팅의 가능성을 보기 시작했고, 블로그나 SNS 플랫폼이 사람과 사람을 연결하면서 동시에 사람과 물건을 연결하기 시작했다. 전문가는 지식이 자신의 자산이며, 세일즈맨은 매출을 일으킬 수 있는 판로가 자신의 자산이다. 반면 네트워커는 무형의 네트워크가 자신의 자산이다. 네트워커는 숫자보다 사람에게 집중한다. 이 무형의 네트워크에는 오프라인상에서 사업자와 소비자, 소비자와 소비자 사이의 연결망뿐 아니라 인터넷 플랫폼상에서 구독자와 팔로워로 연결된 전자망electric network까지 포함된다.

e-네트워크 마케팅은 전자 구전을 한 차원 업그레이드할 수 있는 21세기 성장 동력이 된다. 기본적으로 사람들은 이야기를 좋아한다. 그런데 구전에 대가가 주어진다면 사람들은 더욱 활발히 이야기를 전파시킬 것이 뻔하다. 오프라인의 구전과 온라인의 전자 구전이 만나는 교차로에 네트워크 마케팅이 놓이게 되었다. 네트워크는 스토리텔러storyteller들의 놀이터다. 스토리와 내러티브가 이동하고, 구전이 구매를 일으키며, 소비가 사업이 된다. 이런 점에서 e-네트워크 마케팅은 소셜 네트워크를 닮았다.

e-네트워크 마케팅

e-네트워크 마케팅(e-network marketing)은 몇몇 회사들이 과거 다단계 마케팅에 e-커머스를 접목하면서 새로 개척한 온라인 마케팅 영역을 말한다. 대표적으로 암웨이는 1999년 북미 지역에 '퀵스타(Quixtar)'라는 전자상거래 플랫폼을 론칭하여 1만 가지 이상의 제품을 유통시키고 있으며, 뉴스킨이나 유니시티 같은 회사들도 자사 온라인 플랫폼을 통해 네트워크에 새로운 활력을 불어 넣고 있다. 또한 e-네트워크 마케팅은 SNS 플랫폼의 약진과 모바일 기기의 대중화, ICT의 발전과 맞물려 온라인상에서 새로운 전기를 마련하고 있다. 사업자는 온라인과 모바일을 통해 소비자를 만나고 관리하며 제품을 유통시킬 수 있다.

"오프라인의 구전과 온라인의 전자 구전이 만나는 지점에 네트워크 마케팅의 비전이 존재한다"

e-네트워크 마케팅의 미래

1999년, 네트워크 마케팅 업계에 지각변동이 일어났다. 북미 지역에 퀵스타Quixtar가 오픈한 것이다. 당해 9월, 암웨이가 전통적인 네트워크 마케팅 사업에 전자상거래 플랫폼을 추가한 온라인 쇼핑몰 퀵스타를 출범시켰다. 퀵스타는 오프라인상의 IMC 방식의 장점을 이용하여 네트워크의 활성화를 꾀하고자 e-커머스 시장을 두드렸다. 퀵스타의 사업구조는 서로의 장점만을 뽑아냈다. 암웨이 제품을 판매하는 동시에 새로운 사람에게 직접 사업에 참여하기를 권유하고 교육시키는 독립자영사업자IBO, 사업을 직접 하지는 않지만 회원가로 싸게 제품을 구입할 수 있는 회원Member, 암웨이 비즈니스에는 관심이 없고 소매가격에 제품만 구입하고자 하는 일반 소비자Client, 이렇게 세 종류의 소비자를 모두 만족시키는 복합 플랫폼을 선보였다. 미국과 캐나다에서 출범한 퀵스타는 암웨이 본사와 수많은 협력업체들이 사이버 공간에서 하나의 온라인 쇼핑몰 플랫폼을 형성하고 있으며, 퀵스타 사이트를 방문하는 회원과 소비자에게는 제품과 관련된 정보 및 기술을 수시로 제공하며, 인터넷을 통한 공급과 판촉 활동을 벌이고 있다.

소비자 중에서 누구든 원하면 프로그램을 만들거나 창고를 준비하거나 유통망을 개발하는 등 자본 투자 없이도 인터넷을 통한 비즈니스를 시작할 수 있다. 퀵스타는 창업 1년 뒤인 2000년에 이미 매출액 5억 1,800만 달러를 기록했고, 이후 10억 달러 매출을 올리며 e-커머스 시장에서 승승장구해왔다. 여세를 몰아 2007년에는 수백만 달러를 투자해 온라인 쇼핑몰 파니스타Fanista를 여는 등 사업 다각화에도 나섰다. 파니스타는 CD, DVD, 음원, 게임, 책 등을 판매하는 엔터테인먼트 쇼핑몰로 젊은 층에게 암웨이를 새롭게 각인시키는 효과를 보여주었다. 소비자는 단순히 물건을 살 수도 있지만 무료로 회원가입을 하고 다른 회원을 추천함으로써 인센티브도 받을 수 있다. 한마디로 일반 온라인 쇼핑몰과 암웨이의 네트워크 마케팅 시스템을 합친 방식이다.

하지만 퀵스타는 반쪽짜리 성공에 머물렀다. 사람들은 기존의 브랜드에 더 익숙했고, 퀵스타는 다시 암웨이로 통합되었다. 하지만 퀵스타의 도전은 e-네트워크 마케팅의 가능성을 제시했다는 점에서 큰 의의를 지닌다. 이처럼 네트워크 마케팅의 변신은 새로운 기술 발전과 함께 시작되었다. 네트워크 마케팅의 발전 과정을 4단계로 나누어 살펴본다면, 단연 네트워크 마케팅의 미래는 4.0으로 표현될 수 있을 것이다. SNS와 모바일기기의 비약적인 발전으로 네트워크 마케팅은 새로운 사업의 전기를 마련하게 되었다. 이제 오프라인 네트워크가 온라인 네트워크로 확장된 것이다. 오프라인에서 홈파티를 하고 데몬스트레이션을 하며 영업을 진행했던 다단계판매가 네트워크 마케팅2.0의 시대라면, 네트워크 마케팅4.0의 시대는 오프라인과 온라인 네트워크의 구분이 더 이상 의미가 없는 시대다. 네트워크가 진짜 네트워크를 만난 셈이다.

"네트워크가 진짜 네트워크를 만났다"

과거에는 특정한 시간에 특정한 장소로 찾아가서 미팅하고 교육을 받았지만, 이제는 모바일을 통해 자유롭게 온라인으로 교육 동영상을 보낼 수 있으며 사업자들이 많이 찾는 필요한 자료는 페이스북 담벼락에 게시할 수 있게 되었다. 제품 시연도 직접 면대면으로 강사의 설명을 듣는 것이 아니라 온라인을 통한 짧은 브이로그나 비디오 클립으로 대신할 수 있게 되었다. 하지만 e-네트워크 마케팅이 가져온 가장 큰 변화는 리크루팅에 있을 것이다. 트위터나 인스타

네트워크 마케팅의 단계와 e-네트워크 마케팅의 미래

네트워크 마케팅1.0 network marketing1.0	1950년대 후반, 직접판매를 기반으로 등장한 네트워크 마케팅 회사들이 판매원에게 방문판매를 통한 수익을 제공했다.
네트워크 마케팅2.0 network marketing2.0	1979년 이후, 다단계 마케팅을 표방한 네트워크 마케팅의 시대로 직접판매의 장점을 후원수당으로 극대화시켰다.
네트워크 마케팅3.0 network marketing3.0	1990년대 후반, 퀵스타의 등장과 함께 본격적으로 전자상거래 플랫폼과 네트워크 마케팅이 통합되었다.
네트워크 마케팅4.0 network marketing4.0	2000년대 중·후반, SNS 플랫폼의 등장과 모바일기기의 비약적인 발전과 함께 네트워크 마케팅이 관계 마케팅으로 거듭났다.

그램, 블로그에 해시태그를 달아 포털사이트에 검색이 가능하도록 설정해놓으면, 네트워크 마케팅 업체가 취급하는 제품들에 쉽게 접근할 수 있고, 그중에서 사업에 관심 있는 잠재적 사업자들도 찾아낼 수 있다. 1990년대 국내에서 활동한 네트워커들이 자동차에 시트지를 도배하고 돌아다니고, 명함을 파서 뿌리고 다니며 자사 제품을 홍보했던 시절과 비교해보면 격세지감을 느끼게 된다. 과거에 사업자들은 지인들과 바깥에서 종종 약속을 잡고 무역박람회 부스에 초대하거나 호텔이나 컨벤션센터에서 진행하는 사업설명회에 안내했다.

하지만 이제 시대가 바뀌었다. 이제 접속의 시대, 연결의 시대에 걸맞은 네트워크가 필요하게 되었다. 비록 오프라인 만남을 포기한 것은 아니지만, 상당수의 네트워크가 온라인에서 이루어지고 있다.

이미 유튜브에 특정 네트워크 마케팅 업체를 입력하면 관련된 영상이 수두룩하게 검색된다. 개중에는 대학교수들이나 업계에서 성공한 전문가들이 나와서 친절하게 제품과 사업방법을 설명해주는 유용한 영상들도 많다. 그뿐만이 아니다. 진급식이나 핀수여식 같은 랠리 영상, 해외여행 영상, 다이아몬드의 일상 영상 등도 있어서 동기부여가 필요한 사업자들이 활용할 수 있다. 링크를 클릭해 들어가면 자신의 개인사업자번호가 찍히며 네트워크에 가입할 것을 종용한다.

e-네트워크 마케팅의 진화

e-네트워크 마케팅 역시 장단점이 존재한다. 무엇보다 장점은 나의 네트워크가 온라인에 접속하면서 시간과 장소의 구애를 받지 않게 되었다는 점이다. 업무의 많은 부분을 자동화할 수 있게 되었다. 무엇보다 짧은 시간 내에 업무에 몰두할 수 있어 시간이 많이 소요되지 않고, 동시에 많은 국가에서 네트워크를 펼칠 수 있는 가능성이 활짝 열렸다. 또한 네트워크가 온라인으로 옮겨가면서 과거 대면 판매에서 받았던 두려움과 인간적 스트레스에서 자연스럽게 벗어날 수 있게 되었다.

어떻게 하면 SNS를 통해 나의 네트워크를 폭발시킬 수 있을까? 방법은 네트워크 마케팅 업체보다 더 큰 영향력이 생겨야 한다. 인터넷상에서 사람들은 내가 특정 네트워크 회사 제품을 홍보하고 있어서가 아니라 그 분야와 제품, 사업에 정통한 권위자여서 그 제품을 구매하려 할 것이다. 일단 내가 SNS상에서 중요한 인플루언서라면 사람들은 자연스럽게 내가 쓰고 바르고 사용하는 제품에 관심을 가질 것이다. 팔로워들은 제품이나 회사보다는 인플루언서가 사용하는 제품에 호감과 호기심을 갖기 때문이다. 문제는 이렇게 영향력 있는 인플루언서가 되는 것이 그리 쉬운 일이 아니라는 데 있다. 결국 이 문제는 닭이 먼저냐 달걀이 먼저냐의 논란으로 빠진다.

따라서 네트워크 마케팅의 해법은 네트워크에서 찾아야 한다. 지속적으로 블로그에 글을 올리고, 유튜브 동영상이나 팟캐스트 등을 통해 제품을 홍보하고, 네트워크에 참여할 가능성을 발굴해야 한다. 이러한 온라인 홍보와 리크루팅에는 페이스북이나 트위터, 인스타그램, 핀터레스트 같은 플랫폼이 도움이 될 것이다. 그리고 콘텐츠에 흥미를 느낀 팔로워들에게는 정기적으로 뉴스레터와 이메일을 발송하여 프로모션을 진행해야 한다. 이 과정에서 오프라인 미팅이 이뤄질 수 있고 약속이 잡힐 수도 있다. 블로그, SNS와 유튜브를 통한 네트워크 통합 마케팅에는 어떠한 전략이 필요할까?

네트워크 마케팅과 SNS 홍보의 조합
네트워크 SNS 통합 비즈니스

흔히 네트워크 마케팅 사업을 결정할 때 검토해야 할 사항들로 회사와 제품, 보상제도 등을 꼽는다. 여기서 '회사'라는 사항은 재정적인 안정성과 도덕성, 창업자나 경영자의 철학과 의지 등이 포함된 것이며 사실 네트워크 마케팅 사업에서 가장 중요한 요소다. 그다음 '제품'이라는 검토 사항은 단연 재구매율일 것이다. 고가의 내구재는 지양해야 하며, 매달 꾸준히 믿고 구매해서 쓸 수 있는 생필품이어야 한다. 이 제품은 단순한 기호식품을 넘어 반드시 일상에 필요한 보편적인 것이어야 하며, 이 제품을 통해 우리의 삶을 풍요롭게 해주고 건강한 라이프스타일을 지속할 수 있으면 더욱 좋을 것이다. 마지막으로 '보상제도'에는 회사가 제시하는 플랜이 갖는 합리성과 공평성, 국제적 보상 등이 포함될 수 있다.

그런데 신기한 것은 이러한 네트워크 마케팅의 주요 가치들이 SNS에 그대로 대입해도 되는 가치들이라는 점이다. 무엇보다 소셜 네트워크는 페이지 운영자의 철학과 도덕성, 화두의 적절성이 담보되어야 한다. 단순한 흥미 위주의 콘텐츠나 사실과 어긋나는 부정확하고 부정직한 내용은 단기적으로 화제가 되면서 '좋아요'를 많이 얻을 수 있을지 모르지만, 장기적으로 구독자 하락과 탈퇴를 야기하는 주요인으로 작용하게 된다. 또한 바람직한 SNS는 구독자에게 정서적 유대감과 지식에 대한 욕구를 충족시켜주는 부분에서 단단한 시청자층을 만들어갈 수 있다. 이러한 부분에서 네트워크 마케팅이 SNS홍보와 어떠한 교집합이 있고, 네트워크 확장에 어떠한 긍정적인 효과를 줄 수 있는지 살펴보기로 한다. 블로그, 페이스북, 유튜브 등 SNS 홍보 기술을 이용하여 네트워크 회사, 제품, 보상플랜 등을 소개하고, 네트워크를 확대하는 데 직간접적인 역할을 한다. 네트워크 회사의 제품 판매는 네트워크 사업자들이 오프라인으로 진행하게 된다.

블로그 활용한 네트워크 사업 홍보

네트워크 마케팅을 진지하게 고민하는 사업자라면 아마도 블로그의 위력을 한 번쯤 경험해보았을 것이다. 블로그는 네트워크 마케팅에 대해 더 많이 알고 싶어 하는 불특정다수에게 제품과 사업에 대한 유용한 정보를 제공하고 자기 브랜드의 인지도를 높이는 데 혁혁한 성과를 내고 있다. 만약 블로그를 비즈니스에 활용하는 것을 한 번도 고려해본 적이 없다면, 우선 아무 정보나 간단한 글에 태그를 걸어 포스팅해보라. 그것이 자신의 네트워크를 확장하는 데 얼마나 큰 영향을 미칠 수 있는지 금방 알게 될 것이다. 일단 내 블로그에 방문한 사람들이 내가 취급하는 제품이나 사업에 관심이 있다는 사실은 부인할 수 없다. 만약 블로그를 가지고 있지만 독자나 방문자가 생각만큼 늘지 않는다면, 아래의 여섯 가지 원칙을 명심하라.

1) 지금 바로 시작하라(Just Do It)

늦었다고 생각할 때가 가장 이른 때다. 나이키의 캐치프레이즈처럼 그저 시작하는 것이다. 동일한 주제의 블로그들이 수도 없이 포진해 있는 상황을 보며 레드오션이라고 겁부터 먹는다면 블로그 마케팅을 시작할 수 없을 것이다. 모든 블로그가 다 성공하는 것도 아니므로 시간이 지나면 자연스럽게 콘텐츠에 따라 옥석이 가려지게 된다. 따라서 미리 겁먹지 말고 지금 당장 블로그를 시작하는 것이 가장 중요하다.

2) 시작했다면 꾸준히 하라(Keep It Steady)

블로그 마케팅을 한마디 문장으로 요약하면 "서두르지 않되 늦지 않게"다. 시작하는 것만큼이나 꾸준히 하는 것이 중요하다는 말이다. 블로그 마케팅에 다른 특별한 노하우가 있거나 남들이 모르는 성공 비결이 존재하는 게 아니다. 매일 적어도 1개 이상의 포스팅을 한다. 아무리 늦어도 3개월쯤 지나면 반드시 효과가 나타나기 시작할 것이다. 통계를 보면, 첫 3개월 안에 블로그를 그만두는 비율이 85%가 넘는다. 이 기간만 넘긴다고 생각하고 천천히 그리고 꾸준히 글을 올려야 한다.

3) 주제를 좁혀라(Narrow the Theme)

블로그 홍수 시대에 정확도와 신뢰도는 블로그가 가질 수 있는 가장 중요한 자산이다. 당장의 매출 욕심 때문에 쓸데없이 문어발식으로 여러 주제에 접근하지 말라. 하나의 포스팅에 하나의 주제를 넣는 것이 블로그의 정확도와 신뢰도, 전문성을 높일 수 있는 비결이다. 무엇보다 제목과 본문 내용, 태그가 모두 하나로 일치해야 한다. 주제가 산만하거나 제목과 내용이 다르면, 사람들은 낚였다고 느끼고 대번 블로그 방문을 중단할 것이다. 한두 번 대중을 속일 수는 있지만, 롱런하는 블로그 마케팅을 위해서는 반드시 자신의 주제를 좁혀야 한다. '이 주제만큼은 내가 전문가다'라는 느낌을 심어줘야 한다.

4) 진정성 있게 접근하라(Be Honest)

블로그 마케팅은 공감을 바탕으로 성장한다. 아무리 화려한 수식어를 나열해도 내용에서 진정성이 느껴지지 않는다면, 사람들은 당신의 블로그를 외면할 것이다. 주장을 전달할 때는 정확한 자료와 수치, 통계, 근거가 등장해야 하고, 모르는 내용에 대해 안다고 속이는 일이 없어야 한다. 댓글마다 답글을 달아서 진정성을 보여주는 것이 중요하다. 일례로, 스폰서를 받은 제품은 당당하게 밝히는 것이 좋다. 이런 신뢰가 쌓여서 블로그에 진정성이 생길 수 있다.

5) 제목은 노출도를 고려하라(Expose the Title)

블로그의 생명은 노출에 있다. 제목은 노출도를 고려하여 정직하면서도 유쾌하게 작성하는 것이 좋다. 쓸데없이 장황하게 짓거나 멋있게 쓰려다가 괜히 힘이 들어가는 제목은 사람들에게 외면받기 십상이다. 중요한 주제를 간결하면서도 정확한 용어로 두드러지게 표현한 제목, 사람들의 뇌리에 잊히지 않고 오래 기억될 수 있는 제목을 지어야 한다.

6) 전략적인 키워드를 활용하라(Use Key-words Properly)

블로그 마케팅은 검색을 통해 잠재고객에게 노출되므로 키워드의 성패는 노출도에 달려 있다고 봐도 무방하다. 키워드를 중복하거나 글마다 똑같은 키워드를 주렁주렁 다는 것은 바람직하지 않다. 제목에 지나치게 키워드가 많이 나열되어 있으면 스팸으로 여겨질 우려가 있고, 목록에 올라 있는 글에 똑같은 키워드를 다는 것 역시 너무 상업적으로 보여 좋은 방법이 아니다. 무엇보다 본문 내용과 아무 상관없는 낚시성 키워드는 사용하지 않는 것이 좋다. 고객이 키워드에 속아 한두 번 방문할 수는 있지만, 장기적으로는 홍보에 전혀 도움이 되지 않기 때문이다. 그리고 키워드를 작성할 때 오타를 활용하는 것도 좋은 방법이다. 외래어는 오타로 검색하는 경우가 많은데, 예를 들어 콘텐츠는 '컨텐츠', '컨텐트', '콘텐트' 등 다양한 키워드로 검색될 수 있는 대표적인 단어다.

페이스북과 인스타그램 활용한 네트워크 사업 홍보

네트워크 마케팅 비즈니스를 시작하려고 진지하게 고민하고 있다면, SNS 홍보에 눈을 돌리는 것을 추천하고 싶다. 비용 대비 효과가 엄청나기 때문이다. 이메일이나 블로그, 소셜 미디어, 유튜브가 실제 잠재고객을 만나 대면 접촉하는 과정을 뛰어넘을 수는 없겠지만, 이러한 디지털 도구들이 오프라인 만남을 더욱 효과적으로 만들어줄 수는 있다. 이 중에 특히 SNS는 불특정다수에게 자신의 네트워크를 빠르게 소개할 수 있는 매우 스마트한 방법이다. 네트워커들 사이에서 SNS를 소셜 네트워크 서비스가 아니라 자신의 비즈니스를 키워주는 '스마트 네트워크 시스템smart network system'이라고 부르는 데는 다 그만한 이유가 있다.

"SNS는 비즈니스를 키우는 스마트 네트워크 시스템이다"

이는 어쩌면 전통적인 네트워크 마케팅에서 강조하는 콜드 콘택트cold contact를 닮았다. 명단이 말랐을 때, 새로운 후원자가 등장하지 않을 때, 보통 네트워커들은 콜드 콘택트를 한다. 콜드 콘택트는 자신의 인맥에 있지 않은, 일면식도 없는 사람과 접촉하는 작업을 말한다. 만약 네트워커가 자신의 네트워크에 접근성을 향상시키고 네트워크를 새로운 방향으로 확장하고 싶다면, SNS를 콜트 콘택트의 장으로 적극 활용해야 한다. SNS는 이제 선택이 아니라 필수가

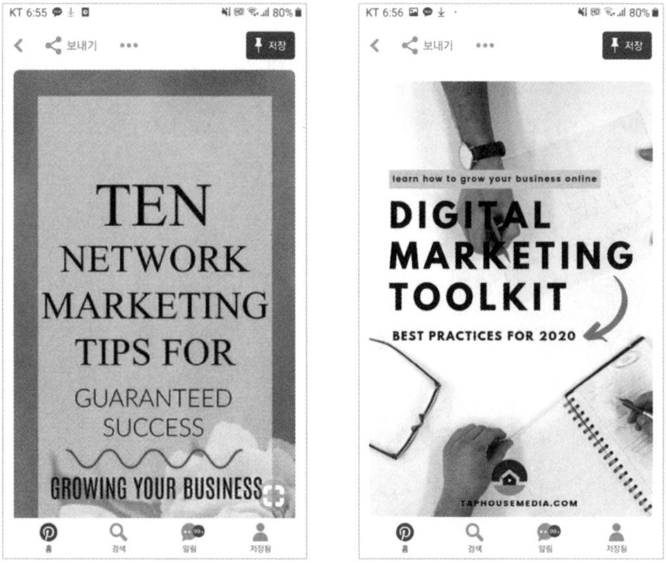

핀터레스트를 이용한 네트워크 마케팅 교육

(출처: pinterest.com)

되었다. 네트워크 마케팅은 상품이 자유롭게 흘러갈 네트워크를 구축하고 네트워크에 속한 사람들을 연결하는 강력한 충성도를 유지하는 사업이다. 네트워크 마케팅은 네트워크가 원활하게 성장하고 확장하면서 시간과 돈으로부터 자유로워지는 비즈니스다. 페이스북이나 인스타그램에 한 번의 포스팅으로 시간과 돈을 거의 들이지 않고 자신의 네트워크를 일면식도 없는 대중에게 홍보할 수 있다면 이보다 더 강력한 마케팅 도구는 따로 없을 것이다.

반면 인스타그램은 라이프스타일 포스트, 동기부여, 영감을 주는 포스트는 물론 제품 포스트를 만들 수 있는 사진 플랫폼이다. 올바르게 사용되면, 다른 사람들에게 당신의 네트워크 마케팅 사업이 무엇을 하고 있는지 그리고 당신의 제품이 당신과 다른 사람들에게 어떻게 도움을 주었는지를 보여주면서 당신의 사업을 성장시키는 데 도움을 줄 수 있다. 온라인을 통해 네트워크를 펼치면 항상 새로운 잠재고객과 접촉할 수 있게 된다. 기존 고객이든 새로운 고객이든, 단순 제품에 대한 관심이든 새로운 부업이나 비즈니스에 대한 흥미든 간에 네트워크에 새로운 피가 수혈될 가능성이 더 커진다.

인스타그램에 메시지를 작성하는 방법은 매우 간단하다. 최대 160자를 가지고 자신의 네트워크를 매력적으로 홍보할 수 있다. 짧은 메시지를 쓰는 것은 길고 장황한 소셜 미디어 포스트나 블로그 텍스트, 상세한 이메일을 쓰는 것보다 훨씬 빠르고 쉽다. 내용은 다양하다. 향후 계획된 행사, 신제품 프로모션, 특별 마케팅 제안, 제품 브로셔, 사업 소개 등에 대한 콘텐츠를 담아낼 수 있다. 요령은 짧고 달콤하게 쓰되 자신의 네트워크가 제공할 수 있는 비전과 가치를 빼놓지 않는 것이다. 또 하나, 포스팅에 링크를 걸어놓는 것을 잊지 말아야 한다. 링크는 포스팅이 제공하는 정보와 실제 사업 플랜 사이를 연결하는 가교와 같다. 따로 연락처를 남겨둘 필요가 없다. 자칫 연락처는 상대방에게 포스팅된 콘텐츠가 광고성 홍보글이라는 인식을 줄 수 있기 때문이다. 차라리 말미에 링크를 걸어두라.

유튜브 활용한 네트워크 사업 홍보

유튜브는 텍스트나 기존 사진 위주의 플랫폼이 제공하지 못하는 영상 소스를 가지고 있어 최근 네트워크 비즈니스에서 각광받고 있다. 사람들이 유튜브에서 네트워크 마케팅과 관련하여 사용하는 키워드 중 일부를 유튜브에서 쉽게 검색할 수 있도록 태그를 걸어두므로 관심 있는 많은 사람들이 유입될 수 있다. 유튜브에서 가장 성

네트워커의 동기부여 사업설명회 강연이나 랠리 영상을 올려서 사업에 대해 소개할 수 있다.
(출처: youtube.com)

공적인 비디오는 이른바 'How To Video'다. 무슨 말을 해야 할지 모르더라도 걱정하지 마라. 같은 내용을 만들어낸 다른 사람들의 영상들을 참고해서 그 내용을 자신의 상황에 맞게 고쳐서 만들면 된다. 콘텐츠를 만든 후에는 유튜브에 추천 링크를 포함시켜 당신이 추천한 모든 제품에 대한 홍보 효과를 극대화할 수 있다.

특히 최근에는 유튜브를 통한 교육 영상들이 많아졌다. 다음 장에서 자세히 설명하겠지만, 네트워크 비즈니스는 교육 사업이다. 단순한 랠리, 컨벤션뿐 아니라 교육 영상을 채널에 꾸준히 올리면 좀 더 용이하게 네트워크를 관리할 수 있다. 단순한 텍스트나 사진보다 영상이 가진 파급력은 훨씬 크다.

10장
네트워크 마케팅 성공전략
지상 최후의 성공 사다리

Amor fati

네 운명을 사랑하라.

– 프리드리히 니체 –

헝가리 수학자인 폴 에르되스Paul Erdös와 알프레드 레니Alfréd Réney는 이른바 무작위 네트워크 이론random network theory을 제시했다. 이 이론은 네트워크 내에 존재하는 각각의 점이 위치에 관계없이 무작위로 동일한 확률로 서로 연결된다는 것이다. 거리는 아무런 상관이 없다. 먼 거리를 연결하는 몇몇의 무작위적 연결선 덕분에 떨어져 있어도 가까이 연결될 수 있다. 네트워크가 치밀한 계산과 설계에 의해 디자인된 결과물이 아니라 아무 점이나 쓱쓱 연결한 것 같은 구조를 띠고 있다는 것이다.

그러면서 이들은 칵테일파티의 예를 들었다. 서로 전혀 알지 못하는 손님 100명이 한 파티장에 모였다. 집주인만 각자를 알고 있을 뿐 초대된 손님들은 서로를 처음 만난 것이다. 파티의 호스트는 파티 중앙에 놓인 와인이 구하기 어려운 최고급 와인이라는 정보를 가까이에 있는 2~3명의 사람에게만 귀띔해준다. 주인 입장에서는 서

무작위로 형성된 네트워크에서 소문은 어떻게 퍼져나갈까?
(출처: pixabay.com)

로 전혀 모르는 사이여서 자신이 속삭인 이야기를 파티가 끝날 때까지 100명 모두가 전해 듣지는 못할 것이라고 생각했다. 하지만 예상은 보기 좋게 빗나갔다. 놀랍게도 파티가 끝날 때쯤 주인이 흘린 최고급 포도주에 대한 정보는 파티에 모인 거의 모든 손님에게 전해졌고, 그들은 서로 와인을 맛보고 싶어 주인에게 닦달을 했다는 것이다.

에르되스와 레니는 그 이유를 이렇게 설명했다. 처음에는 손님들이 각각 떨어져 있지만, 시간이 흐르면서 서로 모르는 이들끼리 무작위로 연결되면서 이야기를 나누기 시작한다. 그 모임은 바로 해체되고 낯선 사람들과 금세 또 다른 모임이 무작위로 만들어진다. 이런 과정을 몇 번 반복하다 보면 파티에 참석한 모든 사람이 적어도 한 번 이상 서로 만날 기회를 얻게 된다. 자세히 알지는 못해도 통성명을 하며 연결된 네트워크는 최고급 와인에 대한 정보를 전달할 만큼 충분히 견고하게 유지되었다. 그들의 이론은 입소문 마케팅이나 SNS 마케팅에서 활용되는 네트워크 구조뿐 아니라 네트워크 마케팅에서 찾아볼 수 있는 네트워크 조직을 설명하는 데 매우 유용한 도구가 된다.

이 장에서는 무작위로 퍼지는 네트워크 구조의 구체적인 성격과 이를 이용한 네트워크 마케팅의 원리를 다각도로 살펴보고자 한다.

네트워크 마케팅을 하면 건강하고 예뻐지는 이유

옛말에 "사랑하면 예뻐진다"라는 말이 있다. 언제부터인가 네트워크 마케팅을 하는 이들이 사업을 진행하면서 점점 예뻐지고 건강해진다는 이야기를 듣게 된다. 그들이 누군가를 사랑하고 있기 때문일까? 네트워크 마케팅이 취급하고 있는 제품들이 대부분 건강보조식품과 화장품이기 때문이다. 21세기 건강-뷰티 산업의 가치는 네트워크 마케팅의 가장 중요한 성장 동력이 된다. 잘 먹고 잘 사는 법이 이 시대에 화두로 떠오르면서 웰빙wellbeing 혹은 웰니스wellness의 의미를 다시 고찰할 필요가 생겼다.

전 세계 건강 관련 산업은 2018년 한 해에만 4조 5천억 달러 규모의 시장이었다. 이 산업은 2015년부터 3년간 3조 7천억 달러에서 4조 2천억 달러로 연평균 6.4%씩 성장해 국제통화기금이 밝힌 세계

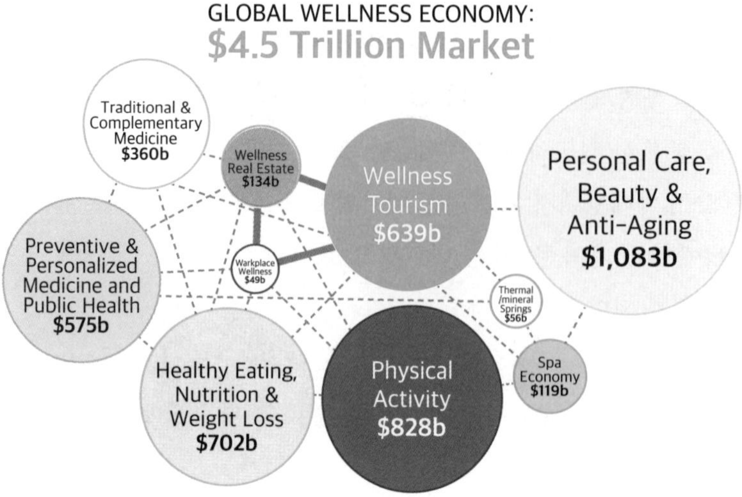

네트워크 마케팅의 중요한 성장 동력인 글로벌 건강(웰니스)산업의 시장 규모
(출처: globalwellnessinstitute.org)

경제성장률 기준 연 3.6%에 육박했다. 이 수준은 세계 경제 생산량의 5.3%를 차지하는 어마어마한 비율이었다. 게다가 WHO의 통계에 따르면, 건강 관련 산업에서 이루어진 지출은 전 세계 의료보건 분야 지출의 절반을 상회하는 수준이다. 앞으로 네트워크 마케터들은 건강산업을 주도하는 세력으로 부상할 것이다.

오늘날 전 세계 뷰티산업의 규모는 5,320억 달러로, 한화로 환산하면 656조 원에 해당하는 크기의 산업이다. 이 산업은 2018년부터 2023년까지 연평균 7.14%의 복합성장률CAGR로 성장할 전망이며, 향후 2023년에는 약 8,050억 달러의 시장으로 성장할 전망이다. 2009년 세계 금융위기 때에도 여러 산업 중에서 타격을 가장 적게 받은 분야 중 하나이기도 하다. 전체 뷰티산업의 60% 정도를 차지하는 스킨케어 분야는 2018년 현재 1,350억 달러를 기록하고 있는데, 앞으로 이 규모는 훨씬 늘어날 것이다. 특히 한국 스킨케어 제품이 전 세계적으로 큰 인기를 누리고 있는데, CNN에 따르면, 전 세계 매출의 절반 정도가 '메이드인코리아'라고 한다. 여기에는 BTS와 한류의 영향이 크다고 하겠다. 화장품과 뷰티 제품의 성장뿐 아니라 뷰티산업을 지탱하는 인력 풀 자체가 늘 것이다. 2024년까지 이발사나 미용사, 스타일리스트, 메이크업 전문가 등 뷰티 서비스업 종사자는 10%, 마사지치료사는 22% 가까이 늘어날 것으로 보인다. 이들의 수입 역시 현재보다 10~15% 정도 상승할 전망이다.

헬스케어는 전 세계에서 가장 높은 성장 산업 중 하나다. 생명과학과 생명공학, 제약산업, 의료보건서비스, 의료기기 등 여러 분야가 급성장 중이지만, 그중에서 건강식품 분야는 이러한 산업계의 성장을 주도하고 있다. 전 세계 건강산업의 규모는 2018년 8조 4,550억 달러였다. 세계인이 의료와 보건에 들인 의료비는 앞으로 2022년까지 거의 10조 달러에 이를 수 있다는 보고서가 있다. 이에 따르면, 미국은 1인당 1만 224달러로 세계에서 가장 많은 의료비를 지출하고 있으며, 이 수치는 다른 나라들의 의료비 지출의 거의 2배를 차지하는 규모라고 한다. 왜 전 세계 최고의 네트워크 마케팅 업체들이 대부분 건강보조식품과 화장품을 유통하는지 그 이유를 알 수 있는 대목이다.

로버트 알렌은 『머니 트리 키우기』에서 마케팅의 황금산으로 네트워크 마케팅을 소개한다. 그는 헬스-뷰티산업의 가치를 네트워크 마케팅 업체가 일찍이 인식하고 있었으며, 앞으로 이 산업의 전망은 더 밝다고 말한다. "반복적 소득을 올리기 위해서는 반복적 재주문이 쉽게 이루어지는 제품을 선택해야 한다. 이런 이유 때문에 나는 건강보조식품을 선택했다. 인생의 가장 중요한 가치 중의 하나인 건강의 차이를 쉽게 느낄 수 있으므로 재주문하는 빈도가 높은 것이다."[1]

네트워크 마케팅은 시간 부자가 되는 사업이다

기업가이자 『부자 아빠 가난한 아빠』로 유명한 베스트셀러 작가인 로버트 기요사키Robert Kiyosaki는 자본주의 사회에서 부자의 마인드를 가져야 재정적 성공을 이룰 수 있다고 말한다. 그는 특히 '현금 흐름cash flow'에 관심을 가질 것을 요구한다. 가난한 사람들의 현금 흐름은 수입이 지출로 모두 빠져나가서 자산을 만들 여력이 없다. 중산층의 현금 흐름 역시 수입으로 부채를 충당하고 그다음 지출로 모두 나가므로 평생 노예처럼 일해야 먹고 살 수 있다. 오로지 부자만이 현금 흐름을 정확하게 알고 있으며, 자산과 부채를 구분할 줄 알고, 현실과 미래의 가치를 이해하고 있다. 그들의 현금 흐름은 자산에서 수입이 발생하므로 빚에 허덕이지 않을 수 있고, 진정으로 시간과 돈으로부터 자유를 얻을 수 있다. 그는 현금 흐름의 이해를 돕기 위해 현금 흐름 4분면을 제시한다.

여기서 기요사키는 B분면을 주목한다. 내가 없어도 되는 사업, 소유자는 나이지만 관리나 운영은 다른 사람이 하고 있는 사업체를 가진 사람, 그래서 시간과 돈에서 자유를 누리는 사람, 이런 사람을

1 로버트 알렌(2001), 『머니 트리 키우기』, 이종인 역, 가야넷, 291쪽.

E Employee • 직장인 • 레버리지 無: 시간과 돈을 맞바꾸는 일 • 5%의 부	B Business Owner • 기업가 • 레버리지 有: 시스템이 돈을 버는 일 • 95%의 부
S Self-employed • 자영업자 • 레버리지 無: 시간과 돈을 맞바꾸는 일 • 95%의 사람	I Investor • 투자자 • 레버리지 有: 돈이 돈을 버는 일 • 5%의 사람

로버트 기요사키의 현금 흐름 4사분면

기요사키는 business owner, 즉 '기업가'라고 부른다. 만약 내가 직접 출근해서 일해야 한다면, 그것은 사업이 아니라 직업이다. 내가 특정 시간, 특정 공간에 묶여 있어야 한다면 그것은 기업가가 아니라 자영업자에 불과하다. B분면에는 인세 수입이나 기타 가치를 창출하는 자산을 가진 사람도 포함될 수 있는데, 요즘 한창 핫한 BTS처럼 음원을 통해 저작권 수입을 벌어들이는 가수, 봉준호처럼 영화를 만들어 수입을 벌어들이는 감독, 조정래처럼 글이나 원고를 써서 인세를 벌어들이는 작가, 특허나 지적재산권에서 비롯되는 로열티를 가진 사람들도 시간과 돈에서 자유로운 수입이 보장되어 있다. 이밖에 시장에서 지속적인 가치를 지니고 있거나 꾸준한 소득을 창출할 수 있는 기술, 시장성을 지닌 지식이나 기타 권리 등도 여기에 속할 수 있다.

또한 기업가와 유사한 속성의 수입을 올리는 분야에는 I분면이 있는데, investor, 즉 투자자다. 주식이나 채권, 국채, 증권, 혹은 수입을 창출하는 부동산, 어음이나 차용증, 펀드, 기타 자산운용 투자 대상에 자금을 넣어둔 사람이다. 기요사키는 절대다수의 사람들이 자산과 부채, 현금 흐름의 원리를 이해하지 못해 평생 E분면에서 S분면 사이를 왔다 갔다 한다고 지적한다. 그는 진정한 재정 자유를 얻기 위해 E와 S분면의 함정에서 빨리 벗어나라고 조언한다. "그래서 나는 먼저 B에 자리를 잡은 후 그다음에 I분면의 영역으로 향하라고 충고한다. 사업과 관련된 문제를 해결하는 데 능숙해지면 풍족한 현금 흐름을 얻게 되고, 사업과 관련된 지식은 당신을 더욱 똑똑한 투자자로 만들어줄 것이다."

"현금 흐름을 알아야 돈의 함정에서 벗어날 수 있다"

그런데 기업을 일으킬 수 없는 일반인, 유산을 물려받거나 수익을 통해 일정한 자산을 축적하지 못한 평범한 소시민이 E나 S분면에서 B분면으로 이동할 수 있는 방법의 하나가 바로 네트워크 마케팅 사업이다. 네트워크 마케팅은 시간과 함께 돈, 그리고 친구까지 모두 얻을 수 있는 매력적인 사업이다. 네트워크를 구축할 때 몇 년 동안 남들보다 더 많은 시간과 돈이 소요될 수 있으나, 일단 정기적으로 적정 수입이 꾸준히 흘러 들어오는 파이프라인을 건설하면, 그다음부터 네트워크가 불어나는 것은 시간문제다. 튼튼한 자생력을 지닌 살아있는 네트워크는 예상할 수 없는 속도로 무작위로 뻗어나가며 새로운 인원과 노드를 가입시키게 된다. 성장하는 네트워크를 가진 사람은 더 이상 시간과 돈을 맞바꾸는 함정에서 허우적거릴 필요가 없으며 진정으로 인세 같은 무한 잉여수익을 얻게 된다. 그것도 평생, 심지어 자녀에게 유산으로 물려줄 수 있는 수익의 파이프라인을 손에 넣은 셈이다.

사람들은 시간과 돈의 유무에 따라 다음의 4개 영역 중 하나에 속할 수밖에 없다. 시간과 돈이 없는 사람이 오늘날 대부분의 현대인일 것이라고 생각한다. 회사를 다니는 직장인, 자그마한 업체를 운영하는 사장, 자영업을 경영하는 소상공인, 주부나 학생 등이 여기에 속한다. 반면 시간은 많으나 돈이 없는 사람이 있다. 아마 백수가 여기에 속할 것이다. 그다음으로 시간은 없는데 돈은 있는 사람이 있다. 아마 독자들 중에는 이런 사람만 되어도 좋겠다고 생각할 것이다. 의사나 변호사 같은 전문직 종사자, 큰 규모의 사업장을 일으킨 사장이 여기에 속한다. 하지만 진정한 경제적 자유는 시간과 돈을 함께 가지고 있는 사람이다. 이들은 자신이 꼭 일을 하지 않을 때라도 자신에게 돈을 벌어다주는 시스템이나 권리, 자산, 특허, 인세 따위를 갖고 있다. 네트워크 마케팅 사업자 역시 잠재적으로 여기에 속한다.

밥 샤프Bob Sharpe는 이렇게 말했다. "어떤 사람들은 시간은 많은데 돈이 없다. 이건 그들이 열심히 일하지 않았기 때문이다. 어떤 사람들은 돈은 많은데 시간이 없다. 이건 그들이 스마트하게 일하지 않았기 때문이다. 정말로 성공한 사람들은 이 두 가지를 다 가지고 있다." 네트워크 마케팅은 이러한 시간과 돈의 자유를 추구하는 비즈니스다. 진정한 현실점검이 이 사업의 가치를 이해할 수 있는 가장 빠른 길이다. 본인이 이 비즈니스를 이해할 때 현실점검의 바탕 위에 비전을 추구하면 훨씬 빠르게 트랙에 올라설 수 있다. 새로운 사업

시간╳ 돈╳ • 시간과 돈이 모두 없는 사람 • 시간과 돈을 맞바꾸는 사람 • 직장인, 자영업자, 주부, 학생	시간╳ 돈○ • 시간은 없지만 돈은 있는 사람 • 시간을 얻기 위해 돈을 쓰려는 사람 • 전문직 종사자, 사업가
시간○ 돈╳ • 시간은 많지만 돈이 없는 사람 • 돈을 얻기 위해 시간을 쓰려는 사람 • 백수	시간○ 돈○ • 시간과 돈이 모두 많은 사람 • 시간과 돈에서 완전히 자유로운 사람 • 자산가, 투자자, 네트워크 마케터

직업에 따른 시간과 돈의 관계도

자를 리크루팅할 때도 단도직입적으로 들어가기보다는 현실점검을 먼저 한 후에 비전을 보여주는 것이 바람직하다. 이러한 얼음 깨기break the ice에는 기초적인 방향이 존재한다. 바로 폼FORM이다. 형태를 뜻하는 폼은 네 가지 키워드의 이니셜을 합친 두문자어다.

아인슈타인은 "문제를 발생시켰던 과거와 똑같은 방식으로 접근해서는 지금 그 문제를 절대 해결할 수 없다"라고 말했다. 문제 해결의 원칙은 이전과 다른 방식의 접근이 요청된다. 수년 전 국내에도 소개되어 선풍적인 인기를 끌었던 베스트셀러 『부의 추월차선』에서는 이렇게 말한다. "당신은 자유를 사기 위해 자유를 팔고 있다. 직장에서 돈을 벌려면 반드시 시간을 내줘야 하며, 5 대 2 거래라는 끔찍한 굴레를 벗어나지 못한다. 여기서 '시간'이라는 단어를 '인생'으로 바꿔보자. 직장에서는 돈을 벌기 위해 인생을 판다. 일을 하면 돈을

FORM		
	Family	: 가족과 관련된 질문, "가족들은 잘 있어?"
	Occupation	: 직업과 관련된 질문, "직장은 요즘 어때?"
	Recreation	: 여가와 관련된 질문, "휴가는 어디로 갔어?"
	Message	: 메시지, MOT, "이 사업은 말이야…"

FORM의 4단계

벌지만, 일하지 않으면 돈을 못 번다. 누가 이런 거머리 같은 공식을 만든 것일까?"[2]

20대 때 운전사로 살았던 저자 드마코MJ Demarco는 어느 날 대오각성하며 사회가 자신에게 기대하고 요구하는 길에서 벗어나기로 마음먹었다. 모두가 바라는 부에 대중이 걸어가는 기존의 포장된 길로 들어서서는 도달할 수 없다. 과감히 각본으로 짜인 상식에서 벗어나 남들이 가지 않는 길로 들어서야 한다. 오로지 사업 시스템을 만들어 얻어지는 수익으로 시스템에 재투자하고, 그 나머지로 자신의 소비를 뒷받침하며, 모아둔 부를 통해 얻는 소극적 소득으로 자신의 소비 수준을 감당할 수 있게 하면서 점차 시간과 돈의 빚에서 자유로운 삶을 살 수 있다. 이 길을 실천하기로 결심한 저자 드마코는 리무진 예약 및 대행서비스를 제공하는 회사를 차려 30대에 억만장자의 반열에 올라섰다.

2 엠제이 드마코(2013), 『부의 추월차선』, 신소영 역, 토트, 100쪽.

STOP	Stop	: 일단 가던 길을 멈추어야 한다.
	Think	: 왜 일을 하고 있는지, 왜 바쁜지 깊이 생각하라.
	Observe	: 성공한 사람은 어떤 길을 가고 있는지 면밀히 관찰하라.
	Proceed	: 성공의 길을 향해 나아가라.

STOP의 4단계

'네트워크 마케팅'이라는 부의 추월차선에 올라서려면 우선 멈추어야 한다. 스톱STOP은 인생에서 패배나 정체, 성공의 지연을 의미하지 않으며 자신이 가고 있는 현재의 길이 옳은지, 방향은 맞는지, 속도는 적당한지 되돌아보는 기회다. 멈춘다는 것은 생각한다는 것이며, 생각한다는 것은 궁리한다는 것이며, 궁리한다는 것은 새로운 추월차선을 찾는다는 것을 의미한다. 네트워크 마케팅 성공자들이 말하는 부의 추월차선에는 어떠한 것들이 있을까?

네트워크 마케팅은 교육 사업이다

흔히 네트워크 마케팅을 '교육 사업'이라고 부른다. 네트워크 마케팅에서 이루어지는 교육은 단순한 지식의 전달transfer이 아닌 복제duplicate에 방점을 찍는다. 나로 인해 만들어진 그룹이 나와 똑같은 방향과 방식으로 사업에 임하도록 만드는 것이다. 그래서 버크 헤지스는 이 사업을 두고 '카피캣 마케팅copycat marketing'이라고 불렀다. '카피캣'은 누군가를 모방하기 좋아하는 사람을 부르는 별칭이다. 헤지스는 "우리는 누구나 모방과 시간을 통해 레버리지를 이용할 수 있다. 한 달에 1명의 사업자를 복제한다면 1년 뒤에는 총 4,096명의 사업자가 생기게 된다. 그저 제품이나 서비스를 전달하는 일에 노력을 집중할 필요가 없다. 그 대신 새롭게 이 사업에 참여한 사람이 효과적으로 성공 시스템을 모방하도록 가르치고 이끌어주는 데 집중하는 것이다. 이렇게 모방된 시스템에 의해 구축된 네트워크를 통해 생긴 매출의 3~28%의 커미션을 받게 된다면 매달 1,500만 원에서 2,500만 원가량의 커미션을 받게 된다. 실제 이 시스템은 지난 50년간 있었던 마케팅 중 가장 효과적인 유통 시스템으로 평가받고 있다"라고 말한다.

"지식의 전달이 아닌 시스템의 복제"

교육의 종류

사업자들은 교육 시스템에 참여하는 것을 '플러그인plug-in'이라고 표현한다. 마치 사업자들의 교육이 전기제품의 코드를 콘센트에 꽂는 것과 같기 때문이다. 아무리 고성능 제품이라 하더라도 전기를 꽂지 않으면 아무 짝에도 쓸모없게 된다. 아무리 뛰어난 사업자, 비전으로 충만한 네트워커라 하더라도 교육에 접속하지 않으면 금세 시들해지고 만다. 여기서 다시 한번 네트워크의 진가가 발휘된다. 네트워크는 접속하는 자의 것이다. 네트워크 안에서는 전문가가 필요 없다. 사회적 지위나 재정 상황, 학력, 소득 따위는 네트워크에서 아무런 위력을 발휘하지 못한다. 오로지 시스템에 접속한 사람만이 네트워크를 타고 네트워크를 이용할 수 있다.

"플러그인, 네트워크에 접속하라"

그렇다면 시스템에서 어떤 교육이 이뤄질까? 네트워크 마케팅을 진행하는 사업자들에 대한 교육은 크게 세 가지로 나뉜다. 첫 번째는 제품에 대한 교육, 두 번째는 사업 방식과 보상플랜에 대한 교육, 세 번째는 동기부여 교육이다. 대부분의 교육은 네트워크 마케팅을 직접 하는 사업자들에 의해 이뤄진다. 간혹 본사 담당자나 교육직원이 나와 교육을 담당하는 경우도 있지만, 주로 네트워크 성공사업자들이 자체적으로 장소를 빌리고 교안을 짜서 프로그램을 운영한다. 교육 중에는 네트워크 마케팅을 소개하는 사업설명회처럼 비즈니스의 전반적인 프로토콜을 제시하는 것에서부터 성공한 사업자의 승급식이나 목표설정, 동기부여 및 경험담을 나누는 집회에 이르기까지 다양한 콘텐츠가 활용된다. 시스템에 접속한다는 말은 바로 이러한 교육 프로그램에 참여한다는 말과 같다. 개인적인 언변이나 실력으로 사업을 설명하는 데는 한계가 있을 수밖에 없다. 성공에 가까이 있는 사업자는 부지런히 시스템에 접속하는 이들이다.

어쨌거나 네트워크 마케팅의 핵심은 유통업이다. 따라서 자신이 유통시키는 물건이 어떠한 특성을 지니고 있는지 파악하는 것은 매우 중요한 첫 단추다. 제품교육은 본사 교육담당 부서의 직원이 맡는 경우도 있지만, 보통은 네트워크 마케팅을 진행하고 있는 사업자

네트워크 마케팅에서 이루어지는 세 가지 교육

제품교육	소비자와 사업자 모두를 대상으로 하는 교육 네트워크 마케팅 회사에서 취급하는 제품들의 사용방법, 특징, 데몬스트레이션, 프로모션, 판매 방식 등을 소개하고 직접 경험해볼 수 있는 교육이 열린다.
사업설명	주로 사업자를 대상으로 하는 교육 네트워크 마케팅의 원리와 보상플랜, 회사 소개, 사업자 윤리교육, 프로모션, 사업 소개, 질의응답 등으로 이루어진 사업자 교육이 열린다.
동기부여	사업자들의 열정과 동기를 줄 수 있는 행사 사업에 동기를 부여하고 성공 스토리, 성공 노하우를 듣는 자리인 동시에 직급핀을 달성한 사업자들을 축하하는 랠리도 함께 열린다.

들이 돌아가면서 담당한다. 교육 내용은 각 제품군의 구성, 개별 제품과 서비스의 특성, 제품의 특장점과 차별성, 구체적인 원료와 성분 등이 포함된다. 데몬스트레이션과 홈파티 시연이 이루어지는 경우도 있고, 직접 제품을 써본 소비자의 경험담이 이어지기도 한다. 화장품이면 얼마나 피부가 좋아졌는지, 다이어트 식품이면 체중은 얼마나 줄었는지, 건강보조식품이면 건강은 얼마나 좋아졌는지 등의 이야기를 나눈다. 사업자도 게을리 해서는 안 되는 교육이 제품교육이다. 제품이 있어야 사업도 있기 때문이다.

"제품교육이 네트워크 마케팅의 기본이다"

반면 사업설명회는 보통 네트워크 마케팅을 이해하는 데 필요한 기초적인 지식을 전달하고 구체적인 비즈니스 전략, 프로모션 방식, 현실적인 수입원 증대, 고객 확보 기법, 사업자 리크루팅 방법 등을 소개한다. 네트워크 마케팅은 20~30분 정도만 들으면 누구라도 이해할 수 있을 만큼 매우 간단하고 단순한 전략이지만, 대중매체나 외부에 공개적으로 노출되지 않아서 누군가에게 전해 듣지 않으면 절대로 알 수 없는 경우가 많다. 베스트셀러 작가인 돈 페일러Don Failla는 카페 테이블 위에 놓인 냅킨에다가 고작 45초 만에 네트워크 마케팅의 원리를 설명하는 '냅킨 프레젠테이션'을 개발하기도 했다. 좀 더 전문적인 단계의 사업자들을 위한 교육에서는 고객 서비스 요령, 후원대상을 찾고 조직화해가는 방법, 체계적으로 네트워크를 짜는 방법 등을 가르친다. 많은 사업자들은 사업설명회에 참여하는 것을 시스템에 접속하는 것으로 표현한다. 각자도생으로 개인적인 능력치에 따라 성공하는 것이 아니라 성공을 불러오는 최적의 시스템에 접속하는 것만으로 사업을 진행할 수 있다.

동기부여를 위한 집회는 현실점검과 사업의 필요성을 강조하는 모임이다. 이 모임은 특히 사업을 오래 해온 사업자, 네트워크 마케팅으로 성공한 선배 사업자들의 강연을 듣는 미팅과 경제 전문가나 대학교수, 애널리스트, 네트워크 마케팅 전문가 같은 사람을 초빙해서 네트워크의 본질과 사업의 속성을 배우는 미팅으로 나뉜다. 특히 외국에서 저명한 강사가 초빙되거나 세계적으로 널리 알려진 네트워크 마케팅 사업자가 프로그램 메인 스키퍼로 오를 때는 연예인 콘서트처럼 티켓이 발매되기도 한다. 또한 한 달에 한 번 새로운 핀을 달성한 사업자들의 승급식이 함께 열리기도 한다. 자신의 스폰서나 파트너 사업자가 주인공일 때는 꽃다발을 안겨주기도 하며, 선물을 주기도 한다.

보상과 자유

네트워크 마케팅의 진정한 비전은 단순히 재정적인 안정이 아니라 시간으로부터의 자유, 그로 인해 얻어지는 선택의 자유, 인맥과 새로운 인간관계 확보에 있다. 재정의 안정을 얻더라도 시간의 자유와 친구를 동시에 얻는 것은 다른 분야에서 쉽게 찾을 수 있는 성공의 모습이 아니다. 네트워크 마케팅으로 이러한 성공을 거둘 수 있는 이유를 폴 제인 필저Paul Zane Pilzer는 '잉여소득residual income'이라고 말한다. "대부분의 사람들이 상당한 양의 부를 축적할 수 있는 유일한 방법은 잉여소득의 또 다른 표현인 '수동적 소득'을 얻는 것이다. 잉여소득은 소득을 창출하는 일을 마친 후에도 계속해서 발생하는 소득을 의미한다. 그러니까 소득을 위한 노동을 마친 이후에도 남아 있는 소득이다. 잉여소득 흐름을 만드는 방법은 일종의 재산을 만드는 것이다. 물적 재산이든 지적 재산이든, 최초의 노동이 완료된 후에도 오랫동안 매년 꾸준히 현금 흐름을 창출하는 재산을 만들어야 한다."[3]

『부의 추월차선』에서 저자 드마코는 가족family과 건강fitness, 자유freedom, 이 세 가지 가치야말로 진정한 부를 가져다주는 핵심이라고 말한다. 아무리 돈이 많아도 그 부를 함께 즐길 수 있는 가족과 친구들이 없다면 넘치는 재정과 성공, 은행 잔고가 무의미할 것이다.

---

3 폴 제인 필저(2013), 『다음 새로운 백만장자들』, 이승희 역, 유니크커뮤니케이션, 146쪽.

또한 건강하지 않다면, 게다가 쉬고 싶을 때 마음껏 쉴 수 있는 자유, 재정 상황과 비즈니스에 상관없이 당장 여행을 떠날 수 있는 선택의 자유가 주어지지 않는다면, 여전히 직장이라는 현대판 노예의 삶을 살고 있다고 말한다. 네트워크 마케팅은 아무런 배경과 지식, 능력이 없는 평범한 흙수저들에게 이 세 가지를 모두 가져다주는 거의 유일한 성공의 사다리다.

네트워크 마케팅은 함께하는 사업이다

네트워크는 원맨쇼가 펼쳐지는 무대가 아니다. 네트워크는 많은 배우가 함께 출연하는 장편 오페라와 같다. 네트워크 마케팅은 독주회가 아니다. 네트워크 마케팅은 오케스트라가 연주하는 협연의 장이다. 네트워크 마케팅은 혼자 달리는 철인3종경기가 아니라 함께 달리는 2인3각 경기다. 100m 달리기가 아니라 400m 이어달리기다. 네트워크 마케팅에서 세계적인 성공을 거둔 뛰어난 사업자들은 모두 팀워크teamwork를 강조한다. 나만 먼저 앞서가는 레이스가 아니라 함께 어깨동무하고 걸어가는 행진이다. "느리지만 꾸준하게 달리면 레이스에 승리한다Slow and steady wins the race"라는 영국 속담이 네트워크 마케팅에서만큼 들어맞는 분야가 따로 없다.

일찍이 아리스토텔레스는 인간을 두고 '폴리스적 존재'라고 말했다. 우리는 세상에 모두 혼자solo 태어났지만, 살아갈 때는 모두 함께together 살아가는 존재다. 고립된 인간은 어쩌면 더 이상 인간이 아닐지도 모른다. 지금 멈춰 스스로에게 자문해보라. '나는 지금 어떤 팀에 속해 있는가?', '나는 어떤 종류의 사람들과 사귀고 있는가?', '혹여 내 주위에는 매일같이 치맥에 고스톱 치는 친구들뿐인가?', '이번 주에 어떤 책을 읽고, 하루에 몇 시간 공부하는지는 안중에 없고 내 주위에 오로지 자신의 주량만 자랑하는 사람들뿐인가?', '그들 사이에서 나의 지위는 과연 어디인가?' 이런 물음을 자문해보라. 선뜻 부정할 수 없는 답안을 가지고 있다면, 과감하게 팀을 바꾸어야 한다. 팀TEAM은 같은 목표로 함께 뛰는 동료이자 인생의 도반이기 때문이다. 팀은 '모두 함께여서 더 많이 이루는 이들'을 일컫는다.

TEAM	Together	: 함께할 수 있는 사람들이 있는가?
	Everybody	: 혼자가 아닌 모두여서 행복한가?
	Achieve	: 이루어나갈 꿈과 목표가 있는가?
	More	: 함께여서 혼자일 때보다 더 많이 얻을 수 있는가?

TEAM의 새로운 의미

팀워크의 시작은 자기계발부터

"자신을 사랑하라Love yourself." 네트워크 마케팅에서 성공한 세계적으로 걸출한 많은 네트워커들이 공통적으로 하는 조언 중 하나가 바로 자신에 대한 사랑이다. 사실 이 세상에 자신을 사랑하지 않는 사람은 없을 것이다. 어떤 사람들은 '자신을 너무 사랑해서 문제가 일어나는 거 아니냐?'고 되묻고 싶을 것이다. 자기애自己愛야말로 인간을 비롯한 거개 모든 동물이 가진 가장 근본적인 본능이며, 이러한 자기보존의 욕구가 역사적으로 오랜 진화의 원동력이었다고 믿는다. 하지만 네트워커들이 말하는 자기애는 이러한 생물학적인 자기애나 나르시시즘narcissim적인 욕망과 조금 다른 것이다.

자기를 사랑한다는 것은 상대방을 사랑하는 감정의 근간을 이룬다. 예수는 일찍이 "네 이웃을 네 몸과 같이 사랑하라"(마태복음 22장 39절)라고 말했다. 여기서 중요한 것은 바로 '네 몸'이다. 네 몸은 단순히 바디body, 즉 육체만을 의미한다기보다 육체와 정신을 포괄하는 전인적인 개념으로서 자아self를 가리킨다. 즉, 예수의 말씀은 나를 먼저 전인적으로 사랑할 수 있는 사람이야말로 상대방도 사랑할 수 있다는 말이 된다. 나를 사랑하는 사람은 나에게 일어나지 않았으면 좋을 일을 상대에게도 하지 않는 사람이다. 예수는 이에 대해 이렇게 말한다. "무엇이든지 남에게 대접을 받고자 하는 대로 너희도 남을 대접하라."(마태복음 7장 12절) 이것을 서양에서는 흔히 '황금률golden rules'이라고 해서 인간관계의 토대로 삼는다. 나를 사랑하는 것은 이처럼 남의 복지와 안녕, 행복과 직접적 관계를 가지고 있다. 나를 사랑하는 것은 남을 사랑하는 것과 동일한 것이며, 나에게 하지 않는 일은 남에게도 하지 않는 것이다. 나에게 일어나는 불행은 남에게도 불행이며, 남에게 일어나는 행복은 나에게도 행복이다. 사돈이 땅을 사면 배가 아픈 것이 아니라 사돈이든 친구든 이웃이든 잘되는 것이 나의 안녕과 웰빙, 행복에도 직간접적으로 긍정적인 영향을 미친다는 사고방식이 네트워커들이 고수하는 성공의 원칙이다.

“팀워크는 자기계발에서부터”

게임의 원칙에는 크게 두 가지가 있다. 우승열패의 사고방식에서 나온 승자승 원칙, 흔히 “이긴 놈이 다 해쳐먹는다winners take it all”는 제로섬 게임zero-sum game, 그리고 공존과 공생이어야 하는 생태계 원칙, 상대가 이기는 것이 나도 이기는 것인 윈윈 게임win-win game이 그것이다. 누군가 이겼다는 것은 내가 졌다는 것을 의미하는 게임, 그 대표적인 세계가 바로 주식시장이다. 내가 전일장에서 벌었다는 것은 누군가가 잃었다는 것을 뜻한다. 내가 빼앗지 않으면 빼앗기는 정글의 법칙이 통용된다. 하지만 네트워크 마케팅은 윈윈 게임이다. 내가 이기는 것은 너의 승리가 있어야 가능하다. 네트워크 마케팅은 남을 성공시켜야 나도 성공할 수 있는 사업이다. 나의 성공은 남을 짓밟고 이기는 것이 아니라 남을 북돋우고 동기부여하며 존중하여 얻어내는 부산물이다. 적자생존의 원리가 지배하는 세계가 아니라 공존과 상생이 요구되는 세계다. 네트워크는 결국 우리가 서로

윈윈과 윈루즈의 차이점 비교

윈윈win-win	윈루즈win-lose
• 상생과 공존 • 시너지synergy 효과 • 협력의 법칙 • 이타심이 지배 • 호혜성reciprocity 중심 • 네트워크 마케팅 • 네트워커networker	• 우승열패, 승자독식 • 제로섬 게임zero-sum game • 정글의 법칙 • 이기심이 지배 • 경쟁력competence 중심 • 주식시장 • 독불장군maverick

남이 아니며, 경쟁의 원리가 난무하는 시대에 상생과 협력의 원리가 세워지는 비즈니스를 가르쳐준다.

네트워크 마케팅은 절대 혼자서 이룰 수 없는 매출을 함께 나누어 만들어가는 비즈니스다. 방문판매와 가장 큰 차이점이 바로 이것이다. 나 혼자서 절대 1천만 원의 매출을 만들 수 없다. 나로부터 발생한 네트워크의 모든 회원이 함께 십시일반 나누어 만들어가는 것이다. 네트워크 마케팅 비즈니스에 독불장군은 필요 없다.

팀워크의 리더십을 발휘하라

팀워크는 훌륭한 리더로부터 시작된다. 리더는 보스와 다르다. 리더는 솔선수범의 전형이지만, 보스는 상명하복의 전형이다. 리더는 먼저 희생하는 사람이다. 언젠가 어떤 사람이 과거 제2차 세계대전에서 그토록 오랫동안 그렇게 많은 사상자가 나올 수밖에 없었는지 한 군사 전문가에게 묻자, 그는 "너무 많은 장교들이 전선戰線에서 너무 멀리 떨어져 있었기 때문이다"라고 말했다는 일화를 읽은 기억이 난다. 작전 테이블에 앉아 마치 체스판에 졸을 옮기듯이 병력을 이리저리 배치하기만 했지 너무 많은 우두머리들이 직접 전쟁터 최전선에 나서지 않았다는 것은 보스의 전형을 보여주는 사례다.

리더는 팀에서 창의성을 발휘하고, 먼저 시도하며, 여러 가능성을 실험하고, 새로운 정보에 귀 기울이며, 끊임없이 변혁을 꿈꾸는 사람이다. 네트워크를 이끈다는 것은 LEAD라는 두문자어에서 그 특성이 잘 드러난다. 가장 먼저 상대방의 말을 잘 듣는 것이다. 남의 말을 잘 듣는 사람good listener이 좋은 리더good leader가 된다. 그리고 상대방을 존중하는 것이다. 하위 라인 사업자라 해도 그를 존중

LEAD	Listen	: 상대방의 말을 경청하라.
	Esteem	: 상대방을 존중하라.
	Agree	: 상대방의 의견에 동의하라.
	Decide	: 의사결정을 하라.

하고 존경하는 자세를 보여야 겉돌지 않고 네트워크 안에 흡수할 수 있다. 그다음 상대방의 의견에 동의하는 자세를 보여야 한다. 아무리 사소한 의견이라도 의견을 수용하는 자세를 가지는 것이 네트워크를 건강하게 유지하는 비결이 된다. 마지막으로 상대가 의사결정을 하지 못하고 망설일 때 결정할 수 있도록 도와주는 일이다. 리더는 중요한 시점에 결단을 내리는 사람이다.

멘토를 두라

재닌 가너는 『인맥보다 강한 네트워킹의 힘』에서 성공의 비결로 멘토의 네트워크를 꼽는다. 그녀는 막연히 많은 사람을 알고 지내는 것은 올바른 네트워킹이 아니며, 자신의 성공과 성장에 진짜 도움을 줄 수 있는 핵심인물 4명을 먼저 찾고 그로부터 12명을 붙여나가야 한다고 조언한다. 가너는 핵심인물 4명을 '코어 4Core 4'라고 불렀는데, 촉진자, 정비 담당자, 선생님, 버트 키커를 꼽았다. 촉진자에서 치어리더와 추진자, 탐험가를 찾아야 하고, 정비 담당자에서 연인, 연결자, 균형자를, 선생님에서 설계자, 교수, 인플루언서를, 버트 키커

MENTOR	Meet	: 정기적으로 만나서
	Educate	: 나에게 가르침을 줄 수 있는 사람
	Need	: 상대가 언제나 필요로 하는 사람
	Trust	: 어떤 상황에서든 끝까지 나를 100% 믿어주고
	Offer	: 특정한 문제에 대해 대안을 제시해줄 수 있으며
	Respond	: 나의 질문에 대해 답변을 줄 수 있는 사람

에서 격리자, 조언가, 멘토를 찾으라고 말한다.[4] 더도 말고 덜도 말고 12명이면 충분하다고 말한다. 이 중에서 멘토에 집중해보자.

길을 잃었을 때 가장 빨리 길을 찾는 방법은 그 길을 잘 알고 있는 사람에게 묻는 것이다. 네트워크 마케팅의 성공 비결 중 하나는 길을 제시하고 비전을 보여줄 수 있는 멘토를 가까이 두는 것이다. 멘토mentor란 나보다 길을 먼저 간 사람, 나에게 긍정의 힘을 줄 수 있는 사람, 어려운 시기에 의지할 수 있는 사람, 중요한 결정을 내려야 할 때 의견을 물을 수 있는 사람이다. 위대한 사상을 만들어낸 철학자나 종교적 성인도 좋은 멘토이지만, 바람직한 멘토는 지금 여기here and now 내 옆에 가까이에서 나를 도와줄 수 있는 사람이어야 한

4 재닌 가너(2020), 『인맥보다 강력한 네트워킹의 힘』, 박미연 역, 트로이목마, 124쪽.

다. 네트워크 마케팅에서 진정한 멘토는 아래와 같이 정기적으로 만나서 나에게 좋은 가르침을 줄 수 있는 사람, 언제나 필요한 사람, 어떤 상황에서든 끝까지 나를 믿어주고, 특정한 문제에 대해 대안이나 해결책(솔루션)을 제시해줄 수 있으며, 나의 질문에 경험에서 우러나온 적절한 답변을 제시해줄 수 있는 사람이다.

영웅신화를 보면 위대한 영웅 뒤에는 언제나 그를 돕는 멘토가 있었다. 길가메시에게는 우트나피시팀이 있었고, 오디세우스에게는 텔레마코스가 있었다. 알렉산더 대왕에게는 아리스토텔레스가 있었고, 이순신에게는 유성룡이 있었다. 페이스북을 창업한 마크 주커버그는 스티브 잡스와 빌 게이츠를 모두 멘토로 삼은 것으로 유명하다. 「스타워즈」의 루크 스카이워커에게는 요다가 있었고, 머털도사에게는 누덕도사가 있었으며, 「타짜」의 고니에게는 평경장이 있었다. 좋은 멘토는 어떻게 일을 할지 알려준다. 일을 대신해주는 사람이 아니다. 멘토는 멘티를 아바타로 만들지 않는다. 멘토는 행동으로 먼저 보여주는 사람이다. 네트워크 마케팅에서도 멘토와 멘티의 관계는 매우 중요하다. 멘토는 모든 과정, 중요한 변곡점에서 바른 의사결정을 할 수 있도록 멘티를 돕는다. 멘토는 자칫 길을 잃을 수 있는 비즈니스 생태계에서 목표를 끊임없이 재확인시키고 좌절하지 않을 수 있도록 용기를 불어 넣는다.

마지막으로 네트워크 마케팅에서 필요한 멘토는 자신의 인생에 대한 사랑이다. 네트워크 마케팅을 통해 이루어가는 미래의 희망과 꿈을 이야기하며 필자는 망치의 철학자 프리드리히 니체의 글을 인용하고 싶다. 그는 『즐거운 학문』에서 이렇게 썼다. “네 운명을 사랑하라. 이것이 지금부터 나의 사랑이 될 것이다! 나는 추한 것과 전쟁을 벌이지 않으련다. 나는 비난하지 않으련다. 나를 비난하는 자도 비난하지 않으련다. 눈길을 돌리는 것이 나의 유일한 부정이 될 것이다! 무엇보다 나는 언젠가 긍정하는 자가 될 것이다!" 니체는 "자신의 운명을 거부하지 말고 받아들이라"라고 조언한다. 서구의 지성사에서 그만큼 많은 오해를 받고 그만큼 숱한 인생의 파고를 겪었던 인물도 드물 것이다. 말년에는 심신의 고통 속에서도 끝까지 저술활동을 이어갔고, 자신의 운명을 담담히 받아들였다. 여기에서 그의 유명한 문구, '아모르 파티'가 등장한다. 대중에게 모 가수의 트로트 노래로 알려진 이 문구는 니체가 사경을 헤매면서도 끝까지 놓지 않았던 생의 모토다.

사업자들 사이에서 전해지는 네트워크 비즈니스 성공 비결

모든 사업에는 성공의 왕도가 있다. 네트워크 비즈니스 역시 예외가 아니다. 어떻게 하면 단단하고 안정적인 네트워크를 구축할 수 있을까? 단기간 성공의 반열에 오른 사업자들 사이에서 전해지는 성공의 지름길이 여기에 있다.

1) 목표를 설정하라

네트워크 비즈니스의 성공 비결 중 첫 번째는 목표가 명확해야 한다. 목표 설정 방법은 첫째, 꿈과 목표 설계에 관한 책을 구입해서 읽고, 자신의 꿈과 목표를 찾아서 결정하는 것이다. 자신의 롤 모델을 찾아서 벤치마킹할 수도 있다. 둘째, 인생의 과거, 현재, 미래에 대

DESIRE		
	Determine	: 내가 원하는 바 꿈과 목표를 정하라.
	Evaluate	: 목표를 위해 무엇을 해야 하는지 평가하라.
	Set	: 목표에 도달할 수 있는 계획을 설정하라.
	Identify	: 목표와 계획이 서로 일치하는지 확인하라.
	Repeat	: 목표를 향해 계획을 반복적으로 실천하라.
	Everyday	: 포기하지 말고 매일매일 정진하라.

해 깊이 궁리해서 꿈을 찾아 결정하고, 현실의 짐을 내려놓고 등산, 여행, 명상 등을 통해 미래에 대해 구체적으로 계획을 세우는 것이다. 인생의 목표를 설정하는 내용은 자신이 무엇(what)을 하면서 어떻게(how) 살아갈 것인지 결정하는 것이다. 여기서 무엇이란 직업(일)을 말하고, 어떻게는 행복을 추구하는 가치관이다.

목표를 좀 더 쉽게 설정하고 달성하려면 열망DESIRE이 있어야 한다. 열망은 목표를 정하고Determine, 평가하며Evaluate, 계획을 세우고Set, 이를 꿈과 일치시키며Identify, 반복적으로 도전하여Repeat 매일 경주하는 것Everyday이다. 즉, 내가 원하는 것이 무엇인지 결정하고 원하는 것을 가지려면 무엇을 바쳐야 하는지 평가하는 작업이 선행되어야 한다. 그다음 내가 원하는 것을 언제까지 얻을 것인지, 어떻게 얻을 것인지 목표와 계획을 설정해야 한다. 그러고 나서 내가 원하는 것과 계획이 일치하는지 확인하는 것이다. 둘이 일치한다고 확인되면 잠재의식에 뿌리를 내릴 때까지 지속적으로 반복해야 한다. 그것도 매일.[5]

2) 꾸준함이 무기가 된다

나는 개인적으로 『열자列子』「탕문편湯問篇」에 나오는 우공이산愚公移山이라는 고사를 좋아한다. 인생의 목표가 바로 섰다면, 온 마음과 정성을 다하여 꾸준히 노력하면 태산도 옮길 수 있는 힘이 생긴다. 네트워크 비즈니스 역시 처음부터 잘되리란 법은 없다. 사람들로부터 어리석다는 조롱을 받을 수도 있고, 친구들을 잃거나 관계에서 고립될 수도 있다. 하지만 이 사업에는 별도의 재능이나 비법이 필요한 것이 아니다. 꾸준함과 성실함, 진실함이 네트워크를 설계하고 매설하는 데 유일한 무기가 된다. "서두르지 말라. 그렇다고 쉬지도 말라Without haste, without rest."라는 괴테의 명언을 깊이 생각할 필요가 있다.

3) 매일 자기암시를 하라

자기암시에는 놀라운 힘이 있다. 자기암시란 오감, 즉 시각, 청각, 후각, 미각, 촉각 등을 통해 스스로 자기 마음에 주는 암시나 자극을 말한다. 자기암시는 일종의 자기최면이라고 할 수 있는데, 자신의 생각이나 소망을 의식적으로 잠재의식에 주입함으로써 마치 자신이 이미 성공한 사람이 된 것처럼 느끼도록 만들 수 있다. 그래서

---

5 필자의 졸고 『퓨처드림(피톤치드)』에 자세한 전략이 나와 있으니 일독을 권한다.

자기암시	인내심
가슴 파토스 정서적 감성적 미래의 모습 자기최면	머리 로고스 이성적 의지적 현실의 상황 돌파력과 패기

자기암시는 당신이 간절히 소망하는 것을 마음속에 그리며, 자신에게 긍정적인 암시를 던지는 시각화visualization 과정이 반드시 필요하다.

컴퓨터 프로그래머들 사이에는 'GIGOGarbage In Garbage Out'라는 원칙이 있다. 컴퓨터에 잘못된 자료를 입력하면 쓰레기 같은 잘못된 정보가 나온다는 것이다. 우리의 마음도 이와 마찬가지라고 할 수 있다. NINONourishment In Nourishment Out, 즉 몸에 좋은 영양을 넣으면 영양물이 나온다는 원칙에 기초해서 마음을 프로그래밍 해야 한다. 그러면 우리 마음은 긍정적인 정신 자세를 자동으로 유지할 것이다. 긍정적인 자기암시가 주어지면 잠재의식은 내가 바라는 것을 바꾸어 발전시킨다. 감정이 깃들지 않은 말로는 잠재의식을 움직일 수 없다. 자기암시는 의지나 이성적 판단으로 가능한 것이 아니다. 인식의 밑바닥에 놓인 잠재의식을 자극하기 위해서는 신념에 찬 감정이 배어나는 말이어야 한다.

4) 성공할 때까지 인내하라

네트워크 사업 진행 시 어려운 일을 당했을 때 참고 견디는 내공이 필요하다. 명심하라. 네트워크 비즈니스에 대한 시장의 평가는 냉혹하다. 아직도 대중은 전통적인 유통 방식에 매달리고 있으며, 네트워크 사업에 대해 색안경을 끼고 보는 경향이 있다. 자칫 사업설명을 하다가 좌절하거나 마음에 큰 상처를 받을 수 있다. 소망에서 어떤 가치를 창출해내기 위해 인내력은 필수 요소다. 인내력의 근본이 되는 것은 의지의 힘이다. 자기암시가 정서적인 것이라면, 인내는 의지적인 것이다. 의지의 힘과 소망이 올바르게 결합할 때 두려움을 모르는 기백과 패기가 생겨난다. 대다수의 사람들은 주변의 사소한 반대나 자그마한 역경 앞에서도 목표나 계획을 쉽게 단념해버린다. 반대로 성공한 사람은 강인한 의지력과 어떤 상황에서도 절대로 단념하지 않는 소망을 가진 사람들이다. 그래서 목표를 달성하기까지 어떤 장애에도 굴하지 않고 전진해가는 사람만이 네트워크 사업의 승자가 될 수 있다.

인내력을 키울 수 있는 비결이 있을까? 인내력을 습관으로 몸에 익히기 위해서는 네 가지 원칙이 필요하다. 첫째, 불타오르는 소망으로 뒷받침된 명확한 목표를 가져야 한다. 둘째, 명확한 계획을 세워 한 걸음 한 걸음 실행해가야 한다. 셋째, 마음을 우울하게 하는 부정적인 요소들, 즉 자신의 발전에 방해가 되는 생각을 깨끗이 털어버려야 한다. 넷째, 자신의 목표와 계획에 찬성하여 항상 용기를 북돋워주는 친구를 사귀어야 한다. 인내력을 연마하려면 여덟 가지 비결을 연습하라. 명확한 목표, 간절한 소망, 자신감과 용기, 조직화된 계획, 정확한 전문지식, 파트너와의 협동심, 마음의 집중과 노력, 인내력의 습관화 등이 그것이다.

"아모르 파티!"